奥运物流

姜旭 赵守婷 张莉 ◎ 著

首都经济贸易大学出版社
Capital University of Economics and Business Press
·北京·

图书在版编目（CIP）数据

奥运物流 / 姜旭，赵守婷，张莉著. -- 北京：首都经济贸易大学出版社，2024. 8. -- ISBN 978-7-5638-3752-6

Ⅰ. F252.1

中国国家版本馆 CIP 数据核字第 2024A25R68 号

奥运物流

AOYUN WULIU

姜 旭 赵守婷 张 莉 著

责任编辑	王玉荣
封面设计	砚祥志远·激光照排 TEL: 010-65976003
出版发行	首都经济贸易大学出版社
地　　址	北京市朝阳区红庙（邮编100026）
电　　话	（010）65976483　65065761　65071505（传真）
网　　址	http://www.sjmcb.cueb.edu.cn
经　　销	全国新华书店
照　　排	北京砚祥志远激光照排技术有限公司
印　　刷	北京九州迅驰传媒文化有限公司
成品尺寸	170 毫米 × 240 毫米　1/16
字　　数	242 千字
印　　张	14.75
版　　次	2024 年 8 月第 1 版
印　　次	2024 年 8 月第 1 次印刷
书　　号	ISBN 978-7-5638-3752-6
定　　价	78.00 元

图书印装若有质量问题，本社负责调换

版权所有　侵权必究

本研究成果参与人员

姜　旭　　赵守婷　　张　莉
滕　藤　　王燕妮　　李　瀑
刘　昇　　计　寻　　李　民
杨丽芳　　朱　峰　　王　单
王　旭

文字统筹

王燕妮　　李　瀑

前　言

　　奥林匹克运动会诞生于古希腊雅典，最初为各城邦之间的公开较量，因首次举办地在奥林匹亚而得名。自1896年在希腊首都雅典举行第一届现代奥林匹克运动会以来，历经128年的变迁，现代奥运会见证了全球生产力水平的发展、科学技术的进步以及社会经济的繁荣。奥运会不仅是运动员实现梦想的舞台，也是各国展示文化、经济实力的窗口，同时对世界和平、友谊和人类共同进步具有深远的影响。作为世界最高等级的国际综合体育赛事，奥运会在加快举办城市基础设施建设、推动可持续发展、传播奥运文化、助力城市形象提升等方面具有重要意义。

　　北京在新世纪短短14年中先后成功举办第29届夏季奥林匹克运动会和第24届冬季奥林匹克运动会，成为全球首个"双奥之城"。2008年北京奥运会秉持"科技奥运、绿色奥运、人文奥运"的理念，书写"新北京，新奥运"的华章，不仅成为首都经济高速增长的助推器，而且加快了北京跻身现代化国际大都市的步伐。正如时任国际奥委会主席罗格先生于2008年北京奥运会闭幕式上的致辞所说："这届奥运会让世界了解中国，让中国了解世界，奥林匹克运动必须感谢这届无与伦比的奥运会。"2022年冬奥会，北京向世界奉献了一届简约、安全、精彩的奥运盛会，展示了在疫情下奥林匹克运动的强大生命力，诠释了"更快、更高、更强、更团结"的奥林匹克格言，为人类战胜各种风险挑战提供了信心、希望和力量。国际奥委会主席巴赫先生在2022年北京冬奥会闭幕式上表示："奥林匹克精神之所以如此闪耀，得益于中国人民为全世界运动健儿搭建了安全的奥运舞台，这是一届真正无与伦比的冬奥会，欢迎中国成为冰雪运动大国。"两届奥运会的成功举办，不仅使得北京实现了大型国际体育赛事成功举办和区域经济发展双丰收，还提供了奥运会和城市双赢的鲜活经验和生动案例。为此，"中国模式"为世界奥林匹克运动可持续发展树立榜样，为今后举办城市和组织者通过举办奥运会促进城市发展进步提供了借鉴。

奥运物流是一个高度协调的复杂系统，由运输、存储、包装、装卸、配送、流通加工和信息处理等物流基本活动构成，是与举办奥运会相关的物品从供应地到接收地间的实体流动过程。奥运物流具有空间集中性、时间阶段性、需求突发性、管理复杂性、机制独特性以及服务安全性等特征。物流作为奥运会的"生命线"，从物资筹备、场馆建设到赛事运营，再到后续的场馆再利用，贯穿奥运会始终，提供端到端一体化物流服务，确保这场盛大的体育赛事高效运行。自现代奥运会诞生的一百多年来，奥运物流作为奥运会不可缺少的功能之一，也经历了一百多年的探索，留下了宝贵的经验和深刻的教训。按照奥运会的发展历程，奥运物流可以分为1896—1980年的"传统奥运物流"、1984—2004年的"现代奥运物流"以及2008年至今的"奥运供应链"三个发展阶段。历届奥运会经验表明，奥运物流的高效组织是奥运会成功举办的前提条件和重要支撑。此外，抓住奥运发展良机，充分发挥奥运物流基础性、服务性和先导性作用，可助力城市建设与区域经济高质量发展。

自2008年北京奥运会以来，随着奥运会规模不断扩大和赛事日益复杂，奥运物流开始转型升级，对奥运物流的安全性、创新性、数字化、绿色化提出了全新的要求，但是目前国内外缺少一本系统研究奥运物流的著作。本书基于全球首个"双奥之城"的奥运会筹办经验，作为国内外第一部系统研究奥运物流理论前沿与发展实践的专著，结合理论、方法、案例全面介绍了奥运物流的分类定位、范式转移、设计规划、运作管理、绩效评价以及发展方向。本书主要包括六个章节的内容：第一章，以北京"双奥"之城为切入点，系统分析奥运物流的重要性及特点；第二章，详细梳理历届奥运会的物流发展历程，划分奥运物流阶段，总结每个阶段的发展范式；第三章，全面介绍奥运物流组织结构设计及网络规划，分析具有里程碑影

前言

响的六届奥运会组织结构设计及管理特色；第四章，深入分析奥运物流需求预测方法与模型，总结奥运物流运作管理流程；第五章，系统构建奥运会物流绩效评价指标体系，保障奥运物流顺利进行；第六章，提出奥运物流未来发展方向。本书可以为奥运会的物流组织实践提供决策参考。让我们为传承奥运精神，促进奥运物流向更高、更快、更强、更团结、更灵活和更协同方向延伸，持续打造北京"双奥之城"的世界品牌共同努力！

《奥运物流》的撰写和出版得到了北京奥运城市发展促进会的大力支持，在此致以诚挚的感谢。此外，本书能如期与读者见面，离不开各位同仁的鼎力支持，离不开团队老师的倾力付出，谨在此一并表示最诚挚的谢意！希望本书可以开拓国内关于奥运会以及奥运物流研究的新视角，让读者学有所获、学有所思、学有所用。

由于水平有限，书中不足之处，诚请读者批评指正！

姜　旭

2024 年 8 月 8 日

北京

目 录

1 奥运物流 ·· 1
　1.1 奥运会的作用及重要性 ··· 1
　1.2 奥运物流的概念及特点 ··· 6
　1.3 奥运物流分类 ··· 16

2 奥运物流发展范式转移 ··· 27
　2.1 传统奥运物流发展阶段 ··· 27
　2.2 现代奥运物流发展阶段 ··· 30
　2.3 奥运供应链发展阶段 ·· 37
　2.4 不同发展阶段对比分析 ··· 50

3 奥运物流设计 ·· 58
　3.1 奥运物流组织结构设计 ··· 58
　3.2 奥运物流网络规划 ··· 62
　3.3 奥运物流阶段管理 ··· 80

4 奥运物流运作管理 ·· 106
　4.1 奥运物流需求预测 ··· 106
　4.2 总体配送计划 ·· 113
　4.3 奥运物流运作管理 ··· 120

5 奥运物流绩效评价 153
5.1 奥运物流绩效评价发展阶段分析 153
5.2 奥运物流绩效指数构建 161
5.3 奥运物流绩效评价方法及步骤分析 190

6 奥运物流展望 197
6.1 数字化、可持续及应急物流是重要发展方向 ... 197
6.2 实践平赛结合，促进健康中国 202
6.3 延伸奥运物流精神，弘扬奥运物流文化 204

附录 中英文名词对照表 206

参考文献 214

1 奥运物流

1.1 奥运会的作用及重要性

1.1.1 奥运会的作用

奥林匹克运动会（Olympic Games），简称"奥运会"，由国际奥林匹克委员会主办，每4年举办一次，是世界最高等级的国际综合体育赛事。

奥运会源于古希腊，最初为各城邦之间的公开较量，因举办地在奥林匹亚而得名。公元前776年至公元394年称为"古代奥运会"（Ancient Olympic Games，AOG）阶段，在此期间举行了293届奥运会，后罗马皇帝狄奥多西一世（Theodosius I）以革除异教为由宣布将其废除。19世纪法国人顾拜旦（Pierre de Coubertin）将其复兴，于1896年开始举办雅典夏季奥运会，自此进入"现代奥运会"（Modern Olympic Games）阶段。1994年起，冬季奥运会和夏季奥运会分开，相隔2年交替举行。

自1896年以来，历经33届夏季奥运会、24届冬季奥运会。作为世界上第一座举办过夏奥会和冬奥会的"双奥之城"[①]，北京继2008年成功举办夏季奥运会后，2022年成功举办冬奥会。在北京之前，已经有多个城市先后举办过至少两届夏季奥运会，分别是雅典（1896年、2004年）、巴黎（1900年、1924年以及2024年）、伦敦（1908年、1948年、2012年）、洛杉

---

① https://baike.baidu.com/reference/59959279/533aYdO6cr3_z3kATPGIz__wZCqWP97977fQV7ZzzqIPmGapB4OrXYUlrtQxsfVmHQHCsdcwMIRE27j7FUpN8fQUdOg1Q7Iigy67Dm8。

矶（1932年、1984年）、东京（1964年、2020年）。

奥运会不仅是运动员实现梦想的舞台，也是各国展示文化、经济实力的窗口，同时对世界和平、友谊和人类共同进步具有深远的影响。对于举办城市而言，奥运会不仅会带动基础设施建设迅猛发展，而且会进一步推动商业和旅游业的繁荣，提升城市国际形象以及世界关注度，促进城市长期发展。此外，奥运会也为赞助商提供了强有力的市场营销平台，商业赞助金额逐年攀升（见图1-1）。

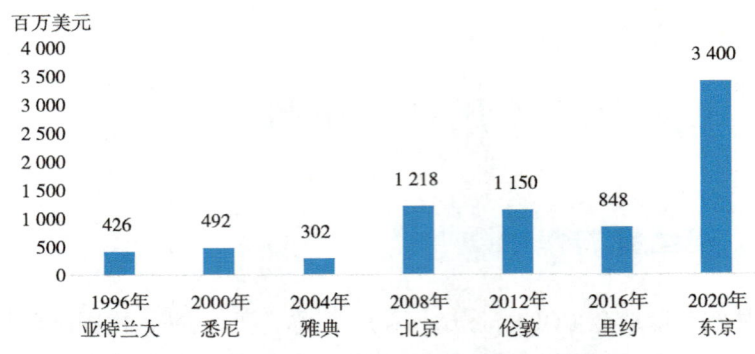

百万美元

1996年 亚特兰大	426
2000年 悉尼	492
2004年 雅典	302
2008年 北京	1 218
2012年 伦敦	1 150
2016年 里约	848
2020年 东京	3 400

图1-1　1996年以来历届奥运会主办国内部商业赞助金额

资料来源：https://assets.kpmg.com/content/dam/kpmg/cn/pdf/zh/2021/09/olympic-economics-and-sports-industry-outlook.pdf.

1.1.2　奥运会的重要性

奥运会作为全球最隆重的体育盛会，在加快基础设施建设、促进城市经济发展、推动可持续性发展、弘扬体育精神文化和助力城市形象提升等方面具有重要意义。

1.1.2.1　加快基础设施建设

奥运会推动举办城市基础设施建设达到新高度。为了满足奥运会的需求，主办城市通常会进行大规模的基础设施建设，包括交通网络、体育场馆和住宿设施等方面。

（1）交通网络。奥运会显著提升了举办城市的交通网络运输水平，通过改善交通基础设施，缓解交通拥堵，提高了出行效率和便利性，促进了经济和旅游业的发展。1964年东京奥运会形成"东京模式",建设东京新干线,修建在河流上的首都公路、东京单轨铁路和东京地铁网络,建立整个交通系统。1992年巴塞罗那奥运会形成"巴塞罗那模式",包括改造和开发了巴塞罗那的海港区域,即奥林匹克港(Port Olímpic),建成了新的海滨区,同时扩展和升级了地铁系统,新增了多条地铁线路,提高了城市公共交通的覆盖率和便利性。2008年北京奥运会构建"北京模式",城市道路总里程由2001年的13 891公里增加到2008年的20 754公里,轨道交通数量由4条增加到8条[1],同时北京新建了首都机场T3航站楼、轨道交通等基础设施。2016年,里约奥运会新建快速公交系统(Bus Rapid Transit,BRT),每天可以承载超过50万名乘客,大大缓解了公共交通压力。2022年北京冬奥会延续"北京模式",推动基础设施更加完善,京张高铁、京礼高速开通运营,轨道交通数量达到24条,总里程达到727公里。

(2)体育场馆。奥运会推动了城市体育场馆的建设和现代化,赛后这些场馆继续用于举办各种体育赛事和文化活动,提升了城市的体育基础设施使用率和国际形象。2000年悉尼奥运会在霍姆布什湾地区(Homebush Bay)开发了悉尼奥林匹克公园,使其成为奥运会的主要场馆区,并在周边工业废弃地进行了大规模的清理和环境修复,将其转变为生态友好的公园和运动场地。2008年北京奥运会修建鸟巢和水立方场馆,并在周边修建了奥林匹克公园,今天成为北京市重要的旅游地标。2020年东京奥运会修建新国立竞技场,赛后用于承办各种大型体育赛事以及文娱项目,相关活动吸引了大量游客,推动了当地酒店、餐饮和零售业的发展,具有较高的经济收益。

(3)住宿设施。奥运会大幅提升了举办城市的住宿设施,新增和改造的酒店和奥运村在赛后继续服务于旅游和商务需求,促进了当地经济发展和城市形象提升。1952年赫尔辛基奥运会建设的奥林匹克村,在赛后转变为居民住房,提供给当地居民。2008年北京奥运会后,奥运村被转变为高档住宅社区和商业区,继续为北京的城市发展做出贡献。2022年北京冬奥会修建的奥运村成为北京市旅游地标,带动当地文旅产业发展[2]。

---

[1] https://www.beijing.gov.cn/ywdt/gzdt/202201/t20220120_2596183.html.

[2] http://house.people.com.cn/n1/2019/0610/c164220-31126771.html.

1.1.2.2　促进城市经济发展

奥运会吸引了大量游客和投资,促进了旅游业、酒店业和零售业的繁荣,显著推动了城市经济的快速发展。2004年雅典奥运会拉动就业机会大幅度增加,就业率持续增长,希腊全国的失业率从2004年的10.5%下降到2006年的8.9%,这是自1998年以来失业率首次降至9%以下。2008年北京奥运会修建的北京首都国际机场T3航站楼带来了显著的经济效益和社会效益,该项目的建成使北京首都国际机场的年客运能力从3 500万人次提升至8 000万人次,推动了当地航空运输业的增长,并吸引了更多的国际航班和游客[①];此外,T3航站楼的建设直接创造了大量的就业机会,包括建筑期内的工人和运营期内的机场员工,对北京的就业市场起到了积极作用[②]。2012年伦敦奥运会开幕以来,英国得到了大量新的外国投资,赢得价值9亿美元的海外合同,带来了价值62亿美元的贸易与投资增长[③]。

1.1.2.3　推动可持续性发展

现代社会高度关注可持续发展。考虑到国际奥委会的倡导与要求、环境保护与资源节约、社会与经济影响以及国际认可与示范效应等,历届奥运会向更加绿色、低碳、可持续的方向发展,为全球范围内的可持续性发展做出了积极贡献。1994年利勒哈默尔冬季奥运会引入可持续发展理念[④],在场馆建设等方面尽可能确保环保和可持续性,废物处理和野生动植物保护都被考虑在内,开创了"绿色奥运"的先河,《奥林匹克宪章》增加了环境保护条款,这届冬奥会被萨马兰奇称赞为"绿色冰雪奥运"(White-Green Games)[⑤]。2016年里约奥运会强化了可持续发展理念,更加注重低碳、环保等方面,并实施了诸多水资源管理计划,推动水资源的再生利用[⑥];2020

---

① https://www.airport-technology.com/projects/beijing-terminal/.
② https://www.wjlsteelstructure.com/news/capital-airport-terminal-of-chinese-steel-structure-engineering.html.
③ https://www.richardwilding.info/logistics-of-the-olympics.html;https://www.standard.co.uk/news/london/the-olympics-boom-created-100-000-jobs-in-london-8214954.html.
④ https://olympics.com/ioc/news/lillehammer-1994-set-the-stage-for-sustainable-games-legacies.
⑤ https://m.gmw.cn/baijia/2022-02/20/35530228.html.
⑥ https://www.susted.com/wordpress/content/sustainability-and-the-olympics-the-case-of-the-2016-rio-summer-games_2018_01/.

年东京奥运会提出"碳中和",致力于在筹备和举办奥运会的整个过程中,减少并抵消与活动相关的碳排放量,此举旨在减少对气候变化的负面影响,并为实现全球碳中和的愿景做出示范和贡献。这一倡议不仅彰显了东京奥运会对环境可持续性的承诺,也为未来的大型体育盛事树立了标准[①]。2022年北京冬奥会制定了"北京赛区内,主要使用纯电动、天然气车辆;延庆和张家口赛区内,主要使用氢燃料车辆"的配置原则,节能与清洁能源车辆在小客车中占比100%,在全部车辆中占比86%,最大限度应用节能与清洁能源车辆,这一举措显著减少了碳排放,提高了环境可持续性。

1.1.2.4 弘扬体育精神文化

奥运会通过其独特的竞技环境和文化内涵,以"更高、更快、更强"为核心,向世界传达积极向上、追求卓越、团结友爱、公平竞争和无私奉献的精神。

1968年墨西哥城奥运会的马拉松比赛,坦桑尼亚选手艾哈瓦里在途中摔倒受伤,依然坚持跑过终点,这种坚韧不拔的精神让全世界为之动容,也成为奥运史上的经典。2016年里约奥运会的男子100米决赛中,美国的贾斯汀·加特林获得金牌后,与亚军和季军(同为牙买加选手的尤赛恩·博尔特和安德烈·德·格拉斯)分享胜利的喜悦,这种团结与友谊的精神正是奥运会所倡导的。2020年东京奥运会上,中国举重运动员吕小军以37岁的年龄第三次参加奥运会并获得金牌,这种坚持和拼搏激励了无数运动员和普通人,不仅为其个人赢得了荣誉,也为中国的体育事业树立了榜样,展现了"更高、更快、更强"的奥林匹克精神。

1.1.2.5 助力城市形象提升

奥运会吸引全球游客和媒体关注,展示城市文化和现代化成就,显著提升了举办城市的国际形象和知名度。1952年,苏联参加赫尔辛基奥运会标志着奥运会发展的一个重要转折点。从20世纪50年代到80年代中期,奥运会见证了国际关系和国家声望的较量。许多国家利用奥运会展示其成就和形象,追求更大的国家利益。1964年东京奥运会和1972年慕尼黑奥运会,均意在向世界展示第二次世界大战后重建的日本和德国的新形

---

① https://olympics.com/ioc/news/tokyo-2020-goes-beyond-carbon-neutrality-and-helps-create-a-more-sustainable-society.

象，彰显其经济复苏和社会进步。1988年汉城[①]奥运会使处于国际社会边缘状态的韩国，得到国际社会前所未有的关注，成为韩国发展史上的一个里程碑。1992年巴塞罗那奥运会被认为是现代奥运会历史上最成功的转型之一，使巴塞罗那从一个相对默默无闻的城市变成了国际知名的旅游目的地。2008年北京奥运会震撼世界，在闭幕式上国际奥委会主席雅克·罗格称赞北京奥运会是一场"无与伦比"的奥运会，肯定中国体育事业和奥林匹克运动发展，中国的国际形象实现了质的飞跃。

1.2 奥运物流的概念及特点

1.2.1 奥运物流的概念

奥运物流（Olympic Logistics，OL）是由运输、存储、包装、装卸、配送、流通加工和信息处理等物流基本活动构成的、与举办奥运会相关的物品从供应地到接收地间的实体流动过程。

按照奥运会的发展历程，奥运物流可以分为1896—1980年的"传统奥运物流"（Conventional Olympic Logistics，COL）、1984—2004年的"现代奥运物流"（Modern Olympic Logistics，MOL）以及2008年至今的"奥运供应链"（Olympic Supply Chain，OSC）三个发展阶段。从现代奥运会举办以来，奥运物流主要采取的是自营运作模式，即所有的奥运物流由举办城市自行安排并由政府自行支付物流费用，没有市场化运作，且物流不计成本。

1980年萨马兰奇当选国际奥委会主席以后，开始了一系列的全面改革，其核心理念是将奥林匹克运动从封闭转向开放，使其跟上社会前进的步伐。在经济方面，萨马兰奇肯定了商业化对体育运动的积极作用，并大胆引入市场经济机制，积极而有控制地对奥运会进行多种商业开发，特别是物流和供应链管理的改进。这一改革不仅为奥林匹克运动建立了坚实的经济基础，还通过优化物流和供应链，加快了奥林匹克商业运行的步伐，提升了整体效率和运营能力。

[①] 韩国首都汉城在2005年改称为首尔。

1984年洛杉矶奥组委对奥运会的经济运作机制进行了大胆改革，首次将奥运物流通过外包的形式，委托给一批有实力的第三方物流公司，将原本沉重的经济负担转变为可观的经济效益。国际奥委会敏锐地意识到这一改革的重大意义，并对洛杉矶的经验进行了总结，设计出了规范而有效的经营奥运会的奥林匹克全球合作伙伴计划（Olympic Partner Programme，OPP），该计划每4年为一个周期，每期在全球范围内选择8~12家企业，同时确保每家企业都是所在行业内的唯一入选赞助商[①]。

　　1996年亚特兰大奥运会是体育历史上第一个成立专门的物流委员会的奥运会（Logistics Committee of the Atlanta Committee for the Olympic Games，ACOG），并且第一次明确提出了物流理念。这一举措不仅标志着第三方物流服务商参与奥运物流服务的开始，也代表了对奥运会物流管理重视程度的提升和专业化水平的提高，证明了专业物流管理在大型活动中的关键作用。

1.2.2　奥运物流与奥运会

　　物流是奥运会的"生命线"（lifeline of the Olympic Games）[②]，贯穿奥运会始终，发挥着至关重要的作用。在整个奥运会的全过程中，物流的高效运作直接关系到奥运会的顺利进行和成功举办。从物资筹备、场馆建设到赛事运营，再到后续的场馆再利用，物流都扮演着不可或缺的角色，确保奥运会的每一个细节都能得到妥善安排和高效执行。

　　在奥运会准备阶段，奥运会主办城市需要进行大量的基础设施建设，物流负责确保所有建筑材料、装饰材料和相关设备能够及时到位。2008年北京奥运会期间，鸟巢和水立方等标志性体育场馆的建设，需要大量的钢铁、水泥和其他建筑材料。物流确保这些材料的及时供应，并协调各个环节，保证建设的顺利进行。同时，信息技术系统需要不断地运行和更新，物流在此过程中提供必要的支持。这可能包括替换损坏的部件、提供备件、安排紧急维修服务等。物流团队需要与信息技术团队紧密合作，确保任何时候出现的技术问题都能迅速得到解决。

---

① https://assets.kpmg.com/content/dam/kpmg/cn/pdf/zh/2021/09/olympic-economics-and-sports-industry-outlook.pdf.

② http://www.clic.org.cn/wltjyjyc/134020.jhtml.

奥运物流

在奥运会举办期间，各种设备、器械和技术系统需要被及时、准确地运输到指定的地点。从开幕式到闭幕式，从赛场到新闻中心，所有环节都需要高效流畅的物流支持。在2008年北京奥运会期间，共投资389亿美元，物流成本预算56亿美元，占总投资的15%①，物流管理的效率直接影响到了比赛器材、体育用品的运送、储存以及人员旅游、娱乐、餐饮等服务的顺利进行。为了确保物资能够及时准确地送达各个比赛场馆和训练场所，北京奥运会建立包括运输、存储、包装、装卸、配送等多个环节的高效物流系统。2012年伦敦奥运会进行大量投资来升级和扩展交通设施，保证物资和人员的高效转换②。2020年东京奥运会物流团队每天管理超过6万份餐食的供应，需要强大的冷链物流和持续的补给努力。物流团队需要灵活应对，减轻运动员的负担，全力以赴为运动员保驾护航，同时为观众和疫情防控提供支持③。

在奥运会后续利用中，场馆维护与运营、废弃物管理和物资回收也发挥着重要的作用。2010年温哥华冬奥会圆满闭幕之后，物流体系发挥了至关重要的作用，确保场馆所需的物资、设备和能源得以迅速且持续地供应，从而保障了场馆的持续维护和运营。这一高效的物流运作不仅为场馆的后续利用提供了坚实的支持，还为其举办其他体育赛事、文化活动等多元功能提供了有力保障。2020年东京奥运会选手村内所有房间都是临时装修而成的，赛事结束后，被翻新为公寓住宅，房间内大多数物品，通过物流系统的支持，在奥运结束后能回收再利用，确保废弃物能够得到妥善处理，减少了对环境的负面影响。2022年北京冬奥会主物流中心严格落实疫情防控措施，对货物、车辆、人员严格分区域管理、分流线管理，避免交叉接触。所有货物入库前，在库外指定区域进行全面消毒。这些物资在比赛结束后，通过有效的物流管理，部分被回收并重新利用于其他体育赛事或活动中，从而实现了资源的节约和再利用。

1.2.3　奥运物流的特点

奥运物流是一个涉及多个领域的复杂系统，不仅要求高效率和准确

---

① 徐杰.大型体育赛事物流方案设计与研究［D］.成都：西南交通大学，2013.
② https：//transportnexus.com/olympic-games-3/.
③ https：//zmodal.com/2021/07/21/olympic-logistics-challenges/.

性，还要求能够适应不断变化的需求和应对各种挑战。不同于常规的商业物流，奥运物流具有一些独特的特点，主要体现在以下几个方面。

1.2.3.1 项目性

奥运物流是一类特殊的项目物流，在组织和运输方面面临着独特的挑战。奥运物流包括从国内外各地采购和运送体育设备、运动员装备、食品饮料、医疗器材，以及奥运场馆的搭建和维护等方方面面。奥运物流的项目性是为了提高物流效率、降低成本、简化管理和确保奥运会顺利进行而采取的一种策略。奥运物流的项目性体现在以下多个方面。

（1）时间性

奥运会通常持续数天到数周（见表1-1），其间各类物资的供应必须严格按照时间表进行，物资的集中采购、集中运输和集中分配必须在有限的时间内完成，以确保比赛的顺利进行。

表 1-1 各届夏季奥运会举办城市及举办时间

年份	国家	城市	举办时间
1896	希腊	雅典	1896年4月6日—1896年4月15日
1900	法国	巴黎	1900年5月20日—1900年10月28日
1904	美国	圣路易斯	1904年7月1日—1904年11月23日
1908	英国	伦敦	1908年4月27日—1908年10月31日
1912	瑞典	斯德哥尔摩	1912年5月5日—1912年7月22日
1916	—	—	—
1920	比利时	安特卫普	1920年4月20日—1920年9月12日
1924	法国	巴黎	1924年5月4日—1924年7月27日
1928	荷兰	阿姆斯特丹	1928年5月17日—1928年8月12日
1932	美国	洛杉矶	1932年7月30日—1932年8月14日
1936	德国	柏林	1936年8月1日—1936年8月16日
1940	—	—	—
1944	—	—	—
1948	英国	伦敦	1948年7月29日—1948年8月14日
1952	芬兰	赫尔辛基	1952年7月19日—1952年8月3日

奥运物流

续表

年份	国家	城市	举办时间
1956	澳大利亚	墨尔本	1956年11月22日—1956年12月8日
1960	意大利	罗马	1960年8月25日—1960年9月11日
1964	日本	东京	1964年10月10日—1964年10月24日
1968	墨西哥	墨西哥城	1968年10月12日—1968年10月27日
1972	联邦德国	慕尼黑	1972年8月26日—1972年9月11日
1976	加拿大	蒙特利尔	1976年7月17日—1976年8月1日
1980	苏联	莫斯科	1980年7月19日—1980年8月3日
1984	美国	洛杉矶	1984年7月28日—1984年8月12日
1988	韩国	汉城	1988年9月17日—1988年10月2日
1992	西班牙	巴塞罗那	1992年7月25日—1992年8月9日
1996	美国	亚特兰大	1996年7月19日—1996年8月4日
2000	澳大利亚	悉尼	2000年9月15日—2000年10月1日
2004	雅典	希腊	2004年8月13日—2004年8月29日
2008	中国	北京	2008年8月8日—2008年8月24日
2012	英国	伦敦	2012年7月27日—2012年8月13日
2016	巴西	里约热内卢	2016年8月5日—2016年8月21日
2020	日本	东京	2021年7月23日—2021年8月8日
2024	法国	巴黎	2024年7月26日—2024年8月11日
2028	美国	洛杉矶	2028年7月14日—2028年7月30日
2032	澳大利亚	布里斯班	2032年7月23日—2032年8月8日

注：1916年因第一次世界大战而停办，1940年和1944年因第二次世界大战而停办，下同。

（2）空间性

奥运会通常在一个或多个城市的几个主要场馆举行。在奥运会期间，奥运物流的所有物资、设备和资源的运输、仓储和管理工作集中在一个中心或者少数几个中心进行，同社会物流相比，集中性较高。物资从各个国家、各个地区运输到奥运场馆，需要经过精密的规划和协调，以确保运输的高效性和准确性。2008年北京奥运会计划使用37个比赛场馆，集中于北京的奥林匹克公园中心区、西部社区、北部风景旅游区和大学区。其中27个项目的比赛安排在32个场馆，奥林匹克公园中心区包含14个场馆，举行15项比赛。2016年里约奥运会涉及马拉卡纳体育场、里约奥林匹克公园等34个比赛场馆，完成28个奥运项目和306个小项。

（3）规模性

奥运会是全球最大的体育盛会，涉及的参与者、观众和物资数量巨大（见表1-2和图1-2）。因此，物流活动的规模庞大，需要大规模的仓储、运输和分销网络来支持。

表1-2 历届夏季奥运会赛事、运动队和运动员数量

年份	国家	城市	赛事数量（项）	运动队数量（个）	运动员数量（人）
1896	希腊	雅典	43	14	241
1900	法国	巴黎	95	26	1 226
1904	美国	圣路易斯	95	12	651
1908	英国	伦敦	110	22	2 008
1912	瑞典	斯德哥尔摩	102	28	2407
1916	—	—	—	—	—
1920	比利时	安特卫普	156	29	2 622
1924	法国	巴黎	126	44	3 088
1928	荷兰	阿姆斯特丹	109	46	2 883
1932	美国	洛杉矶	117	37	1 334
1936	德国	柏林	129	49	3 963
1940	—	—	—	—	—
1944	—	—	—	—	—
1948	英国	伦敦	136	59	4 104
1952	芬兰	赫尔辛基	149	69	4 995
1956	澳大利亚	墨尔本	151	72	3 314
1960	意大利	罗马	150	83	5 338

奥运物流

续表

年份	国家	城市	赛事数量（项）	运动队数量（个）	运动员数量（人）
1964	日本	东京	163	63	5 151
1968	墨西哥	墨西哥城	190	112	5 516
1972	联邦德国	慕尼黑	195	121	7 123
1976	加拿大	蒙特利尔	198	92	6 084
1980	苏联	莫斯科	203	80	5 179
1984	美国	洛杉矶	221	140	6 829
1988	韩国	汉城	237	159	8 397
1992	西班牙	巴塞罗那	257	169	9 356
1996	美国	亚特兰大	271	197	10 318
2000	澳大利亚	悉尼	300	199	10 651
2008	中国	北京	302	204	10 942
2012	英国	伦敦	302	204	10 568
2016	巴西	里约	306	207	11 238
2020	日本	东京	339	206	11 420

资料来源：https：//olympics.com/zh/olympic-games/athens-1896.

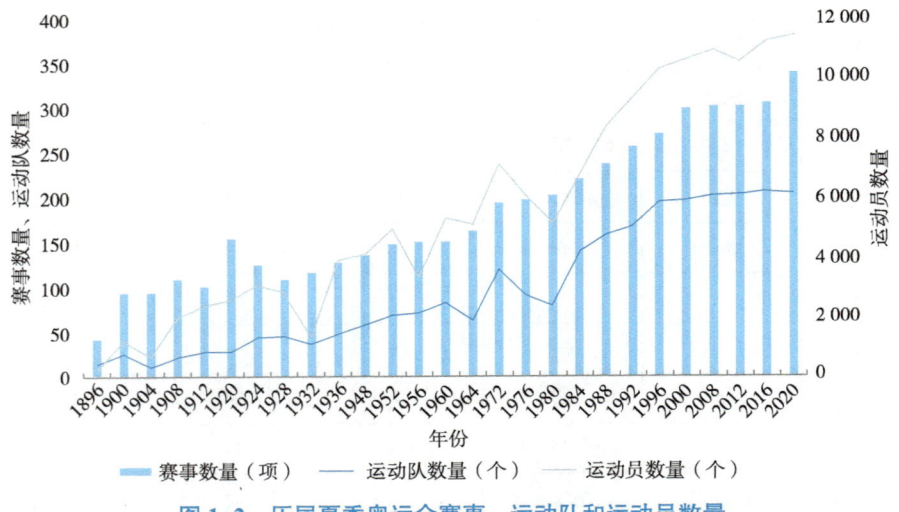

图 1-2　历届夏季奥运会赛事、运动队和运动员数量

12

1.2.3.2 安全性

奥运物流，其核心在于体育，其处理对象广泛涉及体育设施、器材以及新闻器材等关键物资。鉴于这些物资的特殊性和不可替代性，一旦受损，短时间内难以找到替代，其安全性至关重要。同时，物流的高效运作依赖于各部门人员间的紧密协作，面对突发事件，需有完善的应急预案确保赛事顺利完成。此外，与安全部门的紧密合作、制定应急响应计划以及采取运输线路的保密性措施，均是为了在奥运会期间为物流缓解构筑坚实的安全屏障。这些举措不仅确保赛事和相关活动的正常进行，更保障了所有参与者和物资的安全。因此，奥运物流的安全性包含物资安全性和信息安全性。

（1）物资安全性

奥运物流中关于物资安全性的考量体现在多个环节，包括采购（确保采购的所有物资都符合质量和安全标准）、运输（采取了安全措施保护物资在运输过程中的安全）、仓储（提升仓库安全等级并采取防盗、防火、防水等措施）、分发（确保只有经过授权的人员才能接触和分发物资）等方面。奥运物流通过实时监控系统确保物资安全运达目的地。运输国旗需要存放在特定的容器中，并由专门的人员负责保管和运输。运输枪支需要遵守国际射击运动联合会（International Shooting Sport Federation，ISSF）、国际航空运输协会（International Air Transport Association，IATA）的规定以及各国民航局的规定。运输奥运物资的路线是机密的，以避免潜在的袭击、抢劫或破坏。这些信息通常只在必要的情况下与相关团队分享，确保物资的安全运输。2008年北京夏季奥运会为确保奥运火炬传递过程安全，火炬传递的路线提前保密，仅在传递当天公布，以防止潜在的示威或破坏行为。同时，采用了大量的警力、监控设备以及安全人员，确保火炬传递过程安全有序。

（2）信息安全性

奥运会的赛程和计划属于敏感信息，组织者会限制相关信息的流通。确保只有有关人员、团队和服务商能够获得详细的物流计划，以防止潜在的安全风险。同时，奥运物流使用较高等级的加密算法来加密存储在数据库中的敏感数据，常见的加密技术包括对称加密算法、高级加密标准（Advanced Encryption Standard，AES）和非对称加密（Rivest-Shamir-Adleman，RSA）。奥运物流采用基于角色的访问控制（Role-Based Access Control，RBAC），以及使用访问控制列表（Access Control List，ACL）等技术来管理用户对系统和数据的访问权限。在奥运物流中，使用审计日志记录系统来记录用户的登录和操作记录，以便监控和追踪潜在的安全事件。

1.2.3.3 不确定性

奥运会举办期间，不确定因素较多，经常会有一些与赛事物流相关的非计划性物流需求产生，这些物流需求通常是不可预测而又需要快速解决的。1996年亚特兰大奥运会举办期间，40%的仓储空间用于存储所有比赛器材，其余60%的仓储空间用于存储未知物品，同时物流管理者不断重新设计仓库物品的摆放以适应新的存储需求。

业务连续性计划（Business Continuity Planning，BCP）[①]出现于20世纪早期，后逐步应用于奥运会中，以应对各种潜在的紧急情况和确保物流运作的顺利进行。2008年，北京奥组委进行全面的风险评估，并设立专门的紧急管理部门以负责制定和执行奥运物流的BCP，通过制定详细的奥运物流规划，确保了物流活动的有序进行。北京奥运会期间，射频识别技术（Radio-Frequency Identification，RFID）、全球定位系统（Global Positioning System，GPS）信息与通信技术（Information and Communication Technology，ICT）等现代物流技术的应用大大提高了物流效率和准确性，降低了人为错误的可能性。面对可能发生的突发事件，北京奥组委制定了详细的应急预案，包括备用物资的准备、紧急物资调配方案等，确保在任何紧急情况下都能够迅速响应，保障赛事的正常进行。2016年，为支持里约奥运会的顺利进行，里约奥组委建立了两个总容量超过10万平方米的仓库，负责储存和分发所有与奥运相关的物资；里约奥组委还建立了多个物资储备中心，并与多家供应商签订了紧急供应协议（Emergency Supply Agreement，ESA），确保在任何情况下都能迅速补充所需物资，以免物资供应中断；为了应对信息技术系统出现故障，里约奥组委建立了多套数据备份和恢复系统，并设有多个冗余服务器，确保数据处理和传输的稳定性。

1.2.3.4 专业性

奥运物流涉及各种不同的物品，从运动器材到奖牌，再到动物和象征性物品，每一项都有其特殊的运输和储存要求。物品的来源和目的地遍布

---

① 姜旭，赵凯，张维伟，等.中国物流高质量发展驱动机制研究：基于政策演变视角［J］.中国软科学，2024（S1）：231-242.

全球，需要跨越国际边界，涉及复杂的清关、检疫和国际法规。动物的运输需要特别的专业知识，确保它们的福利，并符合国际动物运输规定。这些特殊物品的运输工作涉及多个环节，需要整个物流系统的高效协调和无缝对接，体现了奥运物流极高的专业性和复杂性。2008年北京奥运会中使用彭登马匹运输公司（Penden Bloodstock）专门进行马匹的运输，涉及专业运输飞机、运输车辆、特定疫苗等。奥运会中枪支的运输是一个高度复杂和敏感的过程，需要严格遵守法律法规，确保安全、保密和合规。通常情况下，这项工作由专业的运输公司负责，与当地政府和国际组织合作，确保整个运输过程顺利进行。2008年北京奥运会由位于英国的专业运输公司戴维·琼斯 OBE 国际运输公司（David Jones OBE International）负责将参加射击比赛的运动员的枪支和相关装备从其所在国家运送到北京，并在比赛期间提供相应的管理和支持。该公司在奥运会期间提供了专业的服务，确保了枪支运输的安全、准确和及时性。2008年北京奥运会中，中国祥龙物流公司被委任为官方运输合作伙伴，负责确保所有与奥运相关的重要物资，包括国旗和国徽，能够安全、准时地到达各个比赛场馆。这些物品的运输需要高度保密和安全，以确保在奥运会期间的正常展示和使用。

1.2.3.5 融合性

奥运物流的融合性在整个物流过程中尤为凸显，这体现在不同环节间的紧密协调与协同合作，涵盖信息流、物流、合作关系及技术标准等众多层面。具体而言，其融合性主要体现在以下几个方面。

（1）信息流的整合

通过构建政府相关部门—不同创新主体（高校、科研机构、运动项目管理中心等）—主流媒体和社交媒体等多方资源的共享机制，确保所有利益相关者均能访问到一致的信息，实现信息流的对称，从而提升决策的透明度与效率。2012年伦敦奥运会采用集成监控（Closed Circuit Television，CCTV）[1]整合了多个摄像头的监控系统，用于跟进奥运会场馆、公共区域和交通要道等各场所的即时信息；2016年里约奥运会[2]借助云计算（Cloud

---

[1] https：//www.alamy.com/stock-photo-cameras-for-closed-circuit-television-cctv-stand-next-the-olympic-55512134.html.

[2] https：//olympics.com/ioc/news/visa-showcasing-new-payment-innovations-during-olympic-games-rio-2016.

Computing）、物联网（Internet of Things，IoT）等现代信息技术，实现数据的实时更新与共享，通过RFID技术，准确地记录物资的流动情况，确保物资的及时供应和使用。

（2）物流环节的协调

2008年北京奥运会期间，中国国家邮政局与北京奥组委合作，通过优化供应链设计，削减不必要的中间环节，提升物流效率，确保了奥运会期间的邮件和包裹快递服务；2020年东京奥运会利用人工智能技术（Artificial Intelligence Technology）和ICT对志愿者的任务进行智能分配和调配，提高了志愿者工作的效率和满意度，应对了潜在的物流难题[①]。

（3）技术标准的统一

奥运会主办方引进新的物流技术，如地理信息系统（Geographic Information System，GIS），用于场馆选址和规划、交通管理和路线规划、安全管理和应急响应等方面；采用自动化仓储系统（Automated Storage and Retrieval System，AS/RS）来提高仓储效率和精度；使用北斗卫星导航系统（BeiDou Navigation Satellite System，BDS）、全球卫星导航系统（Global Navigation Satellite System，GLONASS）、GPS、伽利略卫星导航系统（Galileo Satellite Navigation System，Galileo）等全球卫星导航系统，提供全球定位、导航和授时服务，提高了定位精度和可靠性；建立统一的安全监控和应急响应系统，实现对场馆、赛事场地和物资运输线路的实时监控和管理，及时发现和应对安全风险和紧急事件。

融合性不仅保障了奥运会的顺畅举行，更为物流行业带来了丰富的经验与启示。深入理解并有效管理这些关键环节，可显著提升运输效率，确保奥运会的顺利进行，同时也推动了物流技术领域的创新与服务水平的提高。

1.3 奥运物流分类

作为全球规模最大的体育盛事，奥运会的参赛运动员和观众比其他任何体育赛事都多，由此引发了巨大的物流需求。与其他领域的物流不同，

---

① http://ent.people.com.cn/n1/2021/0803/c1012-32179246.html.

奥运物流具有自己的鲜明特色，对举办城市的物流系统来说，奥运物流的分类错综复杂，本节分别从以下几个方面进行分析。

1.3.1 按部门（利益相关方）分类

奥运物流的分类依据涉及多个方面，根据部门（利益相关方）进行分类，如表1-3所示。

表1-3 按部门分类

供应商/部门	职责
奥组委 （Organizing Committee for the Olympic Games，OCOG）	为有效地进行奥运物流的组织与管理，奥组委通常下设采购与物流部，负责所需材料和物品的购买、存储、运输和向现场配送
政府物流部门 （Government Logistics Department，GLD）	负责协调和管理各个物流供应方。政府物流部门需要确保各种物资的供应充足，交通运输畅通，以满足奥运会期间各方的需求
物流承运商 （Official Logistics Partner，OLP）	负责运输各种物资，包括食品、设备、器材等，确保它们按时到达目的地。这些承运商需要具备良好的运输网络和专业的服务，以满足奥运会期间的高需求
物流服务提供商 （Logistics Service Provider，LSP）	为奥运会提供各种物资和服务的供应商，包括食品供应商、礼品制造商、安全设备提供商等，与物流供给方合作，确保所需物资的及时供应和配送
社会组织 （Civil Society Organizations，CSOs）	提供志愿服务的团队和社会组织，包括国内外志愿者团体、社会救援组织等，参与到奥运会物流供给方的工作中，提供人力支持和服务保障
奥运会货运代理指定提供商 （Olympic Official Freight Forwarding Provider，OOFFP）	计划、协调与承担与奥运会有关的进出口货物的货运代理、清关和配送。其服务对象是奥组委、国际奥委会、各国奥委会和新闻机构等。代理的主要货物是建筑材料、比赛器材、新闻器材和生活物品等

奥组委即奥运会组织委员会（OCOG）[1]，是负责筹办和组织奥林匹克运动会的机构。奥组委通常由主办城市政府和奥林匹克委员会共同组成，负

---

[1] https://olympics.com/ioc/olympic-games-organising-committees.

奥运物流

责筹备和管理奥运会的各项事务，包括场馆建设、赞助商招募、宣传推广、安全保障、志愿者招募、比赛安排、票务销售等。具体职能包括：制定采购与物流战略规划，制定采购政策、规定与操作规范，确定所需产品与服务的目录，建立选择产品与服务供应商的评价指标，制定采购与物流预算，制定采购与物流实施计划，负责采购与物流的组织与管理，等等。随着时间的推移，奥组委的组织规模和专业化程度可能会有所增加。随着奥运会的发展和变化，奥组委的角色也在不断演变和完善，以适应现代奥运会的各种挑战和需求：早期的奥运会可能由志愿者和政府部门协助组织，而现代奥运会通常由一个专门的组织委员会负责筹备和组织。随着奥运会成为一个商业化活动，奥组委的角色也在变化。现代的奥组委可能更加注重商业运营、营销策划和赞助合作，以获取资金支持并促进奥运会的品牌形象。近年来，奥组委在筹备和组织奥运会时越来越注重社会责任和可持续发展，会推出各种计划和项目，以促进社会、环境和经济的可持续发展，并为举办城市留下长久的遗产。

政府物流部门（GLD）在奥运会期间扮演着重要的角色，协助奥组委确保奥运会的物流运作顺利进行。具体的政府物流部门可能因不同国家和城市而有所不同。以2012年伦敦奥运会为例，在赛事举办前，政府物流部门进行了详尽的预先规划，包括对所需物资的精确预测、物资采购以及分配计划的制定；在奥运会举办期间，政府物流部门广泛采用了现代物流技术，如物流管理系统、条形码跟踪等，以实现对物资流动的实时监控和管理；在奥运会结束之后，政府物流部门继续跟进物资的回收和退运工作，确保物资循环利用、减少浪费。

物流承运商（OLP）通常与奥组委、主办城市政府以及其他相关机构合作，确保物资按时到达目的地，并在奥运会期间提供高效的物流服务。物流承运商的工作范围涵盖了从国际货运、海运、陆运到"最后一公里"配送等各个环节。物流承运商需要协调运输车辆、船只、飞机等各种交通工具，并根据奥运会的需求制定最佳的运输方案和路线。物流承运商还负责处理可能出现的问题，如交通拥堵、天气影响赛事等，并及时调整方案，确保物资的顺利运输。在奥运会期间，物流承运商的角色至关重要，它们的高效运作直接影响着奥运会的顺利进行。因此，选择合适的物流承运商对于奥运会的成功举办具有重要意义。例如，美国联合包裹运送服务公司（United Parcel Service，UPS）初期主要专注于美国本土的快递和物流服务，随着规模的扩大，在奥运物流中扮演了重要的角色，在1994年成为奥运赞助商后，成为历届奥运会中重要的物流承运商，为奥运会提供了广泛的物流服务和支持。长久物流在2008年北京奥运会中成为北京奥运火炬传递全程物流服务唯一指定承运商，为奥运火炬在中国境内113个城市的火炬传递活动提供汽车物流运输服务[①]。

物流服务提供商（LSP）保障了奥运会期间物资的顺利流通，为运动员和观众带来了良好的参赛和观赛体验。2000年悉尼奥运会的主要物流服务提供商有：货运代理指定提供商德铁辛克（Schenker）国际公司、信件与包裹快递指定服务商UPS、悉尼展会服务供应商智傲物流公司（Geologistics Pty Limited）、饮料供商卡尔顿联合啤酒厂有限公司（Carlton & United Breweries Pty Limited，CUB）等。2020年东京奥运会的物流服务提供商主要包括京东物流和其他几家日本本土的物流企业（东日本铁路公司、东京地铁株式会社、思科系统公司和汇利达展会物流）[②]。东京奥运会的成功举办离不开这些物流服务提供商的贡献，这些企业通过专业的服务不仅确保了物资的高效流转，还提升了整个赛事的运营效率和体验。

由于奥运会的特殊性，可以说所有的货物都是关键货物，因而奥组委要精心挑选最合格的物流企业作为奥运会货运代理指定提供商（OOFFP）。以悉尼奥运会货运代理指定提供商德铁辛克国际公司为例，为做好奥运物流工作，公司专门成立了由澳大利亚分公司的100名员工和世界各地分公司的100名员工组成的奥运小组，负责奥运物流的组织与协调。

1.3.2 按物资分类

奥运物资是指在奥运会期间使用的所有物品，包括但不限于家具家电、技术设备、体育器材等办赛所需物品。这些物资的管理和流转是奥运物流的重要组成部分，确保了赛事的顺利进行和运动员及工作人员的需求得到满足。

[①] https://roadshow.sseinfo.com/gsfc.do?id=1812&tabId=27353.

[②] http://olympic.cn/e-magzine/1607/2016/0907/122231.html.

奥运物流

目前,《商品名称及编码协调制度的国际公约》(International Convention for Harmonized Commodity Description and Coding System,HS)[①]、国际物品编码组织(GS1)[②]以及联合国标准商品和服务编码系统(The Universal Standard Products and Services Classification,UNSPSC)[③]均是用于奥运物资分类的通用标准。以上标准具有国际性和通用性,可以在国际范围内实现物资的一致分类和标识。其中,UNSPSC提供广泛的商品和服务分类,GS1和HS可以作为UNSPSC的一个部分来共同使用,GS1编码通常包含在商品的条形码中,用于唯一识别和追踪商品,而商品的HS编码通常会包含在商品的GS1条形码中,以提供更全面的商品信息和标识,这样可以帮助各方更准确地识别商品、进行海关报关和库存管理等。2022年北京冬季奥运会根据《北京2022年冬奥会和冬残奥会可持续采购技术准则》,将采购货品分为通用要求和专项品类要求两大部分,对于赞助企业提供的货物和服务,按照《北京2022年冬奥会和冬残奥会组织委员会货物和服务采购管理办法》(北京冬奥组委文件2019年第10号)的相关规定执行。

1.3.2.1 奥运物资的特点

奥运物资在安全性要求、物资种类和数量以及物流和配送方式上都与一般物资有着明显的区别。这些特点反映了奥运会这一国际大型活动的复杂性和专业性,不仅要求物资管理团队具备专业的知识和技能,还要求其能够灵活应对各种突发情况,确保奥运会的顺利进行。

(1)安全等级高

奥运物资对安全性的要求远高于普通物资。所有进入场馆的物资都必须经过严格的安全检查,以确保不会对运动员和观众的安全构成威胁。这种高标准的安全措施是奥运会特有的,与一般物资的常规安全标准有所不同。

(2)种类多样化

在数量和种类上,奥运物资远远超过一般物资。2008年北京奥运会使用的物资按性质分为32大类,数量达到几千万件,其中仅奥运村所需的家具和电器就超过了20万件。2016年里约奥运会使用了数以万计的乒乓球、足球、

---

① https://sigi.gdufs.edu.cn/info/1070/3953.htm.
② https://www.gs1.org/.
③ https://www.unspsc.org/.

羽毛球等体育器材，以及大量的家具和电子设备来装备奥运村。这些物资需要在短时间内集中存储、管理和分发，对物流系统提出了极高的要求。

（3）运输方式复杂

奥运物资的物流和配送方式也有其特殊性，不仅包括传统的汽车、火车、船舶运输和飞机运输，还应用高科技引入无人车和无人配送柜等。同时，为了提高效率和确保安全，许多物资采取了直送目的场馆的方式完成配送。

（4）管理统筹专业

奥运物资需要专门的团队进行管理，在比赛前、比赛期间和比赛后都需要高度协调和专业知识。在奥运会开始之前，物资管理团队负责筹备所有必要的物资，包括体育器材、家具、电子设备等。这要求团队具有精确的计划能力和高效的执行力。赛事进行时，物资管理团队需要确保所有物资按时到位，无论是替换损坏的器材还是补充消耗品。奥运结束后，物资管理团队还需处理剩余物资，包括回收、捐赠或销售等。

1.3.2.2 按物资特性分类

奥运物资的分类依据涉及多个方面，涵盖了从基础设施建设到比赛器材等各个方面。奥运物资不仅在赛事中发挥着关键作用，还在保障运动员、观众和工作人员的需求方面起到了至关重要的作用。在进行分类时，需要保障物资供应的连续性和安全性，同时还需利用现代技术提高物流效率，使用环保材料实现可持续性发展目标。因此，奥运物资可以根据上述特性进行分类，如表1-4所示。

表1-4 奥运物资按特性分类

分类标准	类别	说明
用途和功能	运动器材	根据不同的运动项目，如篮球、足球、游泳等，运动器材可以被分类
	场馆设备	与场馆运营和比赛相关的设备，如记分牌、裁判器材等
	安全设备	消防器材、紧急疏散设备、安全防护设备、监控和安全检测设备、急救设施、安全标志、安全培训和指导等
	临时建筑物	临时看台、赛场搭建的设施、志愿者服务站、临时餐饮区、临时卫生设施等
	医疗器材	用于运动员的医疗保健和急救的器材，如急救箱、医药用品等

续表

分类标准	类别	说明
特性和品质	耗材	一次性或需要定期更换的物资，如纸张、办公用品、清洁用品等
	可回收物资	设计为可重复使用或回收的物资，如可回收的标识牌、座椅等
	食品和饮料	如能量补给、水、饮料等
管理和追踪技术	智能物资	利用现代技术进行管理和追踪的物资，如带有RFID标签的证件、门票、奖牌等
	二维码和条形码	用于追踪和管理的编码技术，如门票上的二维码、标签上的条形码
可持续性标准	可回收物资	物资的可持续性标准可能导致选择使用可回收或环保材料制成的物品，如可回收的奖牌、环保材料制成的标识牌等
安全和医疗标准	医疗器材	特定用于医疗目的的器材，符合医疗和卫生标准，如急救箱、医疗设备等

1.3.2.3 奥运物资编码

GS1编码通过全球唯一标识符实现商品、资产和位置的精确管理，有助于优化物资管理流程，简化采购、存储和分配，提高效率，降低成本。同时，还能够增强物资的可追溯性，确保供应链的透明度和稳定性，有助于应对突发事件和紧急情况，保障奥运会的顺利进行。基于GS1规则，本部分构造如下编码方案，为奥运物资的统一编码提供思路。

将奥运物资进行统一编码，编码采用层次编码，分为四层七位代码。第一层命名为奥运物资大类，采用阿拉伯数字1、2、3、4、5表示，其中的1代表"用途和功能"，2代表"特性和品质"，3代表"管理和追踪技术"，4代表"可持续性标准"，5代表"安全和医疗标准"；第二层、第三层、第四层分别命名为奥运物资中类、奥运物资小类和奥运物资细类，均采用两位阿拉伯数字01~99表示；每层级代码采用数字"99"表示收容类目，扩充的奥运物资分类与编码应符合"分类原则和方法"和"编码原则和方法"的规定，扩充类别代码应从本层代码最大值按照递增的方式进行。编码结构如图1-3所示。

```
× ×× ×× ××
         │  │  │  └── 第四层奥运物资细类
         │  │  └───── 第三层奥运物资小类
         │  └──────── 第二层奥运物资中类
         └─────────── 第一层奥运物资大类
```

图1-3　奥运物资编码结构

奥运物资代码可以按照以下方法进行扩充：当列出的赛事物资分类不能满足实际应用需求时，可对中类、小类和细类进行扩充和细化，并形成标准修改单。

奥运物资编码见表1-5。

表1-5　奥运物资编码

分类标准	类别	说明
1000000	运动器材1010000	篮球1010100
		足球1010200
		排球1010300
		……
	场馆设备1020000	记分牌1020100
		计时器1020200
		评分板1020300
		……
	安全设备1030000	消防器材1030100
		紧急疏散设备1030200
		安全防护设备1030300
		……
	临时建筑物1040000	临时看台1040100
		赛场搭建的设施1040200
		志愿者服务站1040300
		……

续表

分类标准	类别	说明
1000000	医疗器材 1050000	医疗保健器材 1050100
		急救箱 1050200
		医药用品 1050300
		……
2000000	耗材 2010000	纸张 2010100
		办公用品 2010200
		清洁用品 2010300
		……
	可回收物资 2020000	可回收标识牌 2020100
		座椅 2020200
		玻璃容器 2020300
		……
	食品和饮料 2030000	能量补给 2030100
		水 2030200
		饮料 2030300
		……
3000000	智能物资 3010000	RFID 标签的证件 3010100
		RFID 标签的门票 3010200
		奖牌 3010300
		……
	二维码和条形码 3020000	门票上的二维码 3020100
		标签上的条形码 3020200
		……
4000000	可回收物资 4010000	可回收的奖牌 4010100
		环保材料制成的标识牌 4010200
		……
5000000	医疗器材 5010000	急救箱 5010100
		医疗设备 5010200
		……

1.3.3 按物流分类

根据奥运物资的特性，可将奥运物流分类以下三类：普通物流、特种物流以及冷链物流。普通物流是最常见的物流形式，它涉及商品从供应地到需求地的整个运输和储存过程。普通物流的主要特点是标准化操作，包括装卸、搬运、包装、仓储、配送等环节。这种物流方式适用于不需要特殊条件或设备的货物，如日用品、电子产品等。特种物流是指那些需要特别处理或运输的货物的物流活动。这些货物可能因为其自身的特性（如易燃、易爆、危险品）或者对环境的特殊要求（如防震、防潮）而需要特殊的物流服务。特种物流通常需要专业的知识和技能来确保货物的安全和完好。冷链物流是一种专门针对需要在低温环境下运输和储存的货物的物流系统。这类货物通常是易腐食品，如肉类、乳制品、水果和蔬菜等，以及一些医疗产品，如疫苗和生物样本。冷链物流的特点是在整个供应链中，从生产到销售再到消费者手中，货物始终处于规定的低温状态，以确保质量和减少损耗。

普通物流适合大多数商品，特种物流用于处理特殊货物，而冷链物流则专注于需要低温保存的商品。奥运物资按物流分类详见表1-6。

表1-6 奥运物资按物流分类

物流类型	涉及物资	运输特点
普通物流	生活物资	根据主办城市的物流服务水平现状、奥运物流的需求分析、主办城市的经济发展目标等基础条件，以多数物流功能外包、奥运物流主管部门与物流供应商协调合作模式为市场运作模式
	媒体设备	
	票务和门票	
	文化物资	
	食品餐饮	
	场馆搭建和装饰	
特种物流	马匹	由奥组委和专门的马匹运输公司共同负责
	国旗	采取严格的安全措施，如专车护送、实时监控等，以保障奖牌的安全运输
	火炬	
	奖牌	

奥运物流

续表

物流类型	涉及物资	运输特点
特种物流	仪式物品	运输过程需要严密安排，确保物品安全、准时抵达活动现场。专人负责护送，运输工具和设备要适应物品特点。同时，通过实时监控和采取安全措施，保障仪式顺利进行
	枪支弹药	遵守枪弹分离和人枪分离的原则，以及严格的法律法规，根据其特性选择合适的箱体尺寸，并进行科学堆垛，以保障弹药在恶劣环境下的运输安全
	超限件	在一般货物运输范畴之外，由于货物的特殊性质、尺寸、重量或其他限制而需要特殊处理的物流服务
	紧急医疗设备	紧急医疗设备的运输要求物流系统能够快速响应，确保设备能够在最短的时间内从供应地运送到接收地
冷链物流	疫苗和药品	运输需要在低温环境下保存的疫苗和药品，确保其有效性和安全性
	电子设备	采用相应温控手段，以避免过热和损坏
	雪场机械	运输和存储雪场机械设备，需要在低温环境下确保其可靠性和稳定性
	运动员生物样本	收集和分析运动员的生物样本是一项重要的措施，例如运动员尿检样品，旨在确保比赛的公平性和保障运动员的健康
	食材	防止食材腐败和变质
	赛事用冰	提供冷冻冰袋和冷藏器材，用于运动员在比赛后的康复和伤病处理。在比赛场馆中提供冰块和冰袋，以满足运动员和观众的需要

2 奥运物流发展范式转移

1896年，第一届现代奥林匹克运动会在希腊雅典举行，此后的一百多年里，奥运会见证了全球生产力水平的发展、科学技术的进步以及社会经济的繁荣。奥运物流作为奥运会不可缺少的功能之一，也经历了一百多年的探索，留下了宝贵的经验和深刻的教训。回顾往届奥运物流的组织和运作，总结奥运会不同发展阶段奥运物流的特点和发展趋势，对奥运物流的未来发展具有重要意义。根据不同阶段的发展特征，本章将奥运物流的发展历程划分成三个阶段：1896—1980年的传统奥运物流发展阶段，1984—2004年的现代奥运物流发展阶段，2008年至今的奥运供应链发展阶段。

2.1 传统奥运物流发展阶段

1896年至1980年历经22届夏季奥运会与13届冬季奥运会，其中第六届夏季奥运会因第一次世界大战取消，第十二届以及第十三届夏季奥运会因第二次世界大战取消。这一阶段的奥运物流在物流概念及物流理论形成的基础上，呈现出传统的军事后勤管理色彩，滞后于物流理论的形成与发展。

1896年，雅典举办了第一届夏季奥运会。在第一届奥运会举办之时，"物流"的概念还没有诞生，更不用说"奥运物流"的概念。20世纪初，物流的概念逐渐萌生和提出。两个显著的观点包括：美国少校琼西·贝克（Chauncey B. Baker）于1905年从军事管理的角度出发提出"后勤"（logistics）的概念；美国市场营销学者阿奇·萧（Arch W. Shaw）于

奥运物流

1915年在《市场流通中的若干问题》中从市场营销的角度出发提出"实体分配"（physical distribution）的概念。这两个概念的实质内容不同，前者主要是指军事物资的供应保障与运输储存；后者主要从有利于商品销售的角度出发，探讨商品到销售地的流动过程中的种种活动的管理。到目前为止，奥运物流的概念还没有诞生，也没有相关的文献和资料记载和总结奥运物流的运行情况。20世纪60年代以后，世界各国经济快速增长，分销物流学（physical distribution）的概念在美国得到发展和完善，基本形成了比较统一和完整的物流管理学科。1961年，世界上第一本有关物流管理的教材——《物流管理》（Physical Distribution Management）出版。1963年，美国物流管理协会（National Council of Physical Distribution Management）成立。此时，分销物流成为物流管理的主流理论。但是从物流对于奥运会的作用来看，奥运物流的主要功能是满足奥运活动中对运输、供应和存储的需求，奥运物流的内涵也更偏向于军事后勤（logistics management）。因此，分销物流理论并没有在奥运会中得到应用和发展，也没有基于分销物流理论形成奥运物流的概念。

从物流运作模式、物流组织机构设置、物流设施建设、物流信息技术以及物流绩效评价五个维度来看，本阶段奥运物流在以下方面呈现出诸多特点。

2.1.1 物流运作模式

像奥运会这样的世界级赛事，需要依赖于政府的组织，在奥运会举办经验还不够充分的时期，更加需要政府的统领和协调。例如，第一届雅典奥运会的组织直接由希腊王储康士坦丁负责。在物流发展的初期，政府是推动物流业发展的主要动力。在本阶段，社会物流主要依赖于政府的组织和支持，很多发达国家为了提高物资供应效率，大力开发国内的高速公路、铁路和航空运输路线，优化与调整高速公路布局。由此可以推测，本阶段的奥运会在遇到需要整体协调的物流工作时，由政府出面组织协调各个部门完成所需的物流活动。因此，政府是奥运物流活动的协调者，具体的运行主体可能是组委会下设的各个部门、物资供应商以及运输机构。在1912年的斯德哥尔摩奥运会中，行李和运动器械由住宿委员会

（Accommodation Committee，AC）协调铁路运输部门进行运输，家具的配送工作由供应商完成。

2.1.2 物流组织机构设置

本阶段的奥运会没有设立单独的物流部门，也没有按照时间维度对奥运物流进行任务分解或统一规划，奥运相关的物流工作分散在不同的业务和部门中，为必要的工作提供支持。在第一届雅典奥运会中，每个体育项目都由专门的委员会负责项目所有的前期安排，包括项目所需的物流工作；在1912年的斯德哥尔摩奥运会中，必要物资采购的工作由财务部门（Finance Section，FS）负责，行李和运动器械的运输由住宿委员会负责，食物的采购由接待委员会（Reception Committee，RC）负责，运动器械的采购则由对应的体育项目委员会负责。

2.1.3 物流设施建设

本阶段奥运会的物流活动分散在不同的部门和主体中，没有形成规模，而且受到财政资金的限制，所有的奥运会都没有建立单独的物流中心，对物流设施的需求主要通过现有的公共设施来满足。1912年斯德哥尔摩奥运会主要依赖于现有的铁路设施完成行李和运动器械的运输。但在1952至1980年期间，随着参加人数的增多以及举办规模的不断扩大，奥运会逐渐成为全球性事件，举办城市开始进行基础设施建设投入，包括新建体育场馆、改善交通系统等。

2.1.4 物流信息技术

在19世纪末期和20世纪初，由于信息技术的限制，奥运物流只能通过电报、电话和传真进行远程交流；数据记录和处理的方式也较为传统，主要通过手工方式完成。到了20世纪50年代，以大型计算机为基础的信息技术出现，但是大型计算机价格昂贵，操作门槛高，并没有在社会中广泛应用和推广，在奥运会这样的赛事活动中也较为罕见。20世纪60年代末出现小型计算机，70年代初出现微型计算机，计算机在很多企业得以普及，办公自动化（Office Automation，OA）系统也逐渐开始被推广使用，以传真机、个人计算机、电子邮件、移动电话为代表的电信技术迅速发展，此时计算机的功能主要是减少重复性劳动，实现数据的电子化。此阶段企业间的数据交换主要依赖于邮件、传真等传统方式，但在一些富有创新精神的企业和大型组织中产生了电子数据交换（EDI）技术。此外，基于RFID的产品研发快速发展。这两种技术极大地提高了业务文件电子化交换效率和准确性，但其应用范围还相对有限。作为世界盛会的奥运会，在本阶段后期初步实现了电子化，1964年东京奥运会首次使用电子计算机技术。

2.1.5 物流绩效评价

本阶段的奥运会秉承奥运精神，反对奥运商业化，历届奥运会整体基本都处于亏损状态。对于奥运会中的物流活动来说，由于物流活动大多分散在不同的部门中，与其他活动难以完全分开，再加上本阶段物流理论的发展，尤其是物流成本的计算还不够成熟，物流活动难以独立于其他活动进行核算和成本分析，因此本阶段缺乏对奥运物流的整体成本计算，更不用说对奥运物流整体绩效的评价体系。

2.1.6 阶段发展特点总结

本阶段的奥运物流实现了统运、统存、统包的统一管理，但缺乏专业化运作。本阶段重要的物流活动主要在政府的组织和协调下完成，体现了一定的物流的筹划和运作，但小规模的物流活动分散在各个主体中，没有进行统一规划和协调，也没有体现物流管理的理念、技术和方法，因此没有形成系统的奥运物流管理体系。

2.2 现代奥运物流发展阶段

1984年至2006年历经6届夏季奥运会与7届冬季奥运会。随着信息技术的飞速发展与电子商务运营模式的出现，物流管理进入现代化发展阶段。奥运物流在较为成熟完善的物流理论体系的基础上，也呈现出新的阶段特点。

20世纪80年代以后，随着物料需求计划（Material Requirement Planning，MRP）、制造资源计划（Manufacture Resource Plan，MRP Ⅱ）、企业资源计划（Enterprise Resource Planning，ERP）以及准时制生产（Just-In-Time，JIT）等先进管理技术在物流管理中的运用，物流管理活动进一步向着集成化、一体化和信息化的方向发展。人们逐渐认识到物流涉及物资供应、生产、分销以及废弃物再生等全范围和全领域，物流概念的内涵需要从流通与生产的全过程来把握，分销物流的概念已经不能适应这种形势。1985年，威廉姆D.哈里斯（William D. Harris）和吉姆斯R.斯托克（James R. Stock）在密歇根州立大学发表了题目为《市场营销与物流的再结合——历史与未来的展望》的演讲，强调了现代物流活动对于创造需求的重要作用以及营销与物流再结合的必要性，商业物流（Business Logistics，BL）的目的是把原料和产品以最低的成本、按客户要求的服务标准、适时送到客户指定的地点。同年，美国物流管理协会正式将名称改为"Council of Logistics Management"，标志着现代物流观念的确立。这时期的物流管理（Logistics Management，LM）强调物流一体化，是在专业物流全面高度发展的基础上涵盖供、产、销等的全范围物流问题。"Logistics"的广泛使用，意味着社会物流已经进入现代物流的发展阶段，相关管理思想和理论适用于奥运会中的物流活动管理，因此在奥运物流中得到了广泛的应用和发展，奥运物流也进入了现代发展阶段。

从物流运作模式、物流组织机构设置、物流设施建设、物流技术应用以及物流绩效评价五个维度来看，本阶段奥运物流在以下方面呈现出诸多特点。

2.2.1 物流运作模式

随着物流行业的发展，市场上出现了很多专业的第三方物流企业。1984年洛杉矶奥组委开始探索奥运物流的市场化外包模式。自1984年洛杉矶奥运会至2004年雅典奥运会，奥运物流外包模式可以分为两个阶段：第一阶段从1984年洛杉矶奥运会到1996年亚特兰大奥运会，属于分包阶段；

奥运物流

第二阶段从2000年悉尼奥运会到2004年雅典奥运会，属于总包阶段。

洛杉矶奥运会第一次将物流进行外包，开创了成功的奥运会商业运作模式。洛杉矶奥组委制定完整、严格的奥运物流操作规范，认证一批有实力的第三方物流供应商，通过特许经营，支持它们建立相关的配送中心。这样既能保证为奥运会提供专业化、一体化的物流服务，也使基础设施不仅能为奥运会所用，而且通过商业运作模式，产生长期效益。对于特许经营的奥运物流提供商，它们一方面能够借奥运会的金字招牌来提高自身的品牌知名度；另一方面为了满足奥运物流的高标准、高要求，自觉地优化自身业务流程，升级技术装备，提高管理效率。

悉尼奥运会第一次完全外包给一家物流供应商来承办物流工作。澳大利亚经济比较发达，物流业发展得比较成熟和完善，企业规模较大。在悉尼奥运会中，Schenker Australia被指定为官方货运代理，为悉尼奥运会提供了全面的物流服务。雅典奥运会总物流外包服务商由雅典四家物流公司联合组成（Logistics 04 Consortium）。相对于悉尼来说，雅典企业的规模较小，无法通过一家物流服务商来完成，因而选用了由国内四家物流服务商组成的公司完成。

本阶段的奥运物流运作模式实现了从自营模式到半包模式，最后实现全包模式的市场化转变。从奥运物流运作模式的转变可以发现，奥运会开始注重分工和运作效率，将奥运会临时性和非核心流程的物流服务交由有专业经验的公司来负责，不仅可以有效整合、利用物流资源，提升奥运会内部管理效率，也可以显著提升服务水平和客户满意度。

2.2.2 物流组织机构设置

1996年亚特兰大奥组委首次成立了专门的物流委员会，负责所有奥运物资的仓储、配送和回收等物流工作。在亚特兰大奥运会正式比赛开始前两年，亚特兰大物流委员会正式成立。物流委员会的工作人员包括物流行业的专家、军事专家和体育专家。

悉尼奥运会成立了一个专门主管奥运物流的物流中心，明确提出要提前制定统一的奥运物流规划。该中心主要负责比赛场馆的物流和场馆内部的物流活动。物流中心发挥了强有力的组织协调作用。悉尼奥组委根据奥运会的特点，将主办者、承包商、货物运输联合会以及澳大利亚检疫局都纳入悉尼奥组委物流中心的组织中来。

雅典奥组委也成立了主要负责管理奥运物流中心的物流部，具体职能包括赛前的物流运作和配送、库存控制和资产跟踪，赛中的物流场馆设施配送，以及赛后的逆向物流、协调与奥组委核心管理部门的关系。

本阶段设立专门的奥运物流部门，并明确其职责涉及赛前物流、赛中物流和赛后物流三个阶段。赛前物流主要涉及奥运会前进行的物流基础设施建设，物资规划、仓储与运输等物流活动；赛中物流涉及奥运会举办期间，主办城市及地区发生的各类物流活动；赛后物流涉及奥运会结束后的物资清理、回收等物流活动。单独的奥运物流部门不仅能够有效进行物流的组织与管理，还可以从系统的角度统筹规划奥运会赛前、赛中、赛后的各种物流活动，制定统一的物流计划。这意味着奥运物流开始向集约化、协调化的物流战略管理方向发展。

2.2.3　物流设施建设

1996年亚特兰大奥运会并没有建立专门的奥运物流中心，主要利用了原有的仓库设施来满足奥运物流的需要，并将仓库的不同区域与特定的场馆相对应，虽然节约了物流中心建设成本，但无形中增加了运输、仓储的成本。

悉尼奥组委考虑到比赛场馆的集中性和物流需求的变动性，在离奥林匹克公园2.9公里的地方建立了一个占地7.5万平方米的奥运物流中心，提供了实现奥运信息集成、协调、计划、仓储和调车的设施和场所。由奥组委租用转包给总包的物流服务商林福克斯公司（Linfox），历时两年，完全可以满足奥运会所需。该奥运物流中心主要包括三个功能区域：一是奥运物流控制中心，主要负责整个奥运物流中心所有工作信息的集成、管理和发布，是实现信息共享的主要平台。二是主仓库，主要用来存放管理药检物品和比赛所用的体育器材、外围设备等。该仓库中心总面积2.5万平方米，其中1.5万平方米由悉尼奥林匹克委员会使用，其余对外出租。三是车辆配送场所，是奥运物资运往奥林匹克公园的主要通道，所有需要进入比赛中心的物资都要在此接受安全检查。

奥运物流

雅典奥组委在充分考虑现有仓库设施有效性和与比赛场馆距离的基础上建立单独的奥运物流中心，但具体运作是由雅典奥组委指定物流服务总包商外包建造然后租赁使用的方式进行。其总面积为8.6万平方米，最近的比赛场馆距离奥运物流中心10公里，最远的25公里。

2.2.4　物流技术应用

自20世纪80年代以来，信息技术经历了从IT（Information Technology）到ICT（Information and Communications Technology）的演变。20世纪80年代，随着个人计算机的大规模普及应用，信息技术迅速发展，数字化办公和计算机信息管理系统取代了手工处理。20世纪90年代，互联网开始了大规模商用进程，IT和互联网技术的融合为ICT的跨越式发展奠定了基础。到了21世纪，ICT迅速成为世界经济增长的重要动力。在20世纪80年代到21世纪初，信息技术的发展处于IT和ICT阶段，本阶段奥运会开始探索IT和ICT在物流中的应用。

信息技术的发展也催生了多样化的信息系统。在物流管理领域，有六大管理信息系统，分别为仓储管理系统（Warehouse Management System，WMS）、运输管理系统（Transportation Management System，TMS）、分销管理系统（Distribution Management System，DMS）、订单管理系统（Order Management System，OMS）、支付结算管理系统（Business Management System，BMS）、人员管理系统（Personnel Management System，PMS）。在本阶段的奥运会中，主要使用了仓储管理系统、运输管理系统和采购管理系统。

在仓储管理系统中，亚特兰大奥运会为了通过高科技来提高工作质量，使用了AS400（Application System/400）系统软件对库存数据进行管理。亚特兰大奥运会还使用条形码技术，使仓储工作更有效率。雅典奥运会使用了条形码技术对物品进行分类和管理。

在运输管理系统中，悉尼奥运会应用了配送车辆排班系统（Delivery Vehicle Schedule System，DVSS），悉尼奥组委要求DVSS为奥运会的比赛期、非比赛期以及场馆训练期的每一天生成一个主配送时刻表并要求完成以下任务：每天向悉尼奥林匹克公园的25个场馆约115个配送点进行500次配送业务；每天向情人港的4个场馆10个配送点进行100次配送业务；只能利用从午夜12点到早上6点的时间窗；具备在货物到达、卸载运输和安全检查时间发生异常时进行操作应变的功能。雅典奥运会基于总体配送计划（Master Delivery Schedule，MDS）设置了相关的系统，该软件系统使物流部能够通过计算货物卸载时间来决定货物的配送时间表。配送的时间安排由MDS生成的主配送时刻表来执行，由MDS中央协调组来进行控制和管理。MDS的生成主要依据两个需求：雅典奥组委功能区域向供货商和卖主发出的订单；比赛场馆对于餐饮、清洁等方面的功能性需求。所有信息将被输入软件系统，通过计算生成每辆配送车辆的到达和出发时间表。

在采购管理系统中，悉尼奥运会使用了供应商数据库系统（Supplier Database System，SDS），该供应商数据库只包含供应商的名字，不具备跟踪所采购商品及服务的功能。这就使得当同一商品由多个供应商提供时，组委会无法通过对供应商的比较获得最大利益，并且也无法向任何个人提供有关商品供应商的准确信息。供应商数据库由悉尼奥组委财政部门的一个专门的工作组负责，而对政府采购进行协调的人员没有进入该数据库的权利。

悉尼奥运会还使用了一套综合的资产管理系统（Asset Management System，AMS）来满足奥运会期间的物流需求。该套系统主要用于制订奥运会所需物品的计划，这些物品包括消费品、各种比赛用设备以及比赛期间临时使用的各种构件。该物资计划的四个核心功能模块是：资产管理（物资的接收、跟踪，物资所有权管理，物资的处理和拍卖）、物资计划（设备及其他物资的库存数据清单以及整体的需求计划）、供应管理（物资供应来源的审批和仓库配置等）、运输管理（制订运输计划和场馆的货物接收计划）。

雅典奥运会应用企业资源计划（Enterprise Resource Planning，ERP）系统，实现对整个赛事物流供应链的有效管理。该系统整合了资产控制、相关法律法规、MDS和仓储管理系统等几个要素。

2.2.5 物流绩效评价

本阶段虽然没有专门对奥运物流绩效进行评价，但是随着奥运物流部门的独立、奥运物流业务的外包、奥运物流中心的设置以及奥运会对经济利益的重视，奥运物流绩效评价具有较强的可行性。从1984年洛杉矶奥运会开始，奥运会的商业化得到大力发展，洛杉矶奥运会在当时难得地实现了盈利。

本阶段对社会物流绩效的评价方法逐渐发展和成熟，常用的评价方法包括作业成本分析法（Activities-Based Cost Method，ABC）、平衡计分卡（Balanced Score Card，BSC）等。作业成本分析法全称为基于活动的成本管理，基于资源耗用的因果关系进行成本分配：根据作业活动耗用资源的情况，将资源耗费分配给作业；再依照成本对象消耗作业的情况，把作业成本分配给成本对象。基于作业成本分析法对奥运物流活动进行评价，有利于精确奥运物流成本信息、提高奥运物流运作过程的效率以及优化决策。平衡计分卡提出从财务、客户、内部运营、学习与成长四个角度进行考核。基于平衡计分卡对奥运物流活动进行评价可反映多个"平衡"：财务衡量方法与非财务衡量方法之间的平衡、长期目标与短期目标之间的平衡、外部和内部的平衡、结果和过程的平衡、管理活动和运作绩效的平衡等。平衡计分卡评价方法能反映奥运物流综合运行状况，有利于奥运物流活动的发展。

2.2.6 阶段发展特点总结

在此阶段，奥运会对于物流提出了新的标准和要求，物流赞助商和外包商在探索物流新技术方面开展了大量的创新和改革，此阶段奥运物流的发展领先于社会物流发展。该阶段创造了奥运物流四个"第一"（第一次探索了奥运物流市场化外包模式，第一次成立了单独的物流部门，第一次建立了专门的物流中心，第一次使用物流信息系统），3PL（第三方物流）、DC（物流配送中心）、GS1（物资编码）、RFID以及条形码等现代物流元素得以体现，标志着奥运物流进入现代化发展时期。

虽然该阶段的奥运物流取得了一定的成果，但是仍然存在一些不足，主要体现在以下三个方面：

第一，没有体现供应链管理思想。在该阶段的奥运会中，采购和物流分属不同的部门，从而导致供应链没有无缝对接，在管理上产生了一定的难度。如果对采购过程没有很具体和全面的了解，后续的物流服务就会出现盲目性，而采购是根据物资需求计划进行的，采购的物资进入内部循环体系后需要进行严格而有效的管理。

第二，缺乏物流信息管理平台。该阶段的各界奥运会虽然开始在物资管理、运输管理、供应商管理等业务环节中探索信息系统的使用，但是并没有形成一个统一的物流信息管理平台，尚未实现从采购到回收的物流信息管理。

第三，物流绩效的评价单一。该阶段的物流运作在满足奥运物流需求的基础上，主要从成本的角度进行评价，评价维度较为单一。

2.3　奥运供应链发展阶段

2008年至今历经4届夏季奥运会与4届冬季奥运会。其中，北京作为历史上唯一的双奥之城，举办了第29届夏季奥运会与第24届冬季奥运会。进入21世纪后，物流管理呈现出信息化、数字化、供应链管理、绿色物流、跨国化、全球化、智能化和自动化以及客户服务等方面的变化，这些变化推动了物流行业的不断发展和进步。奥运物流在供应链管理思想逐步发展的基础上，也呈现出新的阶段特点。

供应链（Supply Chain，SC）概念的出现，最早可追溯到迈克尔·波特1980年于《竞争优势》中提出的"价值链"（Value Chain，VC）的概念，即与产品有关的所有能够实现产品价值的活动都可以看成是供应链的一部分。从概念范围逐渐扩展历程来看，供应链概念大致经历了内部供应链、外部供应链和网络供应链三个阶段。20世纪90年代初期到中期，不仅企业内各个职能间的协调可以创造价值，企业间的协调也可以创造价值。供应链涵盖的范围从企业的内部过程扩展到企业外部，指从原料供应地到最终消费地，通过供应链中原材料供应商、制造商、分销商、零售商这些不同的角色来完成产品的采购、制造、组装、分销、零售等环节，将最终产品送到最终消费者手中的整个过程[①]。网络供应链强调以核心企业为中心，与该企业存在直接和间接关系的前向和后向企业之间的网链关系。

---

① 马世华.供应链管理[M].北京：机械工业出版社，2020.

奥运物流

供应链管理（Supply Chain Management，SCM）是在供应链理论发展的基础上形成的，最早出现于1982年《金融时报》对英国物流师、咨询顾问基思·奥利弗（Keith Oliver）的一篇报道中[①]。目前理论界与企业界对供应链管理的概念尚未达成共识。国外对于供应链管理有许多不同的内涵，如快速反应（Quick Response，QR）[②]、有效用户反应（Efficient Consumer Response，ECR）[③]、虚拟物流（Virtual Logistics，VL）[④]、连续补充（Continuous Replenishment，CR）[⑤]，以及协同计划、预测与补货（Collaborative Planning Forecasting and Replenishment，CPFR）[⑥]等。这些术语在一定程度上反映了对供应链各类活动进行人为干预和管理的特点。美国供应链管理专业协会（CSCMP）认为，供应链管理包含采购、生产活动以及物流管理活动，其对组织内和组织间的业务职能和业务流程的连接发挥着主导作用，确保供应链的协调和绩效。《物流术语》（GB/T 18354—2021）对供应链管理的定义是：从供应链整体目标出发，对供应链中采购、生产、销售各环节的商流、物流、信息流、资金流进行计划、组织、协调与控制的活动和过程。

随着供应链管理思想的出现，物流被纳入了企业间互动协作关系的管理范畴，既要考虑自己的客户、供应商，也要考虑到客户的客户，以及供应商的供应商；不仅要致力于降低某项具体物流作业的成本，而且要考虑使供应链运作的总成本最低。在奥运物流系统中，不仅存在复杂的供求关系，而且奥运物流运作涉及供应链管理的采购、仓储、组配、装卸、运

---

① http://k.sina.com.cn/article_3354160684_c7ec6e2c00101cqmw.html.
② 快速反应是在物流管理中对消费者需求作出快速反应的供应链管理方法，起源于20世纪80年代的美国服装行业，后来逐渐扩展到其他行业。
③ 有效用户反应是在QR概念的基础上发展而来，强调以消费者为中心，供应链伙伴之间的协同合作。
④ 虚拟物流是在电子商务和网络技术快速发展的背景下逐渐兴起的一种物流模式。它通过互联网技术和信息技术手段，将物流过程中的各个环节进行集成和优化，实现物流的高效、快速、准确和可靠。
⑤ 连续补充是基于供应链伙伴之间的协同合作，进行需求预测和补货的一种策略。它在VL之后出现并逐渐发展。
⑥ 协同计划、预测与补货（CPFR）是CR的进一步发展和延伸，强调供应链伙伴之间更紧密的合作和协同计划。CPFR出现在CR之后，并逐渐取代CR成为供应链管理中的主流策略之一。

输、配送、回收等环节。因此，此阶段奥运物流的相关活动呈现出供应链管理阶段的特征。

2.3.1 物流运作模式

在此阶段，奥运物流运作模式基本形成了"以独立物流部门为主，物流服务赞助商为辅，多方协作"的特点。物流部负责所有相关活动的规划、实施和管理，这些活动包括：需求规划和分析，合同管理，国际货运代理，接收、仓储和配送，资产管理，配送管理，场馆物流管理，以及逆向物流。物流部的基本职能是管理上的整合，既没有组建车队，也没有去建仓库、招仓储工人，其工作重点有两个：一是协调主办者、协办者、赞助商以及相关政府机构的关系；二是制定奥运物流的整体规划。在实际的执行过程中，奥组委会将业务交由专业的物流服务商，由赞助商（服务商）负责具体物流的运行工作。

在2008年北京奥运会中，物流服务和清关货代方面共有两家赞助企业，即奥运物流与快递服务赞助商UPS公司，和清关货代供应商Schenker公司。UPS为50多个竞赛场馆、15个非竞赛场馆及众多训练场馆提供物流服务，具体的生活物流服务由其他供应商提供。

2012年伦敦奥运会的物流活动由伦敦奥组委下设的物流部门统一管理，具体的物流运行工作由UPS公司负责。在为期19天的比赛中，UPS为34个比赛场馆、26个比赛项目运送超过100万件运动器材。

在2022年北京冬奥会中，京东物流成为第24届冬奥会和冬残奥会组织委员会物流服务赞助商，基于智能仓储管理设施、自动化设备及智能配送设备，为主物流中心、各竞赛场馆、训练馆、非竞赛场馆及其他指定地点的场馆、冬奥村，提供物流计划制定、仓储管理、分拣、装卸搬运、简易包装等服务，也负责为奥林匹克转播服务公司提供货架、托盘等存储设备和叉车、自动导向车（Automated Guided Vehicle，AGV）等物流设备，并协助组委会为各国代表团提供专人、专车的行李运输服务。以智能物流仓储管理系统、智能配送机器人为代表的先进的物流设备和技术，实现了快速、准确、高效的物流配送服务，将货物直接配送到运动员和观众手中，充分展现了"人到货"向"货到人"转变的服务理念。

奥运物流

2.3.2 物流组织机构设置

2008年北京奥运会及之后的历届奥运会基本都设置了独立的物流部门负责奥运会的物流运作[①]。物流部除了负责奥运会所需各类物资的采购、仓储、配送、追踪、管理、回收和处置工作，还需协调本部门与其他关键部门的关系，确保奥运物流工作顺利开展。

从物流需求来源对象看，此阶段独立的物流部门需要面对来自内部和外部客户群体的物流需求，并为其协调物流服务。内部客户即需要物流服务的奥组委的所有职能部门，主要包括体育部、技术部和改建部。外部客户即奥组委以外的与奥运会的举办有着直接关系的所有运动和非运动团体、组织和个人，主要包括国家奥委会、媒体以及所有供应商和经销商。

涉及外部客户的供应链主要活动是运输，即货运代理，包括从原产地到目的地奥运场馆（及反向）的清关程序等。涉及内部客户的供应链最为广泛，包括需求规划、采购、仓储、运输和配送、管理比赛期间的配送以及逆向物流（即赛后物资的移除和恢复）。奥运场馆的物流活动包括场馆接收物资、现场物资处理和本地存储、安装等。

从运作时间维度看，此阶段在设立物流部门时清晰界定了部门的职责范围。物流部对赛前、赛中、赛后全过程的奥运物流进行整体规划。前期工作重点是与相关部门密切合作，在广泛调研与考察的基础上，基于历届奥运会的已知需求，运用科学的预测方法，对奥运会的物流需求进行较为准确的预测。中期工作重点是根据需求预测，在充分利用现有资源的基础上制定奥运物流的整体规划。后期工作重点为赛后物资处置、设备回收等工作。

此外，物流部负责和主办者、协办者、赞助商以及相关政府机构建立稳固的工作关系网络。在比赛期间，依靠该关系网络获取信息，在综合管理物流计划制定阶段识别物流信息需求，确保比赛期间物品、服务以及相关信息在运输、存储、使用、赛后处理等各个环节之间顺利流动，从而确保综合管理物流计划有效实施。

北京奥组委物流部自2005年成立起，从计划阶段、调整阶段、赛事

---

① 因新冠疫情的影响，2020年东京奥运会并没有设置单独的物流部门。

运行阶段和赛后回收处置阶段组织奥运物流服务。计划阶段的工作在2004年至2006年底进行。北京奥组委基于2004年至2005年初对历届奥运会物流运行的研究，制定了奥运会物流运行战略计划和基本框架。调整阶段的工作从2007年6月持续至2008年6月，物流部为"好运北京"赛事提供各项物资保障服务，提前测试、培训、评估奥运物流服务。赛事运行阶段的工作从2008年6月开始至比赛结束，物流部保证各项物资及时、准确、安全地配送到各个场馆。在赛后回收处置阶段，物流部负责各类物资回收和处理。

2.3.3 物流设施建设

为了实现对赛事主场馆提供高效、安全和准确的物资配送服务，北京奥组委在借鉴国外经验的同时进行了大量调研和论证，借鉴悉尼物流中心的运作模式，采用"政府选址、投资商建设、奥组委租用、运营商使用"的运作原则，在距主要奥运场馆27公里的北京顺义区空港物流园区内建立北京奥林匹克物流中心（The Olympic Logistics Centre，OLC）。该中心由奥组委租用转包给总包的物流服务商UPS公司，由UPS公司负责仓储事宜，同时设立OLC工作组协助UPS公司开展工作。物流中心还联合北京市有关区县的职能部门组建了物流支持团队，多方共同合作确保奥运会期间的物流运行顺畅无阻。该物流中心主要包括以下几个功能：一是物资分发与仓储基地。物流中心总建筑面积10.2万平方米，其中包括四栋各2.5万平方米的现代化物流仓库，主要用来存放与比赛相关的体育器材、外围设备等。二是物资安检场所。物流中心是所有比赛物资、设备、车辆等进入比赛场馆的唯一通道，所有的物资必须在此接受安全检查后才能运往比赛场馆。三是海关通关与检验检疫场所。在奥运会赛事期间，海关、检疫部门在物流中心为各国参赛代表队等相关人员提供通关便利。四是综合交货计划管理中心。一方面，对周转物资进行高质量的保管；另一方面，合理安排车辆调配，保证物资的及时供应和奥运场馆交通的合理有序。

2012年伦敦奥运会筹办期间，伦敦奥组委在充分考虑了城市规模、仓储设施有效性以及场馆距离的前提下，在主要场馆附近租赁了三个独立的仓库，既满足了必要的仓储需求，也缩短了从仓库到场馆的时间。

奥运物流

2020年东京奥运会筹办期间，东京奥组委在奥运村西北部的印西市和流川市租赁仓库，分别建立了配送中心（Main Distribution Centre，MDC）。但考虑到东京市区的储存空间需求紧张，确保场馆周围储存奥运会所需物品的设施极为困难，东京奥组委决定利用日本的先进物流网络，直接从供应商仓库将家具、固定装置和设备运送到比赛场馆，减少存储在MDC中的物品数量，仓库面积从过去奥运会的约10万平方米降至7.6万平方米。此外，在东京奥运会期间，东京奥组委在奥运村附近建立物资筛选处（Material Screening Site，MSS），提高交付物品安全检查的效率。通过推行认证制度，供应商在MSS能够自行进行安全检查，减少了前往物资筛选地点的进车数量，降低了成本。

2022年北京冬奥会主物流中心坐落于北京天竺综保区内，该物流中心不仅是家具白电、技术设备、体育器材等办赛物资的集中存储场所，还承担着赛时所需物资的分拨、配送、通关协调及总体配送计划（Master Delivery Schedule，MDS）编制等服务保障工作。

奥运物流中心的成立进一步说明奥运物流向集约化和专业化发展。从规模和功能的维度可以将物流中心分为中央配送中心（Central Distribution Center，CDC）、区域配送中心（Regional Distribution Center，RDC）、前置仓配送中心（Front Distribution Center，FDC）等类型。由于奥运物流对时效性要求高，大部分场馆的分布较为集中，供应端的物流可以在赛前提前准备，因此，奥运物流中心的设置需要靠近需求端。从这个维度来看，奥运物流中心的类型更接近于RDC和FDC。

2.3.4 物流信息技术

21世纪后，信息技术经历了翻天覆地的变化。随着互联网、无线网络技术、第五代移动通信技术（5th Generation Mobile Communication Technology，5G）的飞速发展，虚拟现实（Virtual Reality，VR）、增强现实（Augmented Reality，AR）、混合现实（Mixed Reality，MR）、扩展现实（Extended Reality，XR）、人工智能（Artificial Intelligence，AI）、大数据（Big Data，BD）、云计算（Cloud Computing，CC）、区块链（Blockchain）、数字孪生（Digital Twin，DT）等创新科技逐渐融入日常生活中，深刻改变了

人们的生活方式和工作模式。信息技术的变革也带动了物流技术的巨大发展，推动物流行业朝着智能化、高效化、精细化、自动化的方向发展。本阶段奥运会主办方开始探索各类创新技术在食品可追溯系统、信息管理平台运营等方面综合应用的场景。

为保障奥运食品安全，2008年北京奥运会建立了奥运食品可追溯系统，对所有奥运食品进行统一编码，综合运用RFID、GPS、温度和湿度自动记录与控制、加密通信等技术，对奥运食品的生产、加工、运输、储存等全程进行追踪和信息记录，在重要节点设立质量监测点对食品质量进行检测并记录检测信息，实施从食品生产基地到加工企业、物流配送中心直至最终消费地的全程监控，实现奥运食品可追溯。奥运食品可追溯系统对食品供应链上的所有环节实施监控，能够实现奥运食品的可追溯和信息透明化，保证奥运食品安全，是2008年北京奥运会成功举办的重要保障之一。

在2016年里约奥运会和2020年东京奥运会上，物联网（Internet of Things，IoT）技术提高了奥运会的准确性和互动性。物联网技术可以实现对物品的实时追踪和监控，提高物流的透明度和效率。VR/AR可以提供更加直观的操作体验，提高物流作业的效率。2022年北京冬奥会期间，VR可进行360度直播，AR可实现家庭观赛的互动，利用混合虚拟和真实部分，给观众带来沉浸式体验。

DT技术通过建立三维数字化模型，在物理世界和数字世界之间建立联系，实现虚实融合，进而实现物流管理的精细化运营。数字模型不仅可以与物理对象形态高度相似，还可以实现性能仿真，几乎做到全要素映射。杭州亚运会结合主场馆大莲花构筑数字孪生体，将所有视觉通道和性能聚焦于有价值的数据呈现。以场馆外人流脉络为引，串联宏站、应急车、人员、业务、质量等关键信息，针对人员入场、离场场景进行立体化管控。

2022年北京冬奥会，通过5G、大数据、人工智能等先进科技，以及领先的自动化设备与智能设备，提升了奥运供应链系统整体的运作效率。通过5G信号传输，京东投用智能无人配送车，基于智能规划路径、自主移动的智能驾驶技术，服务冬奥运行期间场馆内物资配送、行李搬运等。仓储方面，京东物流在冬奥主物流中心引入智能仓储管理设施，对高风险物资实行自动化管理及分拣，降低库内操作工人接触高风险物资的概率，实现无人化、智能化的仓储管理，有效应对进口物资仓储管理的防疫压力。

2.3.5 物流绩效评价

此阶段奥运物流运作和企业供应链具有较多相似之处，从供应商的供应商到客户的客户，涉及计划、采购、生产、运输以及退货等供应链管理的各个环节，奥运会的组织工作越来越依赖于高效的物流运作，以确保赛事物资的及时、准确配送。因此，基于供应链流程视角对奥运物流绩效进行综合评价至关重要。

此阶段较为成熟的供应链评价方法主要是基于供应链运作参考模型（Supply-Chain Operations Reference model，SCOR）评价法。SCOR模型针对供应链流程管理的标准参考模型和诊断工具，为供应链管理过程提供了统一的评价指标。SCOR模型包括流程层、配置层、元素层3个层次，描述了计划（Plan）、采购（Source）、生产（Make）、运输（Deliver）、退货（Return）和使能（Enable）6个基本流程，以及13个供应链绩效关键评价指标，为供应链绩效评价提供了可行的体系。此阶段的奥运物流包含从供应商的供应商到客户的客户所有业务和实体、服务的传送，具有明显的供应链流程运作特征。因此，可借鉴SCOR模型对奥运物流绩效进行综合评价，包括供应链流程的顺畅性、资源的有效利用、绩效指标的达成情况以及管理策略的有效性等。基于全流程的评价有助于组织了解自身在奥运物流管理方面的优势和不足，从而制定有针对性的改进措施，提高物流运作效率，确保奥运会的顺利进行。此外，还可以引入环境绩效评估、创新能力评估、安全风险评估和应急能力评估等其他综合评价方法。这些评价方法可以相互补充，提供全面的奥运物流绩效评价体系。

除了成本、可靠性、响应性等维度，现代奥运物流还需要考虑环境保护、技术创新、安全保障和应急响应等方面的要求，增加绿色、创新、安全和应急等多元评价维度，在提高物流运作效率的基础上，推动奥运物流向着可持续化、智能化等方向发展。

2.3.6 阶段发展特点总结

此阶段，奥运物流活动从赛前计划到赛后回收，涉及需求预测、物流整体规划、物资采购（或租用）、仓储配送、处理回收，贯穿奥运会的全过程，体现全生命周期管理（Product Lifecycle Management，PLM）与全面质量管理（Total Quality Management，TQM）的物流管理理念。这一阶段在奥运物流中全面实施精细化管理，从MDS的制定到执行，都体现了供应链管理的协同运作的思想。此外，该阶段赛事物流发展亦体现了绿色、创新、共享和开放的供应链管理理念。

2.3.6.1 探索赛事供应链的发展模式

此阶段奥运会在物流部成立之初，把采购、物流、资产计划和管理等几项彼此密切相关的职能整合到一个部门统一管理，实现了供应链的无缝对接，赛事物流也逐渐向赛事供应链阶段发展。伦敦奥组委将供应链视为一种合作伙伴关系，每个参与者都发挥着重要而积极的作用，确保在第一时间交付高质量的产品。

从供求关系角度来看，此阶段奥运物流系统中以物流部门为核心，基于广义的供求关系形成了复杂的供应链网络，涉及物流服务提供商、各类供应商、奥林匹克物流中心及比赛场馆、奥组委各部门、海关与检疫局等政府部门等。这种供求关系因奥运会举办的严密计划性而产生，并不是市场竞争中自然形成，本书将其分为三个层级，如图2-1所示。第一层为规划层，主要包括奥组委中与物流部门工作任务联系密切的部门，涉及规划建设部、运动会服务部、场馆管理部以及交通指挥部。第二层为运作层，由奥林匹克物流中心（OLC）、物流服务商、供应商、客户组成。其中供应商为奥运物资供应商及其他服务供应商，例如体育器材制造商、比赛用品供货商。客户方面也可分为两级，一级客户是奥运赛事场馆；二级客户包括运动员、新闻工作者以及观众，主要针对运动器械、媒体设施和最终生活物资。第三层为保障层，主要指奥运会中与物流部密切配合的政府部门，包括海关、检疫、医疗卫生、交通民航等部门。在整个奥运物流的供应链关系网络中，奥运物流部门处于核心地位，连接众多主体。

从流程角度来看，此阶段奥运物流运作过程涉及规划、采购（或租用）、仓储、配送以及逆向物流等环节，与企业供应链运作流程具有相似之处，如图2-2所示。其中规划包括奥运物流需求预测、仓储设施节点规划、配送路线规划等；采购包括直接采购、租用和赞助采购；仓储包括奥林匹克物流中心库存以及供应商管理库存；配送包括直接运输、物流服务提供商配送和供应商直接配送；逆向物流包括器械返回、废弃物处理等。

图 2-1 奥运供应链协同

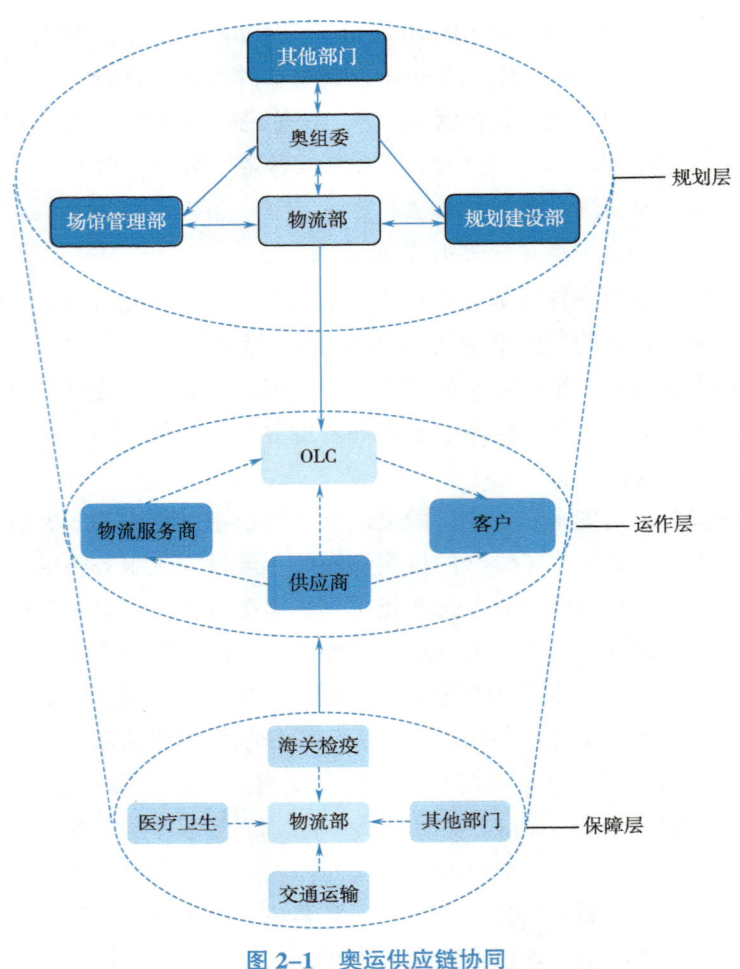

2.3.6.2 体现绿色与可持续发展理念

现代奥运会是一项以体育竞赛为核心的大型体育文化活动，但当环境问题关系到人类生存发展时，主办奥运会的各个国家从可持续管理、低碳节能、生态保护等领域，围绕低碳能源、低碳场馆、绿色物流、绿色低碳技术等方面积极践行绿色奥运的发展理念，减少资源的浪费，降低污染物排放。

1996年亚特兰大奥运会是绿色奥运跨出的重要一步。该届奥运会第一次实现了奥运新建场馆会后的可持续使用：奥运村和奥林匹克公园的选址为城市中一处破旧的老街区；运动员宿舍会后成为大学生宿舍；奥林匹克公园成为最热门的景点；奥运主会场被改造成勇敢者棒球队的主场。

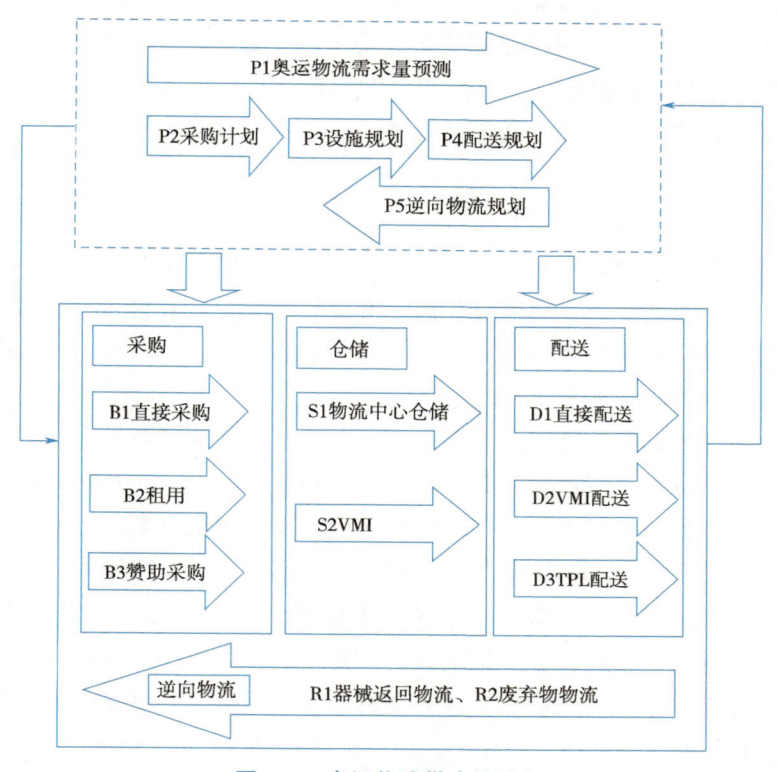

图 2-2　奥运物流供应链流程

2020年东京奥运会和残奥会积极响应奥组委的可持续发展计划，在筹备过程中使用了大量的可再生能源和可循环原材料，立志打造历史上最环保、最绿色的奥运盛会。东京奥运会的绿色物流体现在两个方面：一是利用回收的电子设备制作奥运会和残奥会的奖牌。将近5 000块奖牌是从回收的7 000多吨小型电子设备和日本运营商NTT Docomo旗下的零售店回收的621万部旧手机中提取材料制成的。这是奥运会和残奥会历史上第一次完全实施这个计划，2016年里约奥运会和2010年温哥华冬奥会只是部分奖牌由旧电子产品制造。二是使用氢能源汽车。在2020年东京奥运会举办期间，东京奥组委使用燃料电池汽车（Fuel Cell Vehicle，FCV）进行物资的运输。

奥运物流

北京冬奥会将绿色物流深度融入赛事低碳行动中。主物流园区内，所有叉车和货车都是新能源电动车，货物打包和拆封过程中产生的塑料膜、纸箱、纸板、木板等均采用可复用材料。张家口赛区率先使用了氢能源货车，北京赛区全部使用新能源货车，赛事物资运送真正做到了低碳环保。冬奥会的家具设计也注入了节能减排的元素。几乎所有家具都采用了可折叠和可堆叠的设计，有些桌椅还能够调节高度，以满足冬奥会和冬残奥会运动员的不同需要。

2.3.6.3 实践物流创新

在大数据、物联网、云计算、互联网、智能物流技术的支持下，此阶段的奥运物流创新一方面体现在构建覆盖范围更大的端到端"存运配"一体化的物流信息管理系统，实现各类信息系统对接；另一方面体现在奥运物流活动中重视应急管理的思想理念。

一体化的奥运物流信息平台是奥运会重要的基础保障工程。奥运物流信息平台通过物流信息的收集、整理、存储和利用，对涉及物流信息活动的人员、技术、工具等要素进行合理配置，提高物流效率，协助不同部门的工作人员进行合作。2008年北京奥运会期间，北京奥组委物流部建立了统一的物流信息系统，该系统记录了涉及255个用户和205个场馆的9453条物流信息。通过对物资进行跟踪、分发以及会后的收集和处置，该物流信息系统为库存、资产管理、运输规划以及奥运会后的物资收集和处置提供了强有力的信息支持，确保了物资转运的顺利进行。

2022年北京冬奥会首次由云计算替代传统信息技术。联想作为技术服务提供商，搭建奥林匹克信息发布云平台，将核心的赛事成绩、赛事转播、信息发布、运动员抵离、医疗、食宿、交通等信息系统迁移至云平台，协同管理运动会管理信息系统（Game Management System，GMS）、评论员解说系统（Commentator Information System，CIS）、奥运信息发布系统（Olympic Diffusion System，ODS）、竞赛成绩服务系统以及涉及场内场外的其他重要场景。

跨部门、跨领域的奥运应急物流协同管理是确保奥运物流系统为奥运会提供持续性物流服务的重要举措。奥运会期间的物流需求信息具有大量、复杂、不确定等特性，需要收集、传输、整理、及时处理与统计分析，对奥运物流运行数据进行实时监测、预测与评估，对物流运营活动进行监控与调整，发生紧急情况可迅速做出反应并进行快速应急处理。2008年北京奥运会期间，奥运会物流部成立了临时物流服务支持小组到现场处理紧急问题与协调工作，并负责临时采购，如因号码规格变化而进行的现代五项和自行车比赛的采购。为了应对场地物流需求的变化，物流服务支持小组与UPS进行了及时的协调，并制定了相应的应急预案，购买20辆电动汽车用于场地物流运营。相关赞助商也共同制定了关于家具和电器的应急服务支持计划。每个赞助商分配了大量人力和物力资源以确保比赛的顺利进行。例如，海尔集团派遣了超过200名员工在各场馆提供服务，斯塔普莱斯商贸有限公司派出了12名员工，皇家家具控股有限公司派出了超过50名员工。

2.3.6.4 实现资源共享

奥运物流不同于常规物流，其内容可以从服务的客户群、与奥运赛事的关系、地域范围、时间范围、服务形态、服务项目内容等不同角度进行分类，从而形成奥运物流构成的多维立体架构，体现了奥运物流管理的复杂性。随着奥运物流从计划阶段向供应链管理阶段发展，在奥运会筹备和举办期间，围绕奥运会各项活动的物资、设备、服务等的供应、采购、生产、运输、仓储、配送等物流活动高度集聚，并逐渐形成一个复杂而高效的奥运物流集群。该集群涉及多个行业、多个企业、多个环节，各方协同合作，共享设施设备、信息平台等资源，形成一定区域内的综合竞争优势。

奥运供应链网络中的各成员通过共享仓储设施设备，实现协同配送、集中管理、统筹调度，从而降低物流成本，优化资源配置，提高资源利用效率。伦敦奥运会、里约奥运会、东京奥运会以及北京奥运会的组委会不仅采用了先进的物流管理系统，通过共同配送和共同运输减少了物流对环境的影响，而且与多家物流公司合作，实现了物资的高效配送和运输，确保了奥运会的顺利进行。在北京冬奥会期间，中国外运在冬奥项目运营中以北京为支点调动了系统内4家经营单位超过5000平方米合规标准的示范仓库、数十台绿色环保的运输车辆、近百位干部职工，来共同保障超过4 000吨冬奥物资物流服务的顺利进行。

奥运供应链网络中的各个成员依托整合资源优势和数字化创新技术，开放共享内部信息，强化内部协同效应，一方面实现信息共享和协同作业，另一方面推动物流技术的创新和应用。在北京冬奥会期间，中国外运依托物流控制塔及云计算赋能软件搭载（Software-defined Cloud Computing，SDCC）的智慧运输系统等科技创新，为冬奥项目全网运营提供了"大脑中枢"式的数字化保障。物流控制塔是中国外运在智慧物流领域大数据分析服务的创新性探索与成功实践，不仅为公司内部用户提供了提升效能、协同共享的工具，同时也为客户提供了端到端可视化和供应链优化决策辅助服务。

奥运供应链网络中，物流活动和资源的集聚使得物流运作成本降低，物流运作效率提高，为区域经济增长提供重要支持。以2022年北京冬奥会为例，在筹办北京冬奥会过程中，奥运战略融入京津冀协同发展。北京的智力、教育、科技资源向张家口等地加速渗透，形成了技术、知识、经济等多方面的外溢效应，促进了京津冀地区人流、物流、信息流、资金流的顺畅流动，有效促进了冰雪资源、旅游资源、文化资源在区域内的合理配置，提升了冬奥赛区三地的整体发展水平，形成了综合竞争优势。

2.4　不同发展阶段对比分析

从运作模式、组织设置、物流设施、信息技术、绩效评价和管理目标几个维度来看，传统奥运物流、现代奥运物流以及奥运供应链三个阶段呈现出了一定的变化与发展（见表2-1）。

表2-1　奥运物流不同发展阶段对比

对比内容	传统奥运物流	现代奥运物流	奥运供应链
运作模式	自营	分包	全包
组织设置	未设置物流部（政府统一管理）	无物流部→设置物流部（职能管理）	设置物流部（统筹管理）
物流设施	无独立物流中心	自建+租赁	综合物流中心
信息技术	电子化	信息化	智能化
绩效评价	单一指标 ABC方法	多维平衡 BSC方法	全要素 SCOR模型
管理目标	单一作业优化	精益	柔性韧性

2.4.1 运作模式

根据奥运物流发展的三个阶段，运作模式从最初的"自营"到逐渐"分包"，最后转变为"全包"。传统发展阶段，物流依赖于政府的组织和支持，以政府为主导进行物流活动的协调；随着物流行业的发展，进入了现代奥运物流发展阶段，物流运作模式逐渐转向市场化外包模式，从自营模式转变为分包和总包模式，注重分工和运作效率，将非核心流程的物流服务交由专业公司负责；最后，在奥运供应链阶段，奥运物流运作模式基本形成了"以独立物流部门为主，物流服务赞助商为辅，多方协作"的特点，物流部负责整体规划和管理，具体运行工作则由专业物流服务商负责。总的来说，奥运物流运作模式的变化体现了从政府主导到市场化、专业化的转变，展示了全球体育赛事供应链管理的先进性和协同性。

2.4.2 组织机构设置

奥运物流发展经历了三个阶段，奥运物流组织机构也随之发生了显著变化，从"未设置物流部门"到"设置独立物流部门"的过程中，奥运物流的管理工作由最初的"政府统一管理"逐渐演变为物流部门进行"职能管理"直至物流部门"统筹管理"。初期阶段，物流工作分散在多个部门和委员会中，没有专门的物流部门；随着物流行业的成熟和奥运会规模的扩大，逐渐出现了专门的物流委员会和物流中心，承担职能管理工作，负责统筹规划和协调管理奥运物流；到了奥运供应链阶段，独立的物流部门成为核心组织，负责全面的物流运作和管理，包括内外部的物流需求与服务协调，以及赛前、赛中、赛后的各种物流活动的统筹规划。这一变化过程体现了奥运物流从分散到集中，再到专业化的演进，也反映了全球体育赛事供应链管理的不断发展和完善。

专门的奥运物流部门从亚特兰大奥运会开始创建，组织体系和职能体系都更加趋于完善。组织体系方面，克服了先前的专家组合管理、思维方式不同的弊端，充分考虑了奥运物流链条中所涉及的各个环节和部门，将供应商货主、海关和检疫部门、物流服务提供商、奥运物流中心和场馆中心等全部纳入奥运物流组织体系框架中，更好地实现了奥运物资的赛前按

奥运物流

时按需运送、赛后的快速回收以及协调沟通工作。职责界定方面，从最初的赛事物流逐步扩展到赛前物流规划、赛中物流仓储配送、赛后物资回收以及相关的协调工作，职能更加全面和完善。

2.4.3　物流设施

从奥运物流发展的三个阶段可以看出，奥运物流设施及奥运物流中心的变化呈现出由"无独立奥运物流中心"到"租赁"再到"专门建立奥运物流中心"转变的特征。在传统奥运物流发展阶段，由于规模和资金的限制，没有建立专门的奥运物流中心，主要依赖现有设施和公共设施来满足物流需求。在现代奥运物流发展阶段，开始建立专门的奥运物流中心，并具备信息集成、协调、计划、仓储和配送等功能。在奥运供应链发展阶段，奥运物流中心不仅提供物资分发与仓储、安检、通关等服务，还联合各方确保物流运行顺畅无阻，提供综合物流服务。此外，奥运物流中心的成立也反映了奥运物流向集约化和专业化发展的趋势，其类型更接近于区域配送中心和前置仓配送中心，以满足奥运物流对时效性的高要求。

对于是否新建独立的奥运物流中心，需要充分考虑现有物流设施的有效性、各比赛场馆的集中程度以及各场馆距离等因素，利用物流最优化理念进行决策。亚特兰大利用原有的仓储设备，悉尼、北京新建独立的奥运物流中心，而雅典、伦敦、东京则采取租赁方式拥有独立的物流中心。奥运物流中心的选址，应充分考虑对奥运赛事场馆的集散和辐射功能以及是否具有便利的交通运输条件；对于物流中心的功能界定，在传统的运输、仓储、装卸搬运、配送等功能的基础上提供信息处理、需求预测等新职能。奥运物流中心运作方面，为了避免投资期长、运作期短、资金数额大等带来的问题，采用投资商融资、专业物流公司运作、奥组委租用的方法会更容易实现最优运作。

2.4.4　信息技术

从奥运物流发展的三个阶段可以看出，奥运会中的物流技术的运用呈现出从"电子化"向"信息化"再向"智能化"转变的特点。在第一个阶段，由于信息技术的限制，奥运物流主要依赖电报、电话和传真等传统方式进行远程交流，数据记录和处理方式也相对传统。随着计算机技术的发展和普及，信息技术开始广泛应用于奥运物流中，实现了电子化。进入现代奥运物流阶段后，信息技术的快速发展推动了物流技术的信息化进程，出现了仓储管理系统、运输管理系统等管理信息系统，过去的手工处理逐渐被数字化办公和计算机信息管理系统所替代。而在当前阶段，随着创新科技的融入，物流技术正在向智能化、高效化、精细化、自动化的方向发展。随着物联网、虚拟现实、增强现实、数字孪生、人工智能等先进科技的广泛运用，奥运物流的运作模式也发生了转变。

2.4.5 绩效评价

在奥运物流发展的三个阶段中，绩效评价的方式方法不断成熟和完善。在传统奥运物流发展阶段，由于缺乏独立的物流核算和成本分析，物流绩效评价基本不存在。在现代奥运物流发展阶段，随着物流部门的独立和商业化的推进，开始采用作业成本分析法和平衡计分卡等评价方法，对奥运物流绩效进行初步评价。而在奥运供应链发展阶段，基于供应链运作参考模型的评价方法逐渐成为主流，同时引入其他综合评价方法，如环境绩效评估、创新能力评估、安全风险评估和应急能力评估等，形成全面的奥运物流绩效评价体系。评价维度也从单一的财务成本指标拓展到财务、客户、内部运营、学习与成长四个平衡角度，以及环境保护、技术创新、安全保障和应急响应等方面，推动奥运物流向着可持续化、智能化等多元化方向发展。

以上三个阶段的奥运物流随时间推移的发展变化如图2-3所示。

2.4.6 奥运物流标准化

国际标准在每一届奥运会赛事中发挥着强大的支撑作用，涉及比赛场地建设、运动器材装备维护、参赛选手技术水平评判、特供商品上架、环境质量监测等各个环节，为运动员和观众提供安全保障，为生产企业提供产品质量标准，为检测机构及市场监管部门提供检验、监督依据，从而确保各项活动顺利进行。

奥运物流

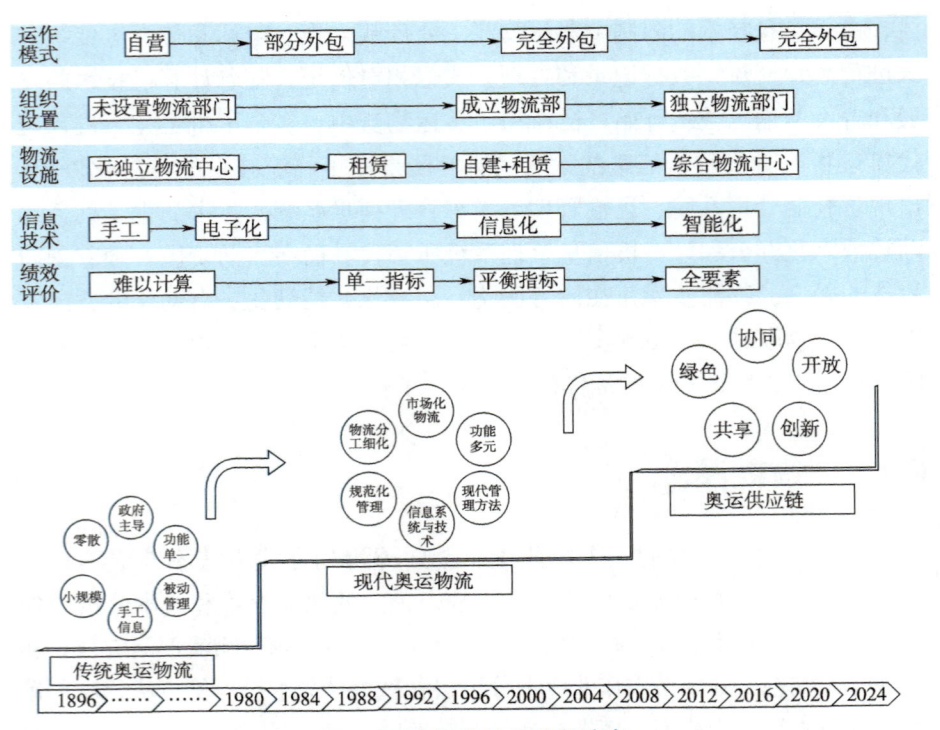

图 2-3 奥运物流三阶段演变

2.4.6.1 奥运物流标准化建设现状

奥运物流标准化是以奥运物流为一个系统，制定并实施相关的设施技术标准、作业标准、管理标准、信息标准等，并形成接轨国际的奥运物流标准体系。参照物流标准的相关定义，奥运物流标准是进行奥运物流活动时可遵照执行的规则，奥组委、物流部以及各参与企业可应用标准提高物流服务的质量，国际奥委会等相关组织可参照标准判断奥运会举办期间物流服务的质量。迄今为止，国际标准化组织（International Organization for Standardization，ISO）已批准发布多项与物流设施、运作模式与管理、物流条码标识、数据信息交换相关的标准，各个国家在此基础上也相继出台了与国际标准接轨的国家级行业标准。奥运物流标准不仅涉及奥运会期间的采购、仓储、运输等运作层面，也涉及信息交换、可持续发展等供应链层面，更涉及医疗、食品等特殊领域。

（1）奥运物流领域标准

针对物流专业领域，主要涉及采购、运输、管理工作、逆向物流等四个方面的标准。在采购奥运物资与服务的过程中，为确保交付的商品、服务的质量与国际奥委会要求标准保持一致，奥组委要求部分特许生产商、合同供应商通过ISO 9001质量管理体系、ISO 14001环境管理体系以及ISO 45001职业健康安全管理体系等国际认证标准，以确保赛事的高水平与高质量。2022年北京冬奥会的799家合同供应商全部通过ISO 9001认证，超过85%的供应商拥有ISO 45001，超过90%的制造企业同时拥有ISO 45001及ISO 14001。北京奥组委还对能源、场馆、交通、物流等方面的供应商提出了减排方面的要求，例如绿色产品认证、环境标志、绿色建材评价标识、绿色建筑等。2016年里约奥运会使用了森林管理委员会（Forest Stewardship Council，FSC）在线申报平台与供应商互连并验证产品声明的有效性和真实性，确保只有FSC认证的木材及木制品才能被使用。

在运输、仓储及配送过程中，奥运会涉及国际货物运输、仓储、场馆之间的配送、现场物流、特殊货运等物流活动。在物流设施标准方面，奥运会物流服务商在国际运输过程中需符合ISO 8611托盘国际标准及集装箱国际标准；在物流作业标准方面，物流服务商需遵守主办国在装卸搬运、存储、运输作业方面实施的国家标准或行业标准；在物流信息标准化方面，奥组委及物流服务商在业务往来或处理行政事务时需遵守EDIFACT或EDI/XML电子数据交换标准等。2024年巴黎奥运会筹办期间，作为官方物流合作伙伴的达飞海运集团和基华物流公司（CEVA）负责运输和交付超过90万件体育器材，包括蹦床、撑杆、枪械、船只和冲浪板。集团运输超过250个集装箱的看台和移动座椅，并交付130万件家具、固定装置、设备和销售物料。此外，达飞海运管理超过68 000件行李，从机场运送到奥运场馆。集团使用超过170 000个托盘，并使用包括厢式车和卡车在内的300多辆车辆，完成超过7 000次的末端配送，以确保赛事所需设备的及时供应。

在管理工作及可持续发展方面，从2008年北京奥运会开始，国际标准化组织制定的多项国际标准被广泛应用于奥运会的组织和管理活动中，包括可持续性管理、环境管理、社会责任等方面，为奥运会的成功举办提供了有力保障。一是ISO 20121大型活动可持续性管理体系标准，由伦敦奥组委会率先提出，为大型公众活动或体育赛事提供可持续发展管理国际标准与实践。二是ISO 14001环境管理体系标准，被历届奥运会组织者采用，来确保赛事活动对环境的影响最小化。伦敦奥运会在筹备和举办过程中，通过实施ISO 4001环境管理体系，有效地减少了能源消耗、废弃物产生和水资源消耗，同时也促进了资源回收和再利用。三是ISO 26000社会责任指南标准，被用来确保奥运会组织者的行为符合社会责任原则，如保护人权、劳工权益、环境保护等。2022年北京冬奥会在奥林匹克历史上第一次把ISO 20121、ISO 14001、ISO 26000三个国际标准进行整合，建立了覆盖奥运会筹办全领域、全范围的可持续性管理体系，对主要场馆、50多个业务领域的可持续工作进行有效管理，创造了奥林匹克历史上的一个里程碑。

（2）奥运会食品物流标准

考虑到奥运会食品需求具有数量大、种类多、时间短等特点，保障食品质量安全是奥运会物流管理的焦点。因此，危害分析和关键控制点（Hazard Analysis and Critical Control Points，HACCP）体系、良好生产规范（Good Manufacturing Practice，GMP）、良好农业规范（Good Agricultural Practice，GAP）作为国际上普遍认可和接受的食品安全保证体系与生产规范，被广泛应用于奥运会等重大活动的食品安全保障工作中。在伦敦2012年奥运会举办过程中，HACCP体系得到了广泛应用。为了确保食品安全，伦敦奥组委制定了严格的食品安全政策，并与供应商合作，要求它们遵守HACCP标准。通过制定和执行严格的HACCP计划，有效地保障了奥运会期间的食品安全，为参赛运动员和观众提供了安全、健康的食品环境。相比常温物流，食品冷链体系对运输及仓储环境的要求更高，其食品安全问题的来源也更为繁杂，因此冷链物流中的食品追溯也应受到高度重视。国际标准化组织冷链物流标准化技术委员会（ISO/TC 315）发布的ISO 23412：2020《间接、温控低温配送服务——具有中间转运的低温包裹的陆路运输》[1]，涵盖所有冷藏配送服务阶段，规定了以陆运方式为温度敏感产品的冷藏包裹提供和运营温控冷藏配送服务的要求。

---

[1] 该标准以英国标准化协会2017年发布的《低温冷藏包裹运输服务》（PAS 1018：2017）为基础。

2.4.6.2 奥运物流管理国际标准

奥运会涉及大量物资、设备和人员的流动，需要高效的物流保障来确保比赛的顺利进行。奥运物流不仅要求有严格的计划能力和快速反应能力，而且要求将绿色、环保的理念渗透到奥运物流的各个项目中。因此，奥运会的物流是最高标准的物流。

制定涉及物流组织、物流运作、物流服务规范、物流管理体系等方面的奥运物流国际标准有三个方面的重要意义：

第一，奥运物流标准化是帮助物流企业参与全球竞争的重要保障。奥运物流标准化是各国物流企业与国际接轨、进军国际市场的通行证。从举办层次和影响范围来说，奥运物流要全面与国际物流标准接轨。奥运物流标准化是引导各国物流企业与国际接轨的最佳途径，是提高其竞争力的有力武器。

第二，奥运物流标准化是提高物流运作效率，降低物流成本的有效措施。制定奥运物流国际标准可以确保在不同国家举办奥运会的物流操作都遵循统一的规范和标准，避免因不同国家或地区的物流标准差异而导致的混乱和延误，保证奥运会期间物流运作的顺畅、高效和标准化。

第三，奥运物流标准化是促进世界整体奥运物流管理现代化的重要手段和必要条件。制定国际标准可以促进全球物流行业的发展，提高物流服务质量，降低成本，增强国际间的合作与交流。

3 奥运物流设计

3.1　奥运物流组织结构设计

奥运物流的高效运作有赖于奥运物流组织的构建，强有力的物流组织是奥运物流成功运作的重要保证。为加强对奥运物流的专业化管理，奥组委一般会成立专门的物流部门对奥运相关的物流活动进行管理。奥运会物流部门主要承担需求规划和分析（Demand Planning and Analysis，DPA）、合同管理（Contract Management，CM）、国际货运代理（International Freight Forwarding，IFF）、接收仓储配送（Receipt，Warehousing and Distribution，RWD）、资产管理（Asset Management，AM）、交付管理（Delivery Management，DM）、场馆物流管理（Venue Logistics Management，VLM）和逆向物流（Reverse Logistics，RL）等职能。

3.1.1　奥运物流部门组织结构设计及主要职能

3.1.1.1　传统奥运物流阶段物流部门组织设计

传统奥运物流阶段，奥运会举办经验尚不充分，奥运物流的运作依赖于政府进行组织协调，奥运会没有设立单独的物流部门，奥运相关的物流工作分散在不同的业务和部门中，为必要的工作提供支持。其中，1896年雅典奥运会、1912年斯德哥尔摩奥运会的组织过程中，政府是组织奥运物流业的主体。

3.1.1.2 现代奥运物流发展阶段物流部门组织设计

在现代奥运物流发展阶段，1996年亚特兰大奥运会首次成立了专门的物流委员会，2000年悉尼奥运会成立了专门主管奥运物流的物流中心，2004年雅典奥运会成立了主要负责管理奥运物流中心的物流部。具体组织设计如下。

（1）1996年亚特兰大奥运会物流部的组织方式及职能

亚特兰大奥组委在1994年中期正式成立了物流委员会。该委员会主要负责奥运会赛事物流，包括仓储、配送以及回收所有奥运会比赛所用到的物资。

亚特兰大奥运会物流部主要包括四个部门，分别是物流支持处（Logistical Support，LS）、场馆物流处（Venue Logistics，VL）、预算和管理处（Budget & Administration，B&A）、废弃物管理和回收处（Waste Management & Recycling，WM&R）。不同部门的主要职责如表3-1所示。

表3-1 不同部门的职责

部门	主要职责
物流支持处	负责仓库运作、所有材料和设备的运输和分配、所有国际运输和报关程序的协调以及资产管理和跟踪
场馆物流处	确定所有场馆的物料需求，以及为比赛场馆和非比赛场馆提供物流和交付管理
预算和管理处	承担行政管理、人员管理、规划预算和相关程序管理
废弃物管理和回收处	废物管理和回收

（2）2000年悉尼奥运会物流部的组织方式及职能

悉尼奥组委十分重视物流。1997年以前，悉尼奥组委就评估了各个比赛场馆及设施的物流需求，并于1997年8月成立了相关职能部门，专门负责奥运会的赛事物流。该部门在开展工作的过程中与政府、检疫部门、悉尼海关、澳大利亚海关、奥林匹克道路交通管理委员会等部门密切合作，从而为该部门任务的顺利完成提供了保证。1998年，悉尼奥组委在广泛征询行业专家意见的基础上，结合实际运作情况，形成了物流规划。

2000年悉尼奥运会物流部门除保持对奥运物流运营的最终控制外，对奥运物流管理的主要策略是将主要流程和服务外包给专业的第三方物流公

奥运物流

司。外包的主要职能包括提供货运代理和清关、相关的物流技术支持（如库存跟踪和材料计划系统的实施，以及用于调度运送到场馆的车辆软件）。

悉尼奥运会物流部主要包括五个部门，分别是场馆物流处（Venue Logistics，VL）、奥运运营处（Olympic Operations，OP）、货物和航空运输运营处（Freight & Airport Operations，F&AO）、采购项目处（Procurement Program，PP）、综合管理处（Administration）。不同部门的主要职责如表3-2所示。

表3-2 不同部门的职责

部门	主要职责
场馆物流处	负责对每个场馆的物流活动进行规划、实施和管理（包括日程安排、运输、配送、供应运营、资产管理、回收）
奥运运营处	负责奥运会仓库的规划、运营和管理，车辆检查点（编组场地等）的管理，交付调度管理和安全流程管理
货物和航空运输运营处	负责协调与奥林匹克大家庭和奥林匹克客户有关的所有运输和货运业务
采购项目处	奥运物资的采购
综合管理处	日常综合管理活动

（3）2004年雅典奥运会物流部的组织方式及职能

雅典奥组委成立奥运物流部门，其职能包括：①负责赛事物流，管理奥运物流中心。②负责非赛事物流。在雅典奥运会举办期间，所有的城市物流都由奥运物流部门负责。③与奥组委核心管理部门进行工作上的协调。

雅典奥组委建立一个物流控制中心（Logistics Command Center，LCC）负责奥运物流的管理，主要分为五个部门，分别是计划处（Planning）、货运代理处（Freight Forwarding，FF）、综合管理处（Administration）、运营处（Operations）、场馆运营处（Venue Operations，VO）。不同部门的主要职责如表3-3所示。

表3-3 不同部门的职责

部门	主要职责
计划处	负责与技术、采购和人员配置以及预算控制有关的所有活动计划管理

续表

部门	主要职责
货运代理处	负责与货运代理协调。监控所有货运代理和清关业务，并解决相关问题，向客户提供有关货运流程和运输状态的可靠信息
综合管理处	负责客户服务台以及与雅典组委会的所有协调活动，如体育、餐饮清洁和废物处理等
运营处	与货运代理处保持独立，负责与第三方物流进行协调，并对第三方物流的表现进行监控
场馆运营处	负责规划、实施和管理与场馆相关的活动

3.1.1.3 供应链奥运物流发展阶段物流部门组织设计

自2008年北京奥运会开始，奥运物流的组织管理过程中更加重视供应链管理的理念。奥运物流部门负责奥运会所需各类物资的采购、仓储、配送、追踪、管理、回收和处置工作。

北京奥运会主要由物流部负责，北京奥组委物流部正式成立于2005年10月。物流部的基本职能是管理，其既没有组建车队，也没有去建仓库、招仓储工人。物流服务由赞助企业提供。2008年奥运会在物流服务和清关货代方面共有两家赞助企业，即奥运物流与快递服务赞助商UPS公司和清关货代供应商辛克公司。奥运物流服务水平的高低依赖于赞助商UPS的物流服务运行团队。为了保持高效运营和顺畅管理，从一开始物流部就与UPS运行团队一起办公，坚持重要问题联席会制度，建立了良好的沟通与合作机制。

物流部下设综合处、采购处、物流处、物资处。物流团队包括以下几类人员：一是正式调任和招聘的物流部工作人员；二是政府各部门派到奥组委挂职工作的人员，比如工作衔接紧密的海关、检疫部门均派出专人到物流部工作；三是赞助商的工作团队人员，如UPS公司、辛克、海尔公司和史泰博公司的人员；四是定向培养的实习生。

北京奥运会物流部不同部门的主要职责如表3-4所示。

表3-4 不同部门的职责

部门	主要职责
综合处	承担办公室综合管理职能

续表

部门	主要职责
采购处	奥运物资的采购
物流处	奥运物资的物流运送管理、回收
物资处	物资的财务管理

3.1.2 奥运物流部门组织设计模式总结

奥运物流的组织设计呈现出朝专业化分工方向发展的趋势。自1996年亚特兰大奥运会开始，为有效支撑奥运会的物流需求，历届奥运会均设立物流部负责奥运物流事项。具体而言，物流部主要承担着奥运物资的需求计划、采购、运输、场馆物流、逆向物流、综合管理等功能。物流部运营模式、物流部职能部门设置因所处奥运历史发展阶段、不同国家经济社会发展特点、文化差异、组织性质不同而呈现出一定的差异性。

在奥运物流组织及职能设计过程中，主要有三种设计模式：第一种是政府部门主导的模式。该模式主要发生在传统奥运物流阶段，该阶段并没有专门的物流组织，主要依靠政府相关部门服务奥运物流。第二种是市场主体主导的模式。随着奥运物流朝着专业化方向发展，专业第三方奥运物流企业成为奥运物流运作的主体，奥运物流的组织设计体现了专业化分工协作特点，有利于推动奥运物流的专业高效运作。第三种是政府-市场主体协作模式。随着奥运物流复杂性及科技水平的提升，政府在奥运物流规划协调中的作用日益凸显，政府-市场主体协作模式能够更好发挥政府及市场两种力量，促进奥运物流协同高效发展。

3.2 奥运物流网络规划

3.2.1 奥运物流网络规划理念

奥运物流网络规划的理念可归纳为更专业、更高效、更精准、更灵活、更绿色。奥运物流网络规划是一项复杂的工程，包括综合物流网络设计、多模式运输、仓储和分配中心设置、实时监控和调度、安全与应急响应、环保与可持续性、国际协作以及人员培训与管理等多个方面，旨在确保奥林匹克运动会期间物资和人员的高效流通和配送。奥运物流网络规划和一般物流网络规划在复杂性和要求上有显著差异。奥运物流具有高度的时间敏感性和规模复杂性，必须在特定的时间节点内完成大量物资的运输和布置，涉及国际物资运输、突发需求处理等。同时，奥运物流对安全和合规性有更高的要求，需要遵守严格的国际和当地法规，确保奥运物资的安全运输和存储。此外，奥运物流还需要协调多个国际和地方组织、政府部门、赞助商和供应商等多方的协作，而一般物流主要涉及企业内部和客户之间的协作，复杂程度相对较低。

3.2.2 奥运物流网络规划目标

四年一次的奥林匹克运动会是全世界规模最大的一项大型赛事。由于奥运会是一个涉及大量的具有各种不同目的的人、纷繁多样的物品、有精确要求的时间和复杂的地点的系统，因此，为了更好地为奥运物流规划服务，应该建立一个详细的目标体系，以确保奥运会期间物流系统的高效、可靠和可持续运作。

3.2.2.1 建立高效的物流网络体系

确保所有物资和设备能够按时、安全地送达指定地点是奥运会成功举办的关键之一，这一过程涉及多层次的协调和严格的管理，涵盖了从运输计划的制定到执行的每一个细节。

第一，制定详尽的运输计划。这个计划应该覆盖从起点到终点的每一个环节，包括运输路线、时间安排、运输方式的选择以及可能出现的突发情况应急预案。具体而言，首先要对所有物资进行分类和清点，确保在运输前已准备妥当。物资分类包括比赛器材、场馆设施、新闻器材、生活设施以及其他各类物资。清点物资旨在确保数量和质量符合要求，并为后续的运输和管理打下基础。

第二，安排专业的物流公司进行运输。由于奥运会的特殊需求，这些物流公司必须具备丰富的大型活动物流经验，并能够灵活运用多种运输方式，如公路、铁路和航空等。公路运输适用于短途且时间灵活的物资运

奥运物流

输,铁路运输则适合大批量且需要稳定时效的物资运输,而航空运输则用于紧急且高价值的物资运输。通过多种运输方式的结合,能够确保物资安全、快速地运送至各个指定地点。

3.2.2.2　满足奥运会特殊的物流需求

作为世界最大规模的综合性运动会,奥运会带来的物流需求具有巨量、突发、不确定与复杂的特性。为了满足这些需求,主办城市必须在现有物流设施与资源的基础上,规划出一套科学、完备的物流系统。

奥运会给主办城市带来了巨大的物流需求。一是围绕奥运比赛产生的、与奥运比赛有直接关联的赛事物流需求,包括:比赛器材与奥运场馆设施物流需求、新闻器材物流需求、奥运村生活设施物流需求、生活资料物流需求,以及其他围绕奥运赛事产生的目前不可预见的物流需求。二是与奥运比赛没有直接关联的非赛事物流需求,包括:参加奥运会的记者、参赛国政府代表团成员、志愿者以及各类奥运会工作人员办公、生活所需物品的物流需求,观看奥运会的国内外观众、游客的物流需求,以及奥运会期间产生的目前不可预见的非赛事物流需求。这些由奥运会带来的庞大的物流需求,大都属于突发性物流需求,仅在奥运会期间以及奥运会前后极其有限的时段内存在,从而给主办城市的物流系统带来瞬时的巨量的压力。

3.2.2.3　优化线路和仓储能力

通过优化运输路线和仓储布局,最大限度地利用资源,降低成本,提高运营效率,是确保奥运会物流系统高效运转的关键。利用先进的物流管理系统集成实时交通信息、天气预报和道路状况等数据,帮助物流管理人员动态调整运输路线,避免交通拥堵和其他潜在延误。通过运用大数据和人工智能技术,能够预测并避开高峰时段的交通,优化配送路径,确保物资能够快速、安全地送达指定地点。

仓储节点应靠近比赛场馆、运动员村和媒体中心等关键地点,减少运输距离和时间,从而提高运输效率,降低运输成本。为了实现这一目标,可以在规划阶段进行详细的物流需求分析,根据各个场馆和设施的物资需求量和频率,合理布局仓储网络,确保物资能够及时供应。此外,还可以设置临时仓库和转运中心,以应对突发的物流需求,进一步提升物流系统的灵活性和响应速度。

应保证过程的运输路线优化和选择低碳运输方式(如电动汽车和铁路

运输），减少运输过程中的碳足迹。在仓储设施的建设和运营中采用节能技术和可再生能源，如太阳能电池板和智能照明系统，以降低能源消耗。同时，制定废弃物管理计划，鼓励回收和再利用包装材料，减少废弃物产生。

3.2.2.4　提高应急响应能力

物流系统的各个环节，包括运输、仓储、配送等，都需要紧密协作，形成高效的物流网络。通过信息化手段，实现各环节的信息共享和实时沟通，建立先进的信息技术系统，实现对物资流动的实时监控和调度，快速响应需求变化和突发事件。采用物联网和大数据技术，实时跟踪物资的运输状态和库存情况。通过智能调度系统，迅速调整运输计划，满足比赛场馆、运动员村和媒体中心等关键地点的需求。物流系统应具备应急响应功能，及时处理突发事件，确保物资供应的连续性和可靠性，为奥运会的顺利进行提供坚实保障。能够及时发现并解决物流过程中的问题，确保物资按计划到达目的地。

建立健全的应急响应机制，快速应对物流系统中的突发事件，确保奥运顺利进行。设置专门的应急指挥中心，配备经验丰富的应急团队，随时监控物流状况。通过模拟演练和预案准备，迅速处理交通中断、物资损坏等突发问题，确保物资及时、安全地送达奥运场馆。

3.2.2.5　加强国际协作

由于奥运会涉及的国家和地区众多，物流需求不仅仅局限于主办城市的国内范围，还涉及大量的跨国运输和国际协作。通过各国政府、国际物流公司的密切合作和协调，能够有效解决跨国物流面临的诸多挑战。

政府间的合作能够简化跨国运输中的关税、检验检疫等手续，加快物资通关速度。通过签署双边或多边协议，各国可以在奥运会期间临时取消或降低相关税费，并开辟绿色通道，确保物资能够快速、安全地进入主办国。此外，各国还可以在海关、检疫等方面加强合作，统一标准和流程，减少因标准不统一带来的延误和风险。

大型国际物流公司通常拥有全球性的运输网络和丰富的跨国物流经验，能够根据奥运会的特殊需求，提供定制化的物流解决方案。这些公司可以利用其在全球范围内的仓储、运输资源，确保物资从起点到终点的无缝衔接。例如，可以在主要出发地和目的地之间建立专线运输服务，确保重要物资能够在最短时间内运抵。

奥运物流

奥运会的成功举办依赖于一个高效、可靠和可持续的物流系统。通过详细的运输计划、科学的仓储布局、先进的信息技术、健全的应急响应机制以及国际间的紧密协作，能够有效应对巨量、突发和复杂的物流需求。建立一个全面的物流网络体系，不仅能确保所有物资和设备按时、安全地送达指定地点，还能降低成本，提高运营效率，确保奥运期间物流网络全流程的顺畅运作，为奥运会的成功举办和各阶段顺利运营提供全面支持。

3.2.3 奥运物流网络规划多维模型

奥运物流网络是涵盖食品的冷链物流、特殊物资的特种物流、普通大型体育赛事物流等多种不同模式的物流形态，以在生产、接收、运输、仓储、加工、包装、装卸、配送、信息服务等过程中，降低物资损耗、保证物资质量及物流时效为目的，由若干物流中心及各种运输线路、方式组成的为将满足大赛正常运转、运动员及工作人员正常生活所需的物资高效、安全、准时地送达比赛场馆及运动员驻地的网状系统。由于物流网络包含物流主体、客体、载体和需求方等多个要素，在时间和空间上有着独特的结构特点，故本书从质态、空间、量态和流程四个方面定义了奥运物流网络的概念，并提出了四维概念模型，分别考虑要素间的关联状态、物流基础设施的空间分布、需求之间的数量关系以及运作的时间先后次序。奥运物流网络多维概念模型如图3-1所示。

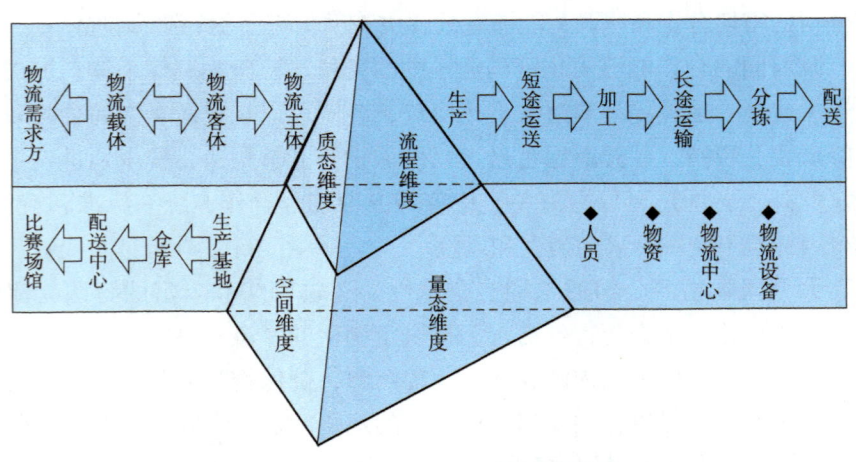

图3-1 奥运物流网络多维概念模型

3.2.3.1 质态维度

奥运物流的质态结构指在一定的时空范围内，由相互联系的物流要素构成的具有特定功能的有机整体。这一结构可以从微观、中观和宏观三个层次考虑，分别对应着物流网络的点、线、面构成方式（见图3-2）。

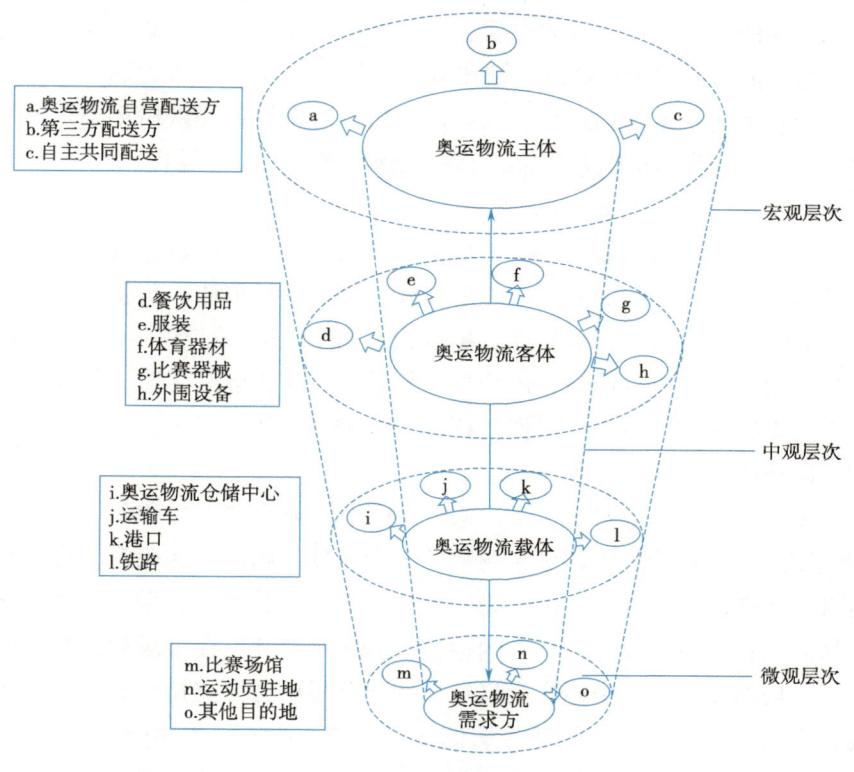

图 3-2 奥运物流的质态结构

从微观层次分析，奥运物流网络包括奥运物流自营配送方、第三方配送方等各种物流要素；从中观层次分析，则关注于奥运物流网络中不同物流主体、客体、载体和需求方构成的物流系统；而在宏观层次分析中，奥运物流网络又被视为由多个物流要素和不同类型物流系统相互关联而成的网络形态。

奥运物流的安全运作需要充分考虑物流网络的质态结构。一方面，赛

奥运物流

事主办方可以根据各物流要素之间的关联性，提前设计物流运作方案，以确保物流主体、客体和载体的可控性。另一方面，考虑到奥运赛事可能出现的临时调整、自然环境变化以及设施损坏等情况，主办方需要制定相应的防范措施，构建一套完整的质态结构以保障奥运赛事的运行安全。

就奥运物流网络的构建来看，物流主体主要涉及奥运赛事物流配送环节；物流客体涉及不同类型的物资，如食品、器械、衣物等，囊括整个物流赛事中的所需；物流载体主要包括不同的存储方式、运输工具及运输方式；物流需求方则包括赛区场馆和运动员驻地等需要物资的接收方。

结合上述情况，构建完整的物流网络，可以使各要素相互关联，并在发生中断情况下迅速重新组合，有利于保障赛事的安全运行。

3.2.3.2 流程维度

流程结构是指运输、仓储、加工、包装、装卸、配送、信息服务等不同环节根据需要而形成的，按先后次序连接的有机整体。其基本功效是保证物流活动的时效性及连贯性。奥运物流网络的流程结构主要是从物资的生产开始，经过短途运输，进行加工检验，工序完成后运输至各赛事物流中心及第三方配送中心，根据各赛区的物资需求量，将物资运抵各比赛场馆、运动员驻地等目的地。

图3-3详细描述了供应商、总仓储中心、分仓储中心和各场馆之间的物流流向。在开始阶段，供应商和赞助商与物流团队沟通确定交货时间和地点，并提供货物清单，确保物资的准确性和完整性。随后，货物运抵奥运物流总仓储中心，经过详细的检验、分区存放和库存记录后，按需配送至各大场馆及分仓储中心，为奥运会的运营提供必要支持。同时，奥运物流总仓储中心还负责接收从各场馆和分仓储中心返回的物资，进行处理、分拣和打包后，回收利用或储备供应。分仓储中心在接收货物后进行二次验证和精细分拣，确保货物准确无误地送达各个场馆。场馆接收到货物后进行仔细验收，并在使用结束后进行物资回收和处理，以确保资源的合理利用和环境保护。

整个物流流程通过细致的规划和严格的执行，保障了奥运物资的高效、安全和可持续性运作，同时也促进了物资的绿色循环，给供应商、赞助商带来经济收益。

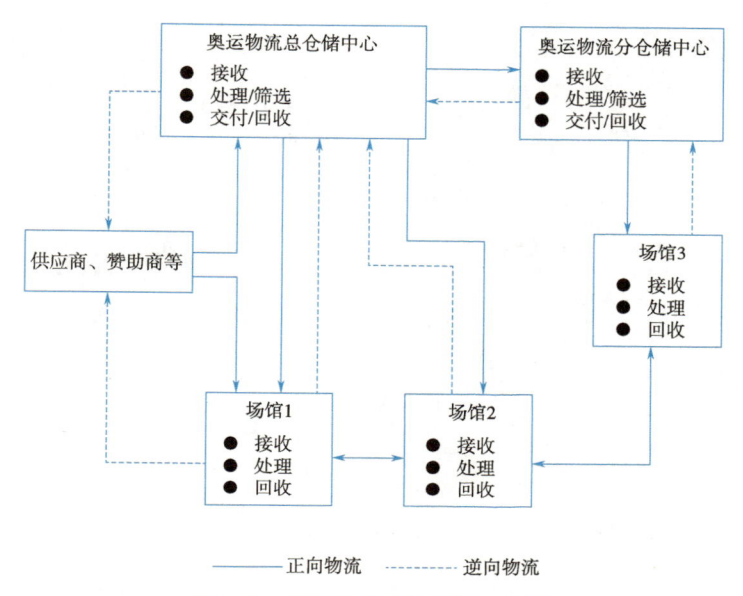

```
                    ┌─────────────────┐        ┌─────────────────┐
                    │ 奥运物流总仓储中心│───────→│ 奥运物流分仓储中心│
                    │ ● 接收          │        │ ● 接收          │
                    │ ● 处理/筛选     │        │ ● 处理/筛选     │
                    │ ● 交付/回收     │        │ ● 交付/回收     │
                    └─────────────────┘        └─────────────────┘
                                                        │
        ┌─────────────────┐                    ┌─────────────────┐
        │ 供应商、赞助商等 │                    │ 场馆3           │
        │                 │                    │ ● 接收          │
        │                 │                    │ ● 处理          │
        └─────────────────┘                    │ ● 回收          │
                                                └─────────────────┘

                    ┌─────────────────┐        ┌─────────────────┐
                    │ 场馆1           │───────→│ 场馆2           │
                    │ ● 接收          │        │ ● 接收          │
                    │ ● 处理          │        │ ● 处理          │
                    │ ● 回收          │        │ ● 回收          │
                    └─────────────────┘        └─────────────────┘
```

——— 正向物流   ------- 逆向物流

图 3-3　奥运物流网络流程示意图

奥运物流网络的关键焦点主要在于配送中心的选址以及末端配送路线的设计。其中末端需求点的配送是最复杂的环节，不同比赛项目所需要的各种类物资、不同赛区场馆随机分布在城市的各个角落，并且需求点数量多、所需食品种类多、需求时间要求严格，这就构成了一张复杂的物流供应点精准匹配物流需求点的物流网络。通过设计匹配关系和物流路线，可以有效地减少长距离运输以及反复装卸货导致的物资配送时间甚至物资质量的损耗，保障奥运物资品质安全的同时，实现总配送时间的最小化。

3.2.3.3　空间维度

空间结构是指各物流要素的空间地域分布而构成的有机整体。空间结构合理与否是影响物流网络效能的重要因素。奥运物流网络的空间结构主要体现在生产基地、奥运配送中心（奥运物流中心、第三方配送中心和自主共同配送中心）、比赛场馆、运动员驻地等布局方面（见图3-4）。

奥运配送中心选址既要满足赛事需求，又要考虑经济性及赛后的可持续使用，因此需要建立合理的空间结构，其规划建设应当充分整合利用现有资源，同时加快现有基础设施的升级改造，以奥运为契机，提升城市经济发展水平。

> 奥运物流

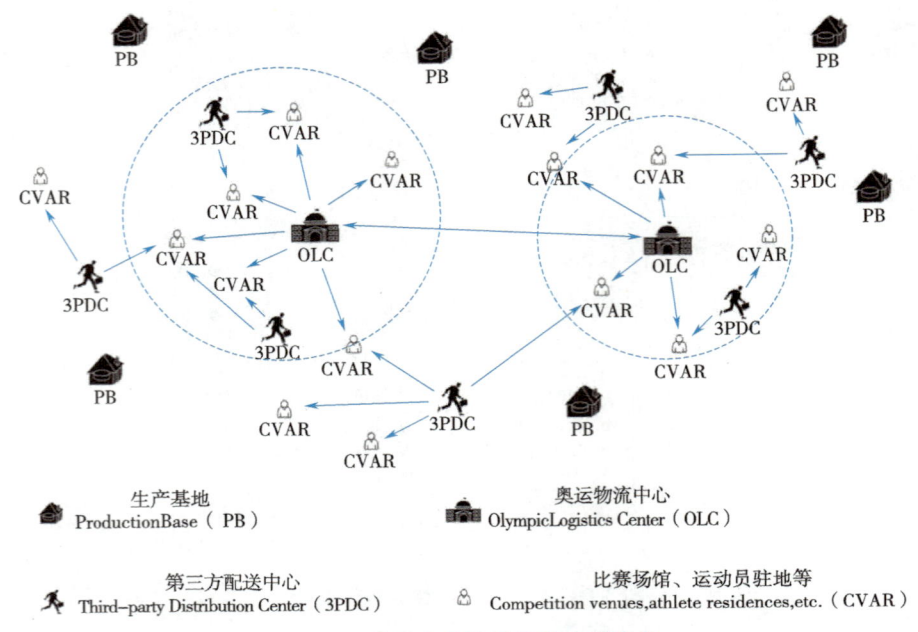

图 3-4 奥运赛事物流网络空间结构

生产基地 ProductionBase（PB）
奥运物流中心 OlympicLogistics Center（OLC）
第三方配送中心 Third-party Distribution Center（3PDC）
比赛场馆、运动员驻地等 Competition venues, athlete residences, etc.（CVAR）

从配送半径来看，因为奥运物流的需求是突发性的，故在选择物流配送中心的位置时，应该考虑该配送中心在赛后是否还能很好地满足该区域的需要，因此，需要尽量选择现有的城市仓库来代替新建仓库，通过科学的配送中心备选点选择来满足配送需求，避免一次性的资源浪费。奥运的突发需求对配套物流基础设施的可持续发展带来挑战，因此需要构建一套完整的空间结构以满足配送中心在赛前、赛中及赛后的可持续利用。

从奥运物流网络构建来看，配送中心备选点主要通过统计举办城市的现有配送中心信息，包括仓库的数量、规模和运输车数量等来进行选取，以避免赛后资源闲置和浪费。考虑到奥运赛事的高标准性，所有的配送中心都应具备同时满足不同贮存条件下储备物资的能力。就配送模式来讲，每个配送中心可以供应多个赛区场馆，意味着可以进行多点配送以便降低物流成本；每个赛区场馆也可以由多个配送中心进行同时配送，但不同种类的物资最好由一个配送中心单独供应，以便明确责任、保障安全。

3.2.3.4 量态维度

量态结构是指物流构成要素以一定比例的数量关系发挥作用的有机整

体。在奥运物流网络中，量态结构主要表现在赛事主办方对各物流要素的需求量上，包括物流需求方（运动员驻地、比赛场地、其他目的地）的数量，物流客体（外围设备、服装、餐饮用品、体育器材、比赛器械）的需求量，物流主体配送中心（奥运赛事自营物流中心、第三方配送中心、自主共同配送中心）的布局数量，以及物流载体（仓库、运输车、港口、铁路）的数量（见图3-5）。

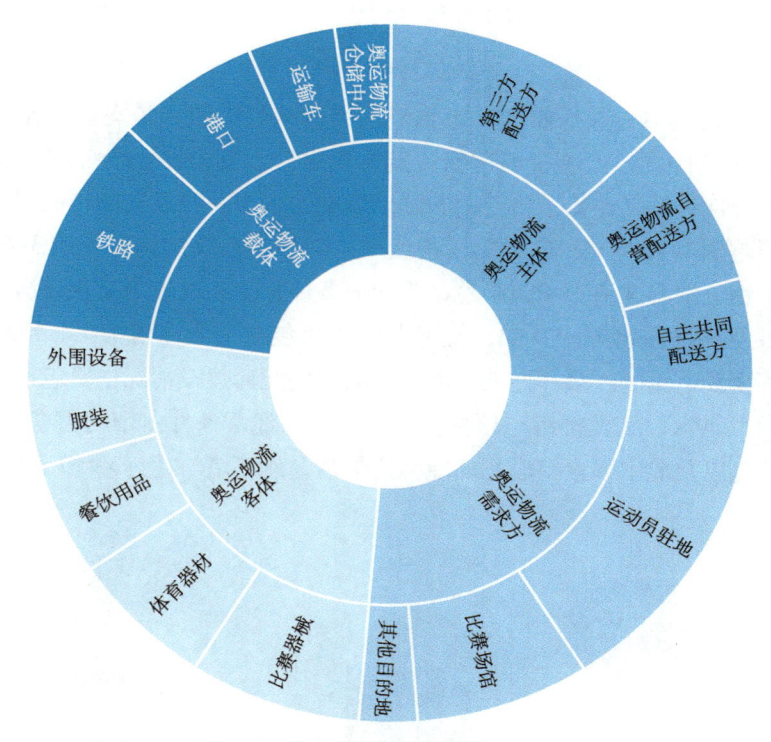

图 3-5　奥运赛事物流网络量态结构

奥运赛事物流的物资供应需要充分考虑量态结构。作为大型体育赛事，奥运会对各种物资的需求量可能是临时大量的。在2008年北京奥运会期间，共有204个国家和地区参赛，运动员、代表团、工作人员、媒体记者、志愿者人数近25万人。庞大的人员数量带来巨大的食品、服装等消耗品需求，同时，赛事所需的大量器材、特殊物资以及外围物资也需要同步配送运输。因此，需要建立一套完整的量态结构，以实现各物流实体要素的合理配比。

◎ 奥运物流

就奥运物流网络构建来看，物资的量态结构需要根据不同条件、不同接收方来调整。根据历史奥运赛事数据中物流主体、物流客体、物流载体和物流需求方各部分对应的数量占本部分总体的比例，并结合本次奥运赛事的规模、主办方提供物资的能力预测各部分所需，从而更加精确地分配时间及人力物力，更精准地构建奥运物流网络的量态结构。

3.2.4 奥运物流中心选址及路径优化的影响因素

3.2.4.1 奥运物流中心选址影响因素

奥运物流中心选址作为奥运物流网络的核心枢纽，是奥运物流网络规划的焦点工作之一。鉴于奥运物流具有集中性、安全性、不确定性、专业性、融合性等特征，奥运物流中心选址影响因素与一般意义的物流网络中心选址影响因素有差异，参考奥运物流中心的独特系统结构（见图3-6），可将奥运物流中心选址影响因素总结为交通条件、公共设施配套建设情况、经营条件及环境因素等。其中，交通条件主要包括交通拥堵情况、道路网络发达程度及运输方式多样性三方面；公共设施配套建设情况主要包括通信设施、供电供水设施及排污与环保设施三大类；经营条件由市场需求和分布、竞争状况以及成本因素组成；环境因素包括自然环境与社会环境两部分。

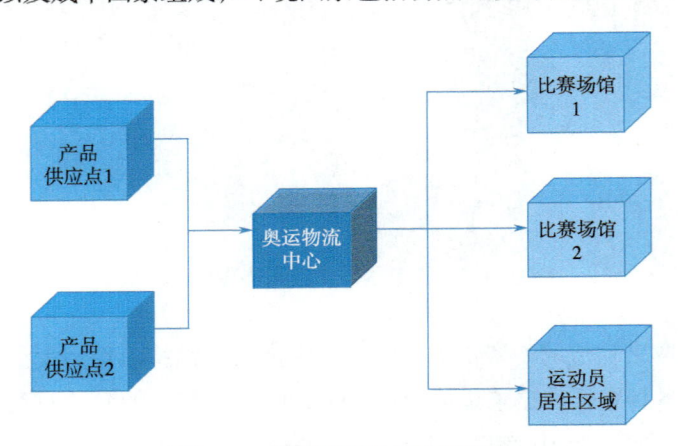

图3-6 奥运物流中心系统结构

（1）交通条件

首先，奥运物流中心位置的选择不能离市区太近。奥运物流中心附近通常伴随着大量交通运行，如果所选位置靠近市区，则很容易影响城市正常交通，会出现交通拥堵、交通秩序混乱等情况，影响奥运物流网络的运行效率。其次，奥运物流中心的选址需尽可能考虑在交通方便的地区，如靠近港口、码头、机场，因为涉及大量进出口物资。奥运物流中心的选址靠近港口、码头、机场更方便进出口物资的运输，大大提升运输效率。以2008年北京奥运会为例，其奥运物流中心选址地点位于连接京内外的交通枢纽处，包括航空、公路、铁路各种枢纽或者综合性枢纽，这使得2008年北京奥运会的物流运输网络整体效率有了正向提升。

（2）空间距离

奥运物流中心的选址需平衡同各个场馆的距离，综合考虑奥运各个场馆的集中程度、各个场馆的规模以及运动员的居住区域，选择最适宜作为奥运物流中心的位置，帮助奥运物流提升总体效率。例如，2022年北京冬奥会总物流中心的选址考虑到至各个场馆的平均距离，通过计算最终选择在北京市顺义区物流园区，这里至延庆大约1.5小时路程，至首钢大跳台约1.25小时路程，至奥运村各场馆均小于1小时路程。

（3）物资需求量

奥运物流中心选址也需考虑各场馆的物资需求量。其中要重点考虑需大量从奥运物流中心调拨物资的场馆，它们对选址的影响往往很大；而一些场馆对物资的需求量较小，因此从奥运物流中心调拨物资的机会较少，其对选址的影响较小。

（4）设施设备

奥运物流中心的选址需要考虑相关设施设备的因素。比如，在2008年北京奥运会的奥运物流中心选址问题上，其选址原则包含尽量选取现有或规划中的设施设备，以减小其不确定性与未知性所带来的风险影响。此外，选址原则还强调需保证奥运物流中心的物流设施规模足够或可以方便地进行扩建，为奥运物流全过程减少不必要的麻烦。

（5）环境因素

奥运物流中心选址需综合考虑土地制约因素、绿色环保、物流中心在奥运会结束后的社会使用前景等方面的环境影响因素。环境因素贯穿奥运会前、中、后的全过程，其重要程度显而易见，全面考虑自然环境与社会环境所带来的影响，将为奥运物流的高效性、完整性与可持续性提供积极影响。

3.2.4.2 奥运物流路径优化影响因素

奥运物流路径优化是一个极其复杂的过程，它可能受到地理分布、仓库管理、时间要求、交通基础设施、安全风险控制以及绿色低碳要求等多种因素的影响。在对奥运物流路径优化进行管理时，需要综合考虑以上因素，以实现奥运物流系统的高效、安全、环保和可持续发展。

（1）场馆地理位置分布

奥运物流普遍涉及多个比赛场馆、奥运村、新闻中心等场所，这些场所在地理上的分布会影响奥运物流路径的选择。例如，2008年北京奥运会使用了37个比赛场馆，这些场馆的相对位置决定了奥运物流路径的高效率和可行性。

（2）仓库管理

奥运赛事期间，仓库的需求调整是关键。仓库是奥运物流中重要的物资集散地。通过有效的仓库管理，可以确保物资库存水平既满足赛事需求，又避免过高的库存积压。良好的库存管理可以帮助奥运组织者准确掌握库存状况，及时调配库存，确保物资在需要时能够及时提供，这对于奥运物流运输路径的优化至关重要。

（3）时间要求和紧迫性

奥运物流往往具有严格的时间要求，需要在特定时间内完成物资的运输和配送。奥运物流路径优化深受其影响，使得奥运物流需要具备高效的时间管理和应急响应能力。

（4）交通基础设施

交通基础设施状况是影响奥运物流路径选择的关键因素。优质的道路、交通设施和物流中心位置可以加快物资流通速度，同时优化运输路线。这对于保障奥运赛事的顺利进行和提高整体物流水平具有重要意义。

（5）安全性及风险控制

奥运物流运输路径需要保证物资运输的安全性，降低风险。这涉及对运输路线、运输方式、运输工具的严格筛选和监管。奥运期间所需的运动器材和生活资料的安全性至关重要，许多设备一旦损坏便很难找到替代品，严重影响奥运流程。为了满足奥运物流的特殊需求和高标准要求，需要在奥运物流路径优化中充分考虑安全性和风险因素，采取科学的风险控制措施，确保物流运作的安全、高效和顺畅。

（6）绿色低碳要求

随着人们环保意识的增强，奥运物流路径优化也需要考虑绿色低碳要求。绿色低碳要求强调在奥运物流过程中降低对环境的污染和破坏，通过选择绿色运输方式、采用环保包装等措施，实现物流活动的低碳化、循环化。这推动了物流行业向更加环保、高效的方向发展，为奥运会的成功举办提供了有力的保障。

3.2.5 实践案例

3.2.5.1 2004年雅典奥运会物流网络

2004年雅典奥运会虽然开办时间较早，但其已经认识到物流在整个奥运流程中的重要性，并对物流规划与需求预测进行了计划安排，整体奥运物流流程具备系统性。

（1）物流中心选址

雅典奥运会建立了单独的奥运物流中心，雅典奥组委曾对是否建立奥运物流中心、奥运物流中心的选址问题以及交通问题进行了研究。物流中心的建立与否取决于一系列因素，如现存仓库设施的有效性等，经过研究，雅典奥组委决定建立单独的规划场地面积为100 000平方米的奥运物流中心。奥运物流中心选址的主要依据是：奥运物流中心要和比赛场馆比较接近并且有便利的交通。最后，为了便于配送，雅典还设计建造了一条围绕城市的奥运会环形公路。这样最近的比赛场馆离奥运物流中心大约10公里，最远的也仅仅25公里。

（2）物流与信息技术

雅典奥运会应用了先进的物流与信息技术，如使用了ERP系统对奥运网络进行管理，基于奥运物流的特殊性，在ERP的设计上也考虑了原有的物流环境的影响。再如，雅典奥运会使用了条形码对物资进行分类管理，相比于人工物资分类，极大地降低了失误率，提高了奥运物流效率。

（3）物流网络合理简化

由于奥运物流具备时间阶段性、空间集中性、需求不确定性等特点，其整体物流运作规模庞大且复杂。2004年雅典奥运会充分考虑到这一点，对其物流网络的管理过程进行了合理简化。以条形码的应用为例，在奥运会比赛中，如果将条形码细分归类到单个物品，条形码的数量将会高达10万种，费时费力。为了简化工作，雅典奥运会物流部门对物品进行了归类，从而将条形码数量减少到大约3万种，实现了高效奥运物流。

3.2.5.2　2008年北京奥运会物流网络

（1）物流中心选址

2008年北京奥运会总物流中心位于北京顺义空港物流园区，北临顺于路，南临物流园六街，西临顺驰路，东临顺达大道，西距主场馆区约27公里，东距天津港155公里，周边连接六环路、京承高速公路、机场高速公路、机场北线高速公路、机场第二高速公路、京顺路以及李天路，充分考虑到周边交通条件以及同各奥运场馆的距离因素，为物流网络线路的优化及仓储等带来极大便利。

2008年北京奥运会总物流中心选址同样考虑到各个场馆物资需求的不同。物资需求量大的场馆，需要较为密集的物流周边网络才足以支撑；而物资需求量小的场馆，其对周边物流网络要求并不高。综合考虑，最终将总物流中心选定于便于配送到物资需求量大的场馆的位置。如图3-7、表3-5所示。

2008年北京奥运会也考虑到奥运物流过程应尽量选取现有或规划中的设施设备，以减小其不确定性与未知性所带来的风险影响。同时强调需保证奥运物流中心的物流设施规模足够或可以方便地进行扩建，为奥运物流全过程减少不必要的麻烦。

此外，2008年北京奥运会物流中心的选址也考虑到环境与安全因素，如选址对周边环境是否存在潜在影响，是否便于配备必要的安全设施设备，以应对可能出现的突发状况等。环境与安全因素的考虑为奥运物流网络的可持续性发展打下基础，推动绿色奥运发展进程。

（2）运输线路规划

2008年北京奥运会作为国际大型体育赛事，其物流运输线路的规划是确保赛事顺利进行的关键。为确保物流运输的高效、安全和准时，组织者精心规划了覆盖全市及周边地区的运输网络。主要线路包括从总物流中心、仓库到各竞赛场馆的直达线路，以及连接各场馆之间的循环运输线路。此外，还考虑了与京津冀地区的跨省市协同运输，确保物资能够及时到达指定地点。

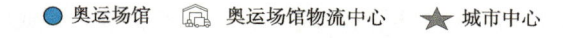

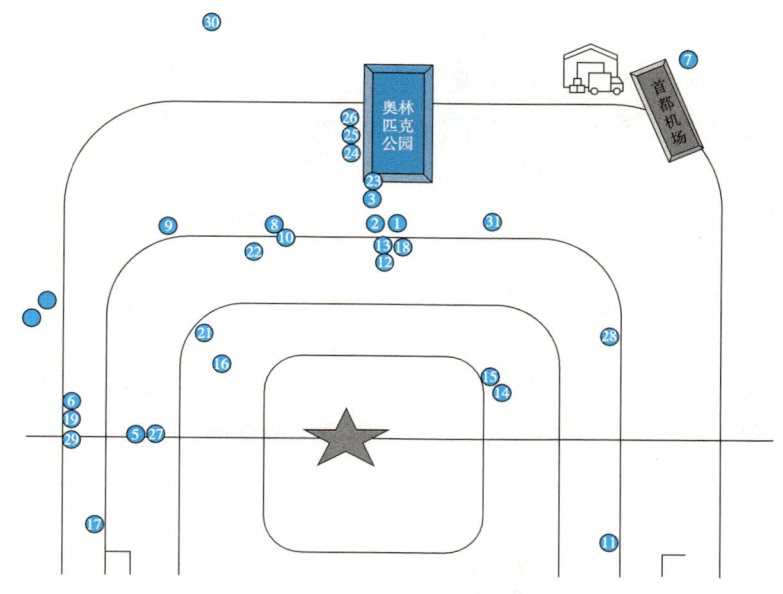

图 3-7　2008 年奥运会北京场馆分布图

表 3-5　2008 年奥运会所有场馆名称

新建场馆	改扩建场馆	临建场馆
①国家体育场 ②国家游泳中心 ③国家体育馆 ④北京射击馆 ⑤北京奥林匹克篮球馆 ⑥老山自行车馆 ⑦顺义奥林匹克水上公园 ⑧中国农业大学体育馆 ⑨北京大学体育馆 ⑩北京科技大学体育馆 ⑪北京工业大学体育馆 ⑫北京奥林匹克公园网球场	①奥体中心体育场 ②奥体中心体育馆 ③北京工人体育场 ④北京工人体育馆 ⑤首都体育馆 ⑥丰台体育中心垒球场 ⑦英东游泳馆 ⑧老山山地自行车场 ⑨北京射击场飞碟靶场 ⑩北京理工大学体育馆 ⑪北京航空航天大学体育馆	①国家会议中心击剑馆 ②北京奥林匹克公园曲棍球场 ③北京奥林匹克公园射箭场 ④北京五棵松体育中心棒球场 ⑤朝阳公园沙滩排球场 ⑥老山小轮车赛场 ⑦铁人三项赛场 ⑧公路自行车赛场

为了进一步提高物流运输效率，组织者采用了多种线路优化策略。首先，根据物资的性质、数量及运输需求，对运输线路进行了合理划分和配

奥运物流

置。其次，通过科学计算运输时间、成本及安全性，确定了最佳运输方案和车辆配置。最后，采用先进的调度系统，对运输过程进行实时监控和调整，确保运输过程的顺畅和高效。

在跨省市协同方面，北京奥运会物流运输充分利用了京津冀地区的交通网络优势。通过与周边省市的交通管理部门和物流企业建立紧密的合作关系，实现了物资的快速转运和无缝对接。这种协同模式不仅提高了运输效率，还降低了运输成本，为奥运会的成功举办提供了有力保障。

为确保各竞赛场馆的物资供应和运转顺畅，北京奥运会物流运输在场馆物流保障方面下足了功夫。通过设立专门的场馆物流中心和配送点，实现了对场馆内物资的集中管理和快速配送。同时，还配备了专业的物流管理人员和志愿者，为场馆提供全方位的物流服务支持。

（3）末端配送

2008年北京奥运会在物流末端配送线路上的设计较为全面、新颖，具备一定的参考价值。为确保比赛期间各类物资能够准确、及时地送达指定地点，其末端配送线路覆盖了从总物流中心到各个比赛场馆、奥运村、新闻中心等关键区域的配送过程。具体来说，末端配送的线路可能包括从总物流中心出发，经过一系列交通枢纽和配送站点，最终到达各个目的地的过程。在每个阶段，都有专业的物流人员负责物资的装卸、运输和交接等工作，以确保整个配送过程的顺利进行。

由于2008年北京奥运会规模庞大，场馆分布多又广，其具体的末端配送模式可分为单场馆调拨、多场馆调拨、多场馆和单场馆回收以及场馆之间调拨四种（见表3-6）。

表3-6 奥运物流末端配送模式

奥运物流末端配送模式	配送模式示意图
单场馆调拨	
多场馆调拨	

续表

奥运物流末端配送模式	配送模式示意图
多场馆和单场馆回收	
场馆之间调拨	

单场馆调拨可以理解为简单地将物资从总物流中心调拨到某一场馆的过程。在2008年北京奥运会中，单场馆调拨模式是最简单、最普遍的末端配送模式。这种调拨可以是实物的转移，比如运动器材、办公用品等；也可以是虚拟资源的调配，比如网络带宽、电力供应等。无论是实物还是虚拟资源，单场馆调拨的目标都是确保场馆内部各个部门或活动能够得到足够的支持，并维持高效的运营状态。

多场馆调拨表现为物资需要从总物流中心调拨到多个场馆，其中涉及运输路线的合理安排等问题，在大型赛事中往往出现较多。与单场馆调拨相比，多场馆调拨涉及更多的场馆和更广泛的资源，操作上更加复杂，需要更加严格的管理和协调。在多场馆调拨中，可能涉及不同部门或组织之间的合作和协调，因此需要建立有效的沟通机制和合作模式，确保各方能够密切配合、协同工作。

在奥运会中，物资的回收环节通常都是比较紧迫的，这就需要工作人员把握好时间安排，并合理规划行动路线，实现高效的工作。在2008年北京奥运会中，普遍采用多场馆回收策略，根据管理难度、物流成本、人员配置来实现具体回收操作，旨在提高回收的便利性及效率。

场馆之间调拨不涉及总物流中心，是物资在各场馆之间流通运输的过程。在2008年北京奥运会的具体操作上，场馆之间调拨涉及物品、设备或资源的登记、标记、运输和交接等环节，确保资源能够及时、准确地到达目的地。此外，还需要考虑到不同场馆之间的地理位置、交通状况、时间安排等因素，确保调拨过程的高效和顺利进行。同时，也要确保所有操作都符合相关规定和程序，避免发生丢失、损坏或其他问题。

奥运物流

3.3 奥运物流阶段管理

奥运物流从时间的角度，分为赛前物流、赛中物流和赛后物流。赛前物流通常是为举办奥运会在会前进行的，诸如城市基础物流设施、奥运比赛场馆建设用品、比赛器材、新闻媒体器材和生活资料的仓储、运输等物流活动。赛前物流在奥运物流中所占比例较大。赛中物流是奥运会举办期间，主办城市及其他比赛地区发生的各类物流活动的总称，主要目的是为奥运会提供后勤保障。赛后物流主要是奥运会结束后，比赛场馆、奥运村、新闻中心等场所的物品清理、回收等物流活动。

3.3.1 1996年亚特兰大奥运会物流阶段管理情况

亚特兰大奥组委首次成立物流委员会，主要负责奥运会赛事物流，侧重于场馆物流管理，提出场馆物流经理（Venue Logistics Manager，VLM）管理制度。物流委员会在每个场馆安排一名场馆物流经理，为场馆的物流服务。VLM的职能根据场馆生命周期的配置、补充和回收三个阶段来划分。

3.3.1.1 赛前物流管理

（1）基于场馆的需求预测

物流部仅以单个场馆为对象，对材料和家具、固定装置和设备（Furniture，Fixtures and Equipment，FF&E）的需求和要求进行全面识别，采用简单的需求预测模型，并确定了相关的物流要求。通过将这一计划外推到所有场馆，物流部能够估计80%的总需求。

（2）场馆配置

场馆配置工作通常在开幕式前3周才开始进行。而工作人员只限于建筑公司员工和物流人员，不能使用人数众多的志愿者，所以大部分劳动力都来自物流委员会。

（3）仓储管理

第一，既有仓库设施利用。物流委员会并没有建立专门的奥运物流中心，主要利用了原有的仓库设施，并将仓库的不同区域与特定的场馆相对应。每个区域的存储面积是以相应场馆的存储需求为依据来核定的。这使得所有的VLM都能够清楚地掌握本场馆所需物资的存储情况，提高了场馆赛前配置、赛中补充和赛后回收阶段的工作效率。

第二，第二代AS/400数据库管理软件。物流委员会使用了IBM（International Business Machines Corporation）推出的第二代AS/400软件对数据库进行管理，以提高仓库管理的工作效率和工作准确率。但随着赛事前入境物资数量增多、频率加快，AS/400软件本身具有的信息输入步骤多、信息要求烦琐的缺点日益凸显，反而降低了奥运物资入库的进度和效率。

第三，"条形码+手工"录入。对高科技产品、高价值物资进行条形码管理，而大多数的物资仍然采用原始的手工记录方式进行。

（4）配送管理

1995年，物流委员会便开始估算配送设备需求量。物流委员会和美国最大的、最受信任的零担运输公司之一的ABF货运公司（ABF Freight）结成伙伴关系，同时发展物流委员会自己的配送队伍。当需要的时候，搬家公司、快递服务等也被利用起来。

3.3.1.2　赛中物流管理

比赛期间，VLM的工作节奏将有所减缓，其主要职责为在必要的时候进行必需物品（如生活消费品）的采购和补充、设施临时调动等。仓储部门的工作也相对轻松，通过"三班倒"提供所需要的所有服务。

3.3.1.3　赛后物流管理

赛后物资要求在5天内返回物流中心，而佐治亚国际会议中心处的物资回收时间加上运输车辆在仓库和场馆间往返的时间要求不超过1天。为提高物资回收效率，VLM先专注于高价值物品（如计算机）的回收，然后再逐步回收低价值的物品（如桌椅）。仓库各个部分的存储面积与相应场馆联系起来，在回收过程中也只接收在该场馆使用的物资。且物流人员会利用每一次可能的机会来进行物品回收，并不是在比赛完成之后才集中进行的，避免对比赛场地的污染。对于可循环利用的材料，要及时进行回收处理并妥善保存。

3.3.2　2000年悉尼奥运会物流阶段管理情况

1998年，悉尼奥组委会在广泛征询行业专家意见的基础上，结合实际运作情况，制定了联合物流计划，职责涉及赛前、赛中和赛后物流三个阶段。悉尼奥运会首次开行奥运赛事"确认列车"，采用新建奥运物流中心的模式，并开发奥运资产管理系统（Asset Management System，AMS）用于计划比赛所需的物品，同时制定总体配送计划（Master Delivery Scheduling，MDS），协调比赛场馆、物流、道路交通、供应商等各方关系。

3.3.2.1　赛前物流管理

（1）外包

第一，外包物流。悉尼2000物流团队（Sydney 2000 logistics team，S2LT）除保持对奥运物流运营的最终控制和管理外，对奥运物流管理的主要策略是将主要流程和服务外包给美国联合包裹运送服务公司（United Parcel Service, Inc., UPS）。外包的主要职能包括提供货运代理和清关、相关的物流技术支持（如库存跟踪和材料计划系统的实施，以及用于调度运送到场馆的车辆软件）。

第二，首次开行奥运赛事"确认列车"，在此期间严格外包选择。悉尼奥运会首次开行奥运赛事"确认列车"，即第一次进行奥运会测试赛。且在此期间，S2LT遵循严格的选拔程序，评估各种外包选择和相关承包商。物流在测试活动中的成功为外包选择和相关承包商建立了信心。

（2）供应商自我认证计划

自我认证计划的实施在于允许授权和认证的奥运会供应商在将货物运送到奥运会场馆之前，在安全部门的监督下对其货物进行预筛选和密封。这一过程有助于优先进入奥运场馆，同时保持高度安全。

（3）海关清关

第一，成立奥运会货物反应单位小组。该小组由一批经验丰富、训练有素的工作人员组成，专门负责奥运会有关货物的协助及问题的解决，确保运动员携带的行李3小时内实现通关。

第二，派驻海关工作人员。为了确保进口物品顺利清关，澳大利亚海关向物流中心派驻了一名主管官员。在残奥会期间，海关也向奥运村派驻了若干名工作人员。这些工作人员主要负责在正常工作时间内需要清关的物品，至于紧急物品和需要在非正常工作时间通关的物品，则主要由派驻在悉尼国际射击中心的工作人员负责。

第三，澳大利亚要求参赛运动员必须在澳大利亚进行纳税申报，并对其所获奖金、赞助和广告收入征税。进口体育用品在奥运会结束后再出口的，无须缴纳关税。

第四，澳大利亚检疫检验机构（Australian Quarantine Inspection Service，AQIS）负责奥运赛事的检验检疫工作。包括：经由空运和海运到达的36万人及其行李办理手续；260匹参赛马匹、9艘客船及200个游艇将泊于悉尼水道需要接受检疫、持续监督，对垃圾和废弃物进行监视；进口食品、食品添加剂、马饲料以及生物药剂、兽药和中药检验。AQIS要求对自身携带的运动食品添加成分或特殊动物饲料持有合乎规定的书面证明。任何出自植物或动物的物品都必须申报，甚至使用过的运动器材、露营用具也必须经过检查是否受到土壤污染，以确保草籽、害虫以及疾病不会入侵澳大利亚。检疫侦测犬及X光行李检查用于检测携带需检疫物品而未作申报的，处罚的手段有当场罚款约72.8美元，甚至更加严厉的处罚。

第五，开发有效发现促红细胞生成素（Erythropoietin，EPO）违禁药品的检测方法。加上奥运会前夕的有关媒体宣传，在奥运会期间，澳大利亚海关确实只发现少量的兴奋剂。

（4）自建奥运物流中心

悉尼奥组委考虑到比赛场馆的集中性和物流需求的变动性，在离奥林匹克公园2.9公里的地方建立了一个占地7.5万平方米的奥运物流中心，有效地提供了实现奥运信息集成、协调、计划、仓储和调车的设施和场所，有效提高了物流运作效率。该中心主要包括三个功能区域：

第一，奥运物流控制中心。主要负责整个奥运物流中心所有工作信息的集成、管理和发布，是实现信息共享的主要平台。

第二，主仓库。主要用来存放管理药检物品和比赛所用的体育器材、外围设备等，总面积2.5万平方米，其中1.5万平方米由悉尼奥林匹克委员会使用，其余对外出租，并在赛事期间有效保证了相关物品和器械的保管仓储。

第三，配送车辆排序场所。这是奥运物资运往奥林匹克公园的主要通道，所有需要进入比赛中心的物资都要在此接受安全检查。只有列入总体配送计划的物资才能够进入奥林匹克公园。

此外，悉尼奥组委还在所有的场馆中建立了物流分支机构，与物流中心协调工作。

（5）配送管理

第一，MDS。从事比赛场馆配送工作的所有组织和单位都必须按照总体配送计划实施配送。悉尼奥组委要求配送车辆排班系统为奥运会的比赛期、非比赛期以及场馆训练期的每一天生成一个MDS。

第二，准时配送（Just-in-time，JIT）和直达配送（Direct-to-site，DTS）。采用JIT和DTS，最大限度地减少了仓库空间要求、所需运输车辆数、相关成本以及与仓储相关的所有错误和风险。JIT还减少了对复杂仓库管理系统的需求。但JIT和DTS的缺点在于发现缺货或错误时无法及时恢复，以及配送延迟。表3-7给出了1996年亚特兰大奥运会和2000年悉尼奥运会期间使用的资源。与亚特兰大奥运会相比，悉尼奥运会JIT和DTS的应用减少了必要仓库空间面积和所需运输车辆数。

表3-7　1996年亚特兰大奥运会和2000年悉尼奥运会期间使用的资源

资源	1996年亚特兰大奥运会	2000年悉尼奥运会
仓储空间面积	13.1万平方米	0.675万平方米
物资搬运设备数	—	165辆
运输车辆数	400辆	21辆

（6）安全检查

实施"四把进门钥匙"，即车辆进入和停靠计划、供应商的证件、司机的身份证件、MDS。任何到达比赛场馆的车辆，如果缺少这"四把钥匙"中的任何一把，都不能进入。

3.3.2.2　赛中物流管理

悉尼奥运会物流委员会开发了一套具有物资计划编制和库存跟踪的AMS，用于计划比赛所需的物品。该系统完成四种职能：奥运资产管理、物料计划、供应管理以及运输计划。

在比赛进行的过程中，每天下午6：00，该资产管理系统都会将当天物资消耗情况、各处的存货情况、第二天比赛程序等信息采集进来；继而通过系统相关模块的处理，在当天的晚上9：00发出配货指令；配送单位在接到上述指令后，结合MDS，在夜间进行配送，直至第二天上午8：00前完成所有配送任务。

MDS将所有需要向比赛场馆运送物资的组织和机构都纳入进来，在整个配送系统中完全实现信息数据的有效传输和有效共享，保证了奥运物资的有效及时运送。

3.3.2.3 赛后物流管理

悉尼奥组委将主办者、承包商、货物运输机构、海关、检疫局等相关部门都纳入到悉尼奥组委物流中心的组织中，进一步明确该物流中心的职责，确保奥运所需物品的赛后快速回收。

能容纳上万名运动员的奥运村每天将会产生55吨垃圾。为了处理这些垃圾，悉尼奥组委从悉尼市郊试验场运来4 000万条蚯蚓，在各奥运场馆建立半露天蚯蚓站，让蚯蚓分解植物废料、食物残渣和纸张等垃圾，再将垃圾转化为高质量的肥料。

3.3.3　2004年雅典奥运会物流阶段管理情况

雅典奥组委延续了悉尼奥运物流的成功运作，成立了奥运物流部门，其职能包括赛前的资产跟踪、物流配送、库存控制，赛中的物流场馆设施配送和赛后的逆向物流，以及协调与奥组委核心管理部门的关系，并将继续实行物流服务外包，从而将奥运物流服务所固有的临时性和无核心流程等特性的服务交由有专业经验的物流商来完成。雅典奥运会采用租赁新的奥运中心的模式，并应用企业资源计划（Enterprise Resource Planning，ERP）系统，实现对整个赛事物流供应链的有效管理。

3.3.3.1 赛前物流管理

（1）ERP

雅典奥运会使用了ERP对物流进行管理，该系统整合了资产控制、相关法律法规、MDS和仓储管理系统等要素。

同时，雅典奥运会使用了条形码技术对物品进行分类和管理，实现全条码管理。如果将条形码细分归类到单个物品，条形码的数量将会达到十万种。为了简化工作，雅典奥运会物流部门对物品进行了归类，从而将条形码数量减少了约70%。

（2）物资需求估算

由于功能区域的确切要求要到奥运会前几周才能知道，因此有必要进行良好的估计，以防止昂贵的供应过剩或运营成本高昂的仓储空间供应不足。基于2000年悉尼奥运会物资需求和雅典奥组委的服务水平，开发了一个电子表格模型（Spreadsheet Model，SP）来估计储存相关材料和设备所需的仓储空间，具体步骤如下。

步骤1：估计海运集装箱内容物的当量重量。

步骤2：假设总重量在主要项目组之间的分布。

步骤3：估计峰值入库量。在同一时间段内同时存在于仓库中：国家奥委会的物品或设备将不会存放在雅典奥组委的仓库中（因为所有物品或设备都将存放在奥运村的团队集装箱中）；雅典奥组委的仓库中不会存放任何覆盖物（因为覆盖物将直接运送到正在建造的场馆）；80%的体育器材将储存起来，只有20%的体育器材直接运到场馆（因为场馆在奥运会前很短时间内就可以接收器材）；90%的技术和电信设备将入库，只有10%将直接运到场馆（原因与体育设备相同）；20%的家具、固定装置和设备将存放在雅典奥组委的设施中，其余的80%将由家具供应商入库，并将直接配送和安装到场馆。

步骤4：确定存储这些物品所需的仓储区域。

（3）海关清关

希腊获欧盟1.27亿美元特别拨款，在各边境口岸增加设施与电子仪器，还培训大量海关人员，增加入关通道，加快手续速度等，尽可能减少滞留海关时间。雅典奥组委与海关当局进行紧密沟通，海关同意简化奥运物资清关手续，机场亦与主要航空公司达成共识，将共同协助机场加快货运流程，为奥运会货物的进口提供便利。

建立了世界第一个国际奥委会/世界反兴奋剂机构认可的兴奋剂控制实验室——雅典兴奋剂控制实验室（Doping Control Laboratory of Athens，DCLA），在奥运会期间根据世界反兴奋剂机构国际标准的新要求进行兴奋剂控制分析。

（4）"投资商建设、奥组委租用"的奥运物流中心运作模式

雅典奥组委在充分考虑现有仓库设施有效性和与比赛场馆距离的基础上决定建立单独的奥运物流中心。但具体运作是雅典奥组委指定物流服务总包商建造，然后租赁使用。其总面积为8.65万平方米（其中A座物流中心面积为5.35万平方米，B座物流中心为3.30万平方米）。为了便于配送，雅典还设计建造一条围绕城市的奥运会环形公路，从而使得最近的比赛场馆离奥运物流中心仅10公里，最远的不超过25公里。

（5）仓储和配送管理

第一，与第三方物流公司合作。物流委员会和被称为"全球货运"的德铁辛克合作。供应商、赞助商等将相应物资配送至奥运物流中心。德铁辛克负责仓库内的收货、储存、搬运和提货，以及材料和设备到场馆的运输和配送，且负责不同场馆之间的配送。德铁辛克负责仓储和配送活动的管理和人员配备，并提供运输车辆。雅典奥组委提供仓储空间和其他资源，如叉车、FF&E等。雅典奥组委与德铁辛克共同制定上述服务的程序、报告机制和系统。由于在提供服务之前，雅典奥组委的确切需求尚不清楚，因此雅典奥组委与德铁辛克之间达成的协议在人员配备和运输车辆方面具有灵活性。每月所需人员和车辆的规划是基于滚动预测进行的。具体数字由双方商定，雅典奥组委保留在必要时更改商定数字的权利。

第二，MDS。MDS的生成主要依据两个需求：雅典奥组委功能区域向供货商和卖主发出的订单；比赛场馆对于餐饮、清洁等方面的功能性需求。所有信息将被输入软件系统，通过计算生成每辆配送车辆的到达和出发时间表。

（6）安全检查

雅典奥组委的物流部门与奥运安全部门（Olympic Games Security Department，OGSD）密切合作，运营三个车辆安全和车流检查区域，即编组场站（Marshalling Yards，MY）。根据目的地的位置，所有送货车辆都将在其中一个编组场站接受安全检查。车辆到达时间将由物流部门确定。车辆在编组场站接受安全检查后，满足以下条件便能进入场馆：

第一，遵守物流部门根据MDS制定的配送时间表。

第二，司机和任何乘客都应拥有特定场地的适当认证。

第三，车辆应附有适用于特定场地的车辆出入及泊车许可证计划。

3.3.3.2 赛中物流管理

（1）人员配置

每个场馆的物流工作由1名场馆物流经理和1名场馆物流助理经理管理。二者在比赛期间实施12小时两班倒工作制，负责员工招聘和培训、材料和设备订购、接收、安装、跟踪和逆向物流，以及物流团队的协调。

根据场地的大小，每个场地都分配了3名材料搬运设备操作员（24小时运作）和5~12名工作人员和志愿者。员工和志愿者负责提供物流服务，包括卡车的装卸、场馆内材料和设备的运输和安装，以及物流场地的一般维护和清洁。

（2）安全检查

运输车辆在到达每个场馆的配送点之前，将在以下两个区域接受进一步的安全检查：车辆检查点，即停车控制区外的一个区域，安全人员将在该区域对驾驶员和车辆认证进行目视检查；车辆安检区，即场馆入口处的一个区域，在这里检查车厢上的货物密封，并酌情进行一些其他安全检查。

3.3.3.3 赛后物流管理

赛后的逆向物流由物流部门负责，主要针对垃圾收集回收、设施回收的设计和实施，以及核对清单等。雅典奥组委在奥运会期间通过高效运作和广泛实施的环保宣传教育计划（Environmental Publicity and Education Plan，EPEP），开展废弃物回收服务，要求招标项目和赞助项目工程务必达到环保指标，促进清洁与环境可持续废弃物管理服务计划的综合实施。这项计划的宗旨是尽可能使产生于奥运会的包装物与废弃物减少到最低程度，最大限度使用回收循环物品。例如，授予为奥运会和残奥会环保计划做出特殊贡献的奖励证书就是用回收纸来制作的。

通过对奥运会各项活动的全面分析和专家咨询，雅典奥组委环境部与各职能部门及时沟通，掌握了奥运会产生垃圾的数量和种类，据此与有关部门共同制定了废弃物源头控制策略（Waste Source Control Strategy，WSCS），对不同类型的废弃物的产生、收集、暂存、运输、处置等各环节都确定了职责分工与协调机制。雅典奥运会将垃圾主要分为纸张、塑料瓶、食物残渣等六个大类，并在各场馆等奥运会活动的区域设置不同颜色的垃圾桶和垃圾袋，进行垃圾分类回收。

3.3.4　2008年北京奥运会物流阶段管理情况

北京奥运会申办成功5个月后（即2001年12月13日），第29届奥林匹克运动会组织委员会（简称北京奥组委）成立，并单独设立了物流部。奥组委明确界定物流部是为奥运会、残奥会及相关活动提供物资和服务的后勤保障部门，主要负责组织制定奥运会的总体物资需求计划以及奥运会所需各类物资的采购、仓储、配送、追踪、管理、回收和处置工作，实现对人、财、物集中统一调配。首次建立可视化智能监控信息平台（Visual Intelligent Monitoring Information Platform，VIMIP），对奥运物流中心进行管理与监控，保障了奥运物流安全、高效、平稳地运行。北京奥运物流工作划分为计划配置、测试调整、赛事运行和赛后回收四个阶段，如表3-8所示。

表 3-8　北京奥运物流管理阶段划分

阶段划分		管理任务
赛前管理	计划配置 （2001年12月至2006年8月）	制定各种奥运物流规划、运行制度，开展奥运相关软硬件配套设施的组建管理工作
	测试调整 （2006年8月至2008年8月）	为"好运北京"赛事提供各种物资保障服务，同时也是奥运会和残奥会的预演和彩排
赛中管理	赛事运行 （2008年8月8日至9月17日）	为奥运会、残奥会等提供物流管理服务，以保证各项物资及时、准确、安全地配送到各个场馆
赛后管理	赛后回收 （2008年9月17日至12月31日）	赛后物资的后续处置工作，也是衡量奥运会物流成功与否的关键环节

3.3.4.1　赛前物流管理

（1）海关清关

海关总署遵循"特事特办、确保便利"运行原则，制定《北京奥运会物资通关须知》，并从通关手续、减免税政策、知识产权和安保工作4个方面采取有针对性的措施，以保证最大限度地为北京奥运会及其筹备期间进出境人员和物资提供通关便利。

第一，在通关手续方面。进出境的奥运物资依托电子口岸，推行网上审批；通关现场设立专用通道和专门窗口，实行特事特办；提供24小时通

奥运物流

关、预约通关等全天候服务；对暂时进境的奥运物资（包括随身携带进境的个人物品，通过货运方式进境的各种体育器材、比赛用品、技术设备、医疗设备、安保设备、通信设备、电视转播和新闻报道设备等），暂时进境期限由规定的6个月延长为12个月，并且根据情况可继续延长；同时，海关按照规定对有关人员给予通关礼遇。

第二，在减免税方面。海关总署与财政部、国家税务总局联合下发了第29届奥运会税收政策问题的相关文件，对包括进口税收优惠政策在内的各项税收政策予以明确，并认真落实，确保政策到位。

第三，在知识产权保护方面。根据国务院2002年发布实施的《奥林匹克标志保护条例》，海关总署出台了一系列配套管理办法，积极与北京奥组委合作，加强对进出境环节奥林匹克标志专有权的保护。

第四，在安保工作方面。海关系统成立了奥运通关领导小组和跨部门的奥运通关工作小组，加强与公安等部门的联系配合，统一指挥、协调奥运物资和人员进出境监管工作。加强对武器、弹药、生化等违禁危险品的查缉力度，保障口岸安全。

• 比赛枪弹管理。参加北京奥运会的射击运动员、竞赛枪弹一旦抵达机场，将实施"人枪分离"，即运动员将直接入住奥运村，枪弹则待运动员将其封装完好后，由专人直接运输至射击场馆枪弹库。北京有关部门就开始接受各队射击运动员的枪弹情况报告并予以备案，并分别与边检、海关、货运等部门配合，按要求办理运动员枪支出入境有关手续。

北京奥运会射击场内设手枪（弹）库、步枪（弹）库、飞碟枪（弹）库各一个。为了让枪弹管理做到万无一失，枪弹库内装有防侵入远红外线报警器、监控探头等安全系统，枪弹库大门由执勤武警全天候把守。枪弹库由专人负责解锁开门，待运动队的所有枪弹入库后，检查无误时，才能锁门；在训练和比赛期间，枪库内不得少于4名工作人员把守。同时，在射击决赛场馆出口处安置子弹回收箱，严禁将子弹带离场馆。

射击运动员在离境前一天，枪弹库将在对枪支和剩余弹药进行检验核对后，统一指挥装车，并由专门车辆将枪弹送往机场或火车站。

• 参赛马匹运输与检验检疫。北京奥组委选择了专业的马匹运输公司北盾公司（Peden Bloodstock）作为2008年奥运会马匹运输商。马匹在中国香港地面的运输将由香港赛马会完成。为保证这些马匹能够得到最好的保护，有关方面在运输过程中提供了尽可能好的条件。比如马匹在香港机场降落之后，为避免在潮热的天气下暴露过长时间，保证马匹在香港的气候下还能保持健康和舒适，马匹将会尽快装上带有空调的专用马匹运输车运往目的地。

考虑到长时间运输和高温气候对马匹的健康影响，北京奥运会参赛马匹隔离时间由上届的"14+14天"缩减至"7+10天"，即在马匹原居地隔离7天，到中国香港后再隔离10天才允许参赛。在隔离检疫期间，除了日常观察，还要进行包括体温、血液、尿液等在内的检查，以确保进港的马匹不带任何疾病。所有参赛的入境马匹须在抵港前接受检验检疫，包括马匹没有传染病的临床症状及接受适当的疫苗注射等。这些入境马匹需附有由出口地的认可兽医部门签发的健康证明文件。渔农自然护理署作为中国香港动物健康卫生的主管当局，负责执行参赛马匹的进出口检验检疫工作，为参加马术比赛的马匹签发特别许可证，并于比赛前6个月处理许可证的申请。

（2）外包

北京奥组委为充分整合现有资源和减轻赛后处置和安置的负担，采用了奥组委管理、赞助商运作的外包运作模式。明确物流部的基本职能是管理上的整合，而具体的物流服务由赞助企业提供。比如快递服务外包给UPS、清关货代服务外包给Schenker，具体的生活物流服务则由各供应商提供。

（3）采购管理

物流部门与各类需求客户群进行沟通，汇总所有部门的物资需求，审核制订最终的场馆整体物资计划。然后，根据物资计划制订相应的物资采购、移入、配送计划。2006年，物流部成立采购处，专门负责集中采购项目的办理。采购需要财务经理、监察审计以及各个业务口通力配合。为了更好地开展采购工作，需要在物流业务口的牵头之下，成立由监察审计、物流、财务、市场开发等业务组成的采购小组，全面负责场馆的采购工作。在北京奥运会的实际采购过程中，在满足需求和保证质量的前提下，一般选择租用、借用优先的采购方式，从而既满足了需求部门的使用需要，又减小了赛后处置的压力。

奥运物流

在北京奥运会期间，为保证采购工作的准确性和高效性，所有物资设备和服务项目在完成采购工作之前均需通过5个步骤，即前期准备、申请采购、组织采购、采购结果报批以及合同执行和收尾。

（4）"政府选址、投资商建设、奥组委租用、运营商使用"的奥运物流中心运作

第一，在政府选址方面。北京顺义区空港奥运物流基地以其便利的地理位置、高效的通关环境、完善的市政设施、便捷的交通等优势而成为北京奥运物流中心的唯一选址。

第二，在投资商选择方面。世界第一大工业地产商普洛斯公司以其娴熟的国际化运作能力和快速的应变能力一举成为北京奥运物流中心的投资商和建设商。2006年5月，北京奥组委与普洛斯公司签约，由其建设北京奥运物流中心并提供相关的管理。

第三，在物流服务提供商选择方面。奥组委充分考虑奥运物流的短期性、复杂性以及技术含量高等特点，决定采用典型的第三方物流外包模式。而曾为1996年亚特兰大、2000年悉尼夏季奥运会以及1998年长野冬奥会提供专业化奥运物流的美国UPS公司，凭借其对赛事物流特点的掌握、独特的运行模式及高水平的业务操作能力而成为2008年奥运会的物流服务提供商。

UPS的工作职能主要包括：①协助北京奥组委编制、协调和实施奥运物流计划；②奥运期间北京奥组委所有指定地点的快递服务；③与北京奥组委共同开发物流中心的配送实施计划和运营计划，即负责北京奥组委物流配送中心的管理工作。

第四，奥运物流中心建设。奥运物流中心共占地约21万平方米，库房总建筑面积约为9.6万平方米，使用面积约为8.16万平方米，场馆共分为A区和B区两个区域。A区有2座二层仓库和1座单层仓库，分别命名为1、2和3号库；B区有1座单层仓库（4号库）和一块4.2万平方米的硬地。

物流中心的1号仓库即为物流中心1期，主要为北京奥组委各部门前期一些办公物资进行预储存并转运提供一个储存场所。物流中心2期于2007年8月投入使用，其主要配合1号仓库为"好运北京"测试赛提供物资保障服务。

物流中心的2号和3号仓库主要与1号仓库一起为"好运北京"测试

赛、火炬接力及奥运会新增物资提供一个暂储存地，以方便场馆在需求时可以按时将相关物资配送到场馆和其他相关需求地，做好场馆及各需求办公地的赛前物资保障服务工作。

物流中心4号仓库协同前3号仓库为2008年北京奥运会、残奥会赛后各场馆及办公地相关物资赛后回收到物流中心，进行统一存储、清点，以为赛后整个奥组委所有资产进行处置善后等工作提供一个集中实施的场所。

（5）北京市四大物流基地

通州马驹桥物流基地、大兴京南物流基地、平谷马坊物流基地、北京顺义区空港奥运物流基地并称为北京市四大物流基地。

北京顺义区空港奥运物流基地为2008年北京奥运物流中心的唯一选址，除承担着北京奥运会、残奥会与"好运北京"赛事大量物资的接收、存储、配送任务，还承担着物资安检、物资通关检疫组织、资产管理以及物流、餐饮、清废、快递等多种类车辆场馆运输计划的编制任务。同时，物流中心作为组委会重要的非竞赛场馆，除了组委会各部门外，物流中心还为北京奥林匹克转播有限公司、联想、OMEGA和松下等多个外部客户提供服务。

北京平谷马坊物流基地（北京平谷国际陆港）的前身是2008年7月建立的奥运应急通关监管点，为奥运会时的大量应急通关货物而设立。奥运会结束后，相关部门发现，直通天津港、秦皇岛港的"奥运马坊通道"有着得天独厚的便利条件，利用这里可以发展国际中转物流。2010年3月，这条奥运期间的应急通关通道变为平谷国际陆港物流基地，成了北京市北部地区重要的民用物流基地。

大兴京南物流基地，以大兴新城物流仓储聚集区建设为依托，发展以第三方物流为主，以铁路、公路为主要运输方式的综合物流业，建设具有较强辐射能力的区域物流中心。将大兴区建成京南流通门户，成为辐射华北、西北、东北的重要物流集散地。

通州马驹桥物流基地，背靠六环路，紧挨京沪高速、京哈高速，依靠着便捷的城市内部交通区位，承担着全市消费品物流快速运输的重要任务。

（6）仓储管理

通过建立可视化智能监控信息平台，从仓库管理、在途物资监控管理

奥运物流

和查询管理三个方面进行综合管理。可视化仓库管理主要包括对奥运物资进行接收、存储、配送等活动的管理，可有效满足赛事物流需求；可视化在途物资监控包括对运输车辆路线优化和物资的跟踪、管理和查询等，有助于了解物资的在途情况，保证奥运物资运送的及时性和透明性；查询系统则是对整个物流运作过程中涉及的相关人员和物资的全面了解和监控。

在仓储工作中，物资安全是第一位的。为此物流部门要与安保部门紧密联系、及时沟通，建立以自检为主、定期巡查为辅的主要原则，同时对场馆所有具备独立仓储功能的重点业务部门，如物流、技术、竞赛、医疗、场馆管理、兴奋剂检测等部门，由安保部门牵头，进行定期排查，消除所存在的隐患。

（7）配送管理

北京奥组委制定物资和设备运送到场馆的MDS，以便合理有序地安排场馆物资的配送，并控制通过场馆物流卸货区和安检设施的货运车辆数量，避免不必要的车辆拥堵，保证各客户群各类货运车辆及时进入场馆，同时在场馆接收物资时，确保场馆物流工作人员、搬运设备和起重设备等物流资源的合理分配，有效发挥作用，以保证各类物资按计划时间有序地运入场馆。MDS适用对象包括客户（需要进入奥运场馆，并提供物资及服务的各类赞助商及供应商）和需编入MDS的车辆（赞助商及供货商的配送车辆、快递车辆、转播商及媒体机构的货运车辆、电视转播车、餐饮配送车辆、垃圾清废车辆等各类配送车辆），并通过4步计划实现MDS操作流程。

3.3.4.2 赛中物流管理

（1）赞助采购优先

比赛期间的采购工作由场馆团队负责完成。场馆采购遵循赞助采购优先、定点采购优先的原则。赛时阶段服务项目集中采购的一般程序是：需求部门提交采购需求，场馆物流经理负责实施。

（2）物资、运行车辆调度

比赛期间运送赛事物资、餐饮、快递、废弃物等的车辆会大量投入运行，因此要合理安排车辆调配计划，以保证物资供应及时和奥运场馆交通的合理有序。在奥运会举办期间，绝大部分场馆的物资配送工作在凌晨2点至5点完成。

（3）设立"奥运快速通道"

2007年，当时的交通部出台了《北京奥运会及其测试赛公路交通保障及运输服务工作实施方案》，规定在奥运车辆可能经过的公路收费站点设立"奥运快速通道"。此外，河北、天津、辽宁、山东等省市交通部门将组建规模约为1 000辆大型旅游客车的跨省市奥运应急车队，以满足奥运会期间的紧急运输需求。持有奥运特别通行证的车辆可优先通行"奥运快速通道"。对于有警车开道的奥运专用车辆，各收费站将采取先计次放行、后集中结算的方式，确保其行驶途中不停车；对于其他奥运车辆，也将采用预缴、包缴通行费或电子不停车收费等方式，减少其滞留时间。对在"奥运快速通道"收费道口、奥运专用车辆上工作的人员，交通部门将加强培训，确保其具备一定的英语听说基础和外语服务能力。

（4）物资盘点及清算

比赛后，需对现金采购物资进行清算，其中对低值品和固定资产等赛后需要回收的物资都进行实物盘点，并对各业务口现金采购的易耗品进行库存检查。

（5）物资通关、检验检疫

在奥运会赛事期间，海关、检疫部门将在奥运物流中心为各国参赛代表队等相关人员提供通关便利。

（6）安全检查

针对奥运会期间及封闭期到达场馆的货物，由物流部门协同安保部门严格把关，对相关车辆进行筛选，检查带有奥运编码的封条密封情况，无误后方可入库封存。

（7）废弃物处理

北京市市政管委会同市商务局指导涉及奥运场馆清废的环卫专业部门、北京环卫集团、再生资源分拣中心与资源再利用企业签订了《2008北京奥运会奥运场馆生活垃圾可回收物清运回收利用协议书》。该协议书构建了奥运场馆生活垃圾可回收物从分类投放、分类收集、分类运输到分选再利用的规范化、产业化的物流体系。奥运赛事期间，各场馆生活垃圾实行收运计量，当日分类收集、分类运输和分类处理，其中餐厨垃圾暂存时间不超过4小时，并每日对可回收物收集、运输、回收利用数据进行统计。同时，建立小武基大型固废垃圾转运站，接收处理北京奥运中心区垃圾，

> 奥运物流

直接服务北京奥运。

3.3.4.3 赛后物流管理

物流部门总体协调各类资产的回收程序，明确各类物资的回收次序、数量、存放地点以及人员安排和职责。图3-8展示了北京奥运会场馆物资的赛事物流管理流程。

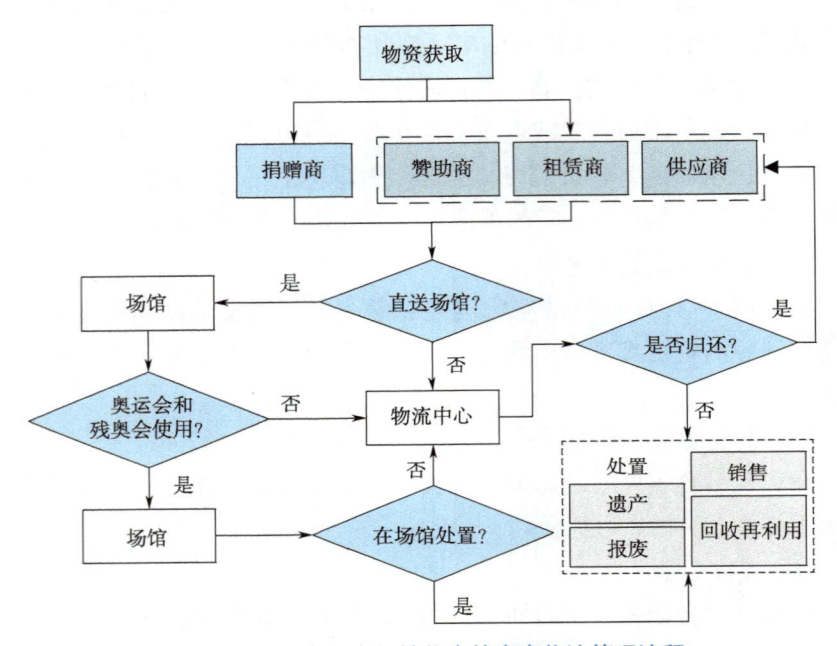

图 3-8 北京奥运会场馆物资的赛事物流管理流程

赛后物资返回物流中心流程具体如下：

第一，在奥运会和残奥会比赛结束前，场馆物流经理对本场馆物资进行清点，填制资产回收清单并制作物资回收计划表，报送奥组委物流部和奥运物流中心资产组。

第二，在奥运物流中心资产小组接到各场馆资产回收清单后，奥运物流中心资产组与运输经理和仓库经理就车辆与资源安排进行沟通，并将最终结果提交给物流中心客服。

第三，物流中心客服代表根据物流中心车辆情况和操作能力拟出回收资产计划，发给运输组制定时间区段表，然后将附有时间表的回收资产计划交给资产处和场馆物流经理确定。

第四，各方达成一致后，确定该计划，客服代表将确定后的回收资产计划交给订单管理员和调度员。

第五，调度员根据回收资产计划制定调度清单（每个调度清单对应一辆货车），并于取货前1天将调度清单交给运输人员。

第六，运输人员凭调度清单来场馆取货。在场馆装车，完毕后场馆物流经理在调度清单上签字。

第七，车辆到达物流中心，订单管理员核对调度清单与系统内的回收资产计划和调拨接收通知。如果回收资产计划内有物品无系统记录，订单管理员对此制定调拨请求或处置请求；如果有物品在回收资产计划与系统内均无记录，则通知物流中心客服代表联系物流部资产处，并在资产处确认方可提交。

第八，订单管理员打印出调拨接收通知，将入库收据交给仓库操作主管，安排操作组进行货物接收操作。

3.3.5　2020年东京奥运会物流阶段管理情况

2020年东京奥运会专注于循环经济，被称为历史上最绿色的一届奥运。东京奥组委将可持续发展理念融入到奥运会筹备工作的方方面面，在场馆建设、采购、物流、赛时、奥组委日常运营等全过程中，都全面考虑完成可持续性要求以及打造可持续性亮点。

3.3.5.1　赛前物流管理

（1）减少包装材料

为了减少集装箱和包装材料，尤其是一次性容器和购物袋的使用，有效降低"白色垃圾"的产出，东京奥组委通过各种方式提高观众和工作人员认识；鼓励赞助商等利益相关方减少包装的使用；鼓励场馆及特许专卖店使用可降解的环保购物袋；鼓励不使用或少使用装饰品，并强调赛事场馆的装饰品必须按可回收标准采购。

（2）采购

东京奥组委在制定的采购条例中，加入明确规定来确保所有产品和服务的获取符合相关的环境法规，以保护生物多样性，防止采购中产生环境污染。

奥运物流

东京奥组委鼓励材料租赁和回收再利用，如场馆内的空调基本都是租用方式获得，在赛事结束后将归还用作他用。在奥运会采购的物品和商品中，重复使用或循环再生的比例达到99%。

东京奥组委鼓励日本各地民众捐赠旧手机来制作奖牌，通过在全国放置1.8万个收集箱，筹集了7.9万吨废弃设备和600万部二手手机，从中获得了制作奖牌所需的99.3%的黄金、85.4%的白银以及100%的铜。

奥运村使用日本各地区捐赠的木材建造，而这些木材在奥运会后被送回各地重新利用。东京奥运村是一个临时性建筑，主要由日本各地提供的木材建造，东京奥组委承诺在赛后拆除该建筑后，将这些木材归还给各地政府，用作社区基础设施建设，例如公园木椅的材料。这项工作是东京奥运会资源管理和减少废弃物领域的重点工程之一，通过指挥棒行动（Operation Baton）解决了奥运村建设中原材料的3Rs问题，减少了资源浪费和废弃物产生。

（3）可回收的纸板床

奥运村内的2.6万张床都是由硬纸板制作的。而这种硬纸板是用回收的聚乙烯制成的，不仅重量轻，而且坚固耐用，每张床可以承受200公斤的重量。配套的床垫同样使用了聚乙烯材料，表里硬度不同，可以满足不同运动员的需求。在奥运会结束后，可作为废旧塑料再利用。

（4）奥运村地理位置选取

东京面临的最大挑战是交通拥堵。30%的成本和70%以上的运输问题发生在"最后一公里"，即将产品从快递公司仓库运往最终目的地的那一小段路程。因此，合理规划奥运村地理位置，距离机场18公里，距东京港7公里，距横滨港35公里——大部分设备将在港口卸货。奥运村方圆10公里内有包括东京国立竞技场在内的28个奥运场馆。

（5）氢气能源动力

东京奥运会首次大量使用氢能源，包括奥运村里所有行驶的物流车辆和燃烧的奥运火炬。这一措施可以抵消奥运会期间产生的所有碳排放。此外，这届奥运会的比赛场馆、奥运村、残奥村使用的电100%来自可再生能源。

3.3.5.2 赛中物流管理

根据东京奥运会防疫限制措施，运动员只能在赛前5至7天到达奥运村，并必须在完赛后48小时内离开。代表团物品必须加以极其精确的追踪。例如，在主体育场举行的投掷项目中，标有数百名运动员名字的铁饼、链球、标枪和铅球将在非常特定的时间去向四面八方。资格赛一结束，就必须将不能晋级决赛运动员的装备移走并存放，留待日后送回。

在奥运村里，丰田公司研发的"递送支持机器人"上方有一个可容纳12千克物品的箱子，运动员可以将随身物品放置其中。"递送支持机器人"本身也是一个移动的杂货柜，运动员可以通过智能手机应用程序召唤其送零食、饮料、纪念品等。

3.3.5.3 赛后物流管理

东京奥运会资源管理流程包括采购、使用、回收等阶段，并引入节省、再利用和循环（reduce，reuse and recycle，3Rs）概念作为优先指导原则，规范工作人员回收各类废弃物的工作行为，如图3-9所示。东京奥组委的目标是对购买或借用的99%的物品进行重复使用或回收。

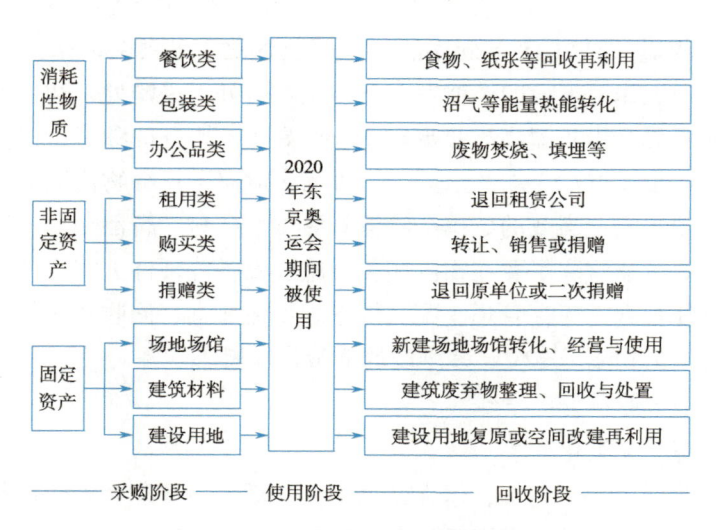

图3-9　东京奥运会资源管理流程

（1）消耗性物质

容器之类的物品尽可能回收，纸质容器在用餐后回收，处理加工后再次作为纸被使用。奥运会期间产生的垃圾，如喝完的饮料瓶，以及吃剩的食物，也会被落实到回收之中。

（2）非固定资产

坚持以捐赠和租赁为主，例如鼓励日本各地民众捐赠旧手机来制作奖牌。领奖台全部由废弃塑料回收后制成，为奥运史上首创。日本奥组委发动了全国2000多家品牌连锁超市，在全国一共回收了24.5吨可再生塑料，制作了98个废塑料再利用领奖台。

（3）固定资产

东京奥运村是一个临时性建筑，主要由日本各地提供的木材建造。东京奥组委承诺在赛后拆除该建筑后，将这些木材归还给各地政府，用作社区基础设施建设，例如公园木椅的材料。

3.3.6　2022年北京冬奥会物流阶段管理情况

第24届冬季奥林匹克运动会组织委员会（简称北京冬奥组委）于2015年12月15日成立，承担着北京冬奥会和北京冬残奥会各项筹办任务的组织工作。物流部是2018年成立的，主要负责北京冬奥会的采购、物流以及物资管理工作，下设四个处室，分别是综合处、采购处、物流处和物资处。本届冬奥会为我国物流业带来了全球高水准服务的参考指标，将为物流产业高质量发展注入新的活力。一方面，北京冬奥会物流服务借助科技的力量展现了安全高效的冬奥会物流背后"数字化、智能化"的力量；另一方面，奥运物流除了要在物流相关设施、设备等硬件上实现"绿色化"，还要在路线规划、库存管理、配送效率、物流成本、回收物流等方面下功夫，实现奥运物流全方位、多维度的低碳化发展。

3.3.6.1　赛前物流管理

（1）海关无纸化通关

无纸化通关并不新鲜，但在北京的大型活动中全程无纸化还是首次应用。北京海关、北京冬奥组委、北京市商务局基于区块链技术，依托中国国际贸易单一窗口（China International Trade Single Window）线上平台，开发了冬奥无纸化通关系统。让报关企业实现北京2022年冬奥会和冬残奥会进境物资清单、北京2022年冬奥会和冬残奥会进境物资证明函线上提交、线上审核、线上办理，进一步提高了暂时进境冬奥物资通关效率。通过全流程无纸化通关，北京冬奥会98%的入关物资在24小时之内就完成了通关工作。

（2）冬奥会主物流中心

北京冬奥会、冬残奥会主物流中心于2021年2月1日正式启动运行，位于北京天竺综合保税区，包含库区、卸货区、综合办公区及辅助用房等功能区域，是奥林匹克国际物流往来的主要仓储物流基地。场馆主要为冬奥会相关的家居白电、技术设备、体育器材、服装等办赛物资提供存储、配送物流服务，并为内外部客户提供通关协调、总体配送计划编制等服务，被称为北京冬奥会、冬残奥会的"传送带"。货运车辆可通过东侧盘道直接到达各层卸货平台，高效快捷，可满足赛事期间高频率、大规模的物流需求。

在节能降耗方面，主物流中心园区内室外照明系统均采用太阳能发电，所有叉车、拖车、货车均使用新能源电动车，避免尾气污染。货物打包和拆封过程中产生的诸如塑料膜、纸箱、纸板、木板等大量垃圾，园区通过采取可复用环保材料，执行垃圾分类等措施。

（3）建立资产管理系统

AMS根据实物资产管理流程建立采购订单登记、到货验收、出入库管理、分配、调拨、盘点、回收处置、查询统计、信息管理、台账管理、系统通知等功能模块，并对冬奥组委实物资产进行逐一编码，建立了实物资产品类库。在管理过程中，坚持"手里一笔账、系统一笔账"的双账记录形式，为年末盘点以及资产核对提供现实依据，确保账账、账证、账实相符。

AMS将每项业务流程串联起来，环环相扣，职责划分明确，形成完整的工作链条。系统的运用使管理人员操作更加便捷，管理更加明确，不同场馆不同人员均可了解实物资产管理状态，实现可视化、信息化，并保证每项业务流程均落实到单据，责任到部门和人员，实现实物资产有据可查、有人管理。

（4）仓储面积规划

依据前期实物资产统计需求总数，北京冬奥组委为赛前集中存储、赛时备品保障、赛后回收等环节提供了必要的仓储空间。每个场馆都规划了存储空间，便于实物资产在场馆的临时周转和存储。同时，考虑到场馆分布以及赛区距离等因素，选取位于北京和张家口赛区的两个仓库作为本届冬奥会承担物流货运功能的非竞赛场馆主物流中心和张家口仓库。两个仓库在实物资产集中移入、转换期和回收处置阶段发挥了重要的保障作用。

（5）人员配备

北京冬奥会资产管理工作以物流部派驻各场馆物流人员为主体，各归口部门指定管理员，各场馆设物流经理与资产主管，主物流中心与张家口仓库

奥运物流

另设资产经理,形成完善的场馆资产人员管理模式,权责明晰、流程规范。

(6)采用一家物流服务商

考虑到物流与供应链服务是一个整体,选择一家公司,无论是人员还是其他资源更便于统筹调配,因此确定采用一家物流服务商(即京东物流)的策略。2018年,京东张家口大件运营中心就已正式开仓,一方面张家口是京东物流向华北北部扩展的重要节点;另一方面即是为冬奥会的物流服务做准备。

除了提供物流车辆常规运输服务外,京东物流主要为主物流中心、各竞赛场馆、训练馆、非竞赛场馆及其他指定地点的场馆、冬奥村,提供物流计划制定、仓储管理、分拣、装卸搬运、简易包装、物流设备和工具的借用,以及信息系统服务。

同时,京东物流负责为奥林匹克转播服务公司(Olympic Broadcasting Services,OBS)提供货架、托盘等存储设备和叉车、地牛等物流设备。

此外,京东物流还协助组委会,为各国代表团官员及运动员提供专人、专车的行李运输服务,将运动员的行李从首都机场运送到三个赛区(北京、延庆和张家口),赛后再从各场馆运输到机场。

(7)践行绿色冬奥

第一,供应商直达。北京冬奥组委物流部通过制订计划,在确保供应安全的基础上,加大供应商直送场馆的比例。供应商直送场馆,既减少了二次运输及相关的装卸搬运,又节约了仓储空间,还保证了物流效率和效果。北京冬奥会租赁仓储空间不到往届冬奥会仓储空间的50%,且仍有一定空间可保证后续紧急仓储需求。

第二,绿色采购。一是物资计划工作,严格控制资产数量,优化产品选型,减少铺张浪费。根据实际工作需求,由场馆物资使用部门提出需求计划,场馆归口管理部门通过审核归口需求计划,进而由场馆物流部门再进行核实与汇总制定场馆物资需求总计划,完成采购和配置工作,确保实物资产需求计划符合实际、真实准确。二是在采购方式的选择上能租不买,减少一次性物资的投入,所以有将近70%的物资是租赁的。

第三,新能源车采用。京东物流在赛区城市配送、场馆内部物流100%使用电动物流车,并在张家口赛区试运行氢能源物流车。同时,还通过数智化供应链技术,实时跟踪车辆位置,动态优化车辆配送路径,合理调度车辆进出场馆，提升车辆运行效率。通过使用新能源车，京东物流在服务冬奥会期间，实现减碳量112吨。

第四，绿色包装。京东物流的物资拆零包装使用青流箱，推进包装回收利用，在主物流中心和比赛场馆内设立物资回收角，提升物流包装再利用率。每个青流箱可循环使用超50次，在服务冬奥期间可减排二氧化碳3.2吨。

第五，绿色仓储。在仓储运营环节，京东物流实现了库内100%无纸化作业，且100%使用可循环托盘（1 200毫米×1 000毫米和1 100毫米×1 100毫米两种尺寸）。通过无纸化作业，在服务冬奥期间，京东物流节约用纸将超10万张。

（8）行李工具创新设计

由于大量行李是随着境外人员空运来的，所以在防疫上有着很高的要求，必须全闭环运行。为了做好这项工作，除了制定清晰的流程，事先进行模拟演练，还在具体工具上进行创新设计。

行李标签，分为国别标签和赛区标签，国别标签以中英双语显示，赛区标签用红、黄、蓝三色分别代表北京、延庆、张家口三个赛区。这些标签会在各国代表团到来之前的一个多月寄送给各国运动员。行李签分三种类型，粘贴在行李上的、拴挂在行李上的，以及代表团返程时使用的。这些行李抵达北京首都国际机场之后，就会根据国别和赛区进行一个详细的分类，物流工作人员就可以根据这些标签来准确地将运动员的行李码放到专有位置，统一运送到目的地。

京东物流为超规行李（例如雪板、雪球、雪球杆、冰帽、冰鞋等）专门设计了运输车辆，这些车辆都是由原有的一些基础的车辆进行改造拼接而成，在赛事结束之后都将恢复到原有的功能，不会造成任何资源浪费。例如，设计了能放超长行李的可拼接行李车，以及放雪板的立式笼车。

（9）搭建智慧物流信息平台

智慧物流信息平台集中管理物资的供应、运输、存储与调拨。依托MDS和信息管理系统科学有效控制场馆货运入口、安检点、卸货点的车辆数量，减轻交通及场馆运行压力，实现各类货运车辆有序进入场馆。

（10）无接触配送

第一，智能配送设备。京东物流在多个冬奥场馆内使用室外和室内智能配送设备，基于智能规划路径、自主移动的智能驾驶技术，服务冬奥运行期间场馆内物资配送、行李搬运等。室内运送机器人都工作在缓冲区内，处在洁净区的工作人员，可以通过配置的智能终端，呼叫室内运送机器人前往自己的所在地。室内运送机器人到达洁净区与缓冲区边界后，工作人员可以将物资放置在机器人箱体内，由机器人运送物资；到达缓冲区与污染区边界，完成物资从洁净区到污染区之间的摆渡接驳。污染区的物资也可以在经过消杀后，由机器人送至洁净区，减少人员跨区域流动。最终在场馆内实现无人无接触式的终端配送。

第二，双面智能配送柜。为了进一步落实无接触配送，京东物流还使用双面智能配送柜，最大限度避免存、取件人的直接接触。无接触智能配送柜设立在闭环内与闭环外的分隔线上，通过"双面柜"的设计实现了存件、取件的双向操作，同时它还具备智能存件、智能取件、远程监控、信息发布等功能。

3.3.6.2 赛中物流管理

（1）安全防疫——强规范、重消杀

北京冬奥组委制定了物流服务新冠疫情防控实施方案，强调人、物、环境、设备四方面同防，每个环节都有多轮次监测和消杀，且一直持续到赛事结束的赛后物资回收阶段。以主物流中心为例，主物流中心严格落实疫情防控措施，由北京顺义区疾病预防控制中心的专家入驻，负责场馆防疫相关工作，对货物、车辆、人员严格分区域管理、分流线管理，避免交叉接触。

第一，货物入库前，严格查验入场手续，在库外指定区域进行全面消毒。对于进口货物和来自国内中高风险区域的货物，还进行新冠核酸的抽检，手续齐全、核酸检测结果阴性的货物方准许入库。货物卸完后再进行二次消杀。

第二，货物入库后，工作人员对货物、货架、库内环境进行常规消毒。

第三，货物出库后，再一次对货物进行彻底消毒，从而保证其他场馆可以安全放心地接收货物。

人员方面，所有入驻物流中心的入境人员均实行闭环管理，每日进行核酸检测和健康监测，并对其生活、工作环境进行每日监测和消毒。

（2）赛时资产保全

赛时阶段场馆物流经理编制场馆各部门实物资产使用清单，作为场馆实物资产记账和回收的依据；并根据实物资产空间分布情况进行账务统计，组织归口管理部门、财务部门和相关使用部门每周至少进行一次的清查盘点工作，清点实物资产数量，明确人员物资责任，与场馆各业务部门进行对账，做好资产保全工作。

3.3.6.3 赛后物流管理

为贯彻落实"绿色办奥"理念，赛后对在用实物资产进行集中清点回收。场馆物流经理组织各归口部门对实物资产进行集中管理，与使用部门完成交接手续。根据不同资产特点及回收难易程度，按照一定顺序进行回收，确保资产回收的有序性与完整性。在处置过程中，根据实物资产类别、来源及时与相关归口管理部门进行充分协商沟通，提前制定处置计划方案，统筹考虑各方利益、处置难易程度、实物资产特点，严格依照处置管理办法要求和计划安排依法合规进行资产处置。北京冬奥组委主要采取以下三种处置计划方案。

（1）以调拨方式移交实物资产

采取签订交接单和现值确认单的形式，由物流部、财务部、归口管理部门和资产接收单位共同核对资产交接管理台账数据，并在调拨单上签字盖章确认。归档实物资产由秘书行政部统一与接收单位签署物资移交单，确保交接手续完备、数据真实准确。

（2）以公开拍卖和出售方式处置实物资产

必须经过北京冬奥组委委托的专业评估机构进行评估，经资产处置工作小组审议同意后再组织实施。

（3）归还租用和借用的实物资产

在全部完成清点及租借用归还手续后，对于在赛事过程中确实无法继续使用的实物资产，按照处置办法规定进行报废和报损处置，确保资产处置工作依法合规、程序严密和安全完整。

在包装过程中，因作业而产生的塑料膜、纸箱、纸板等都是可复用材料，每个场馆的物流人员接收材料时，都要将原有的包装留存，以便在赛后回收打包物资时，继续沿用其原有的包装，从而有效地避免原有包装浪费和二次包装等问题。

4 奥运物流运作管理

4.1 奥运物流需求预测

4.1.1 奥运物流需求预测的内涵和方法

4.1.1.1 奥运物流需求预测的内涵

奥运物流需求是指在举办奥运会的一定时期内由于赛事及其相关活动对比赛物品等配置所产生的物流活动需求，其基本要素有运输、储存、包装、装卸搬运、流通加工、配送及相关信息处理等。奥运物流需求预测对确保奥运会的顺利进行，提升服务质量，降低成本，促进经济发展以及实现可持续发展等均具有重要意义。此外，奥运物流市场具有明显的赛前、赛中和赛后的阶段性特征，奥运物流需求预测还有助于根据不同阶段的特点进行有针对性的物流管理。

奥运物流需求预测的对象既包括与奥运会比赛项目直接相关的赛事物流，也包括由于举办奥运会给主办城市带来的非赛事物流。其中，赛事物流指的是由奥运比赛引起，与参与奥运比赛人员直接关联的物流活动。发生的范围主要是在奥运村、各比赛场馆间或场馆内，或是在物流节点上，物流的流体主要是相关人员的餐饮用品、服装、体育器材、比赛器械、外围设备等。非赛事物流主要指与奥运比赛没有直接关联的物流活动，由主办城市奥运规划所引发的物流需求。具体来说，奥运物流需求预测的对象有机场到达量和运输量的预测、存储量的预测、配送量的预测和主要生活物资需求预测等。

4.1.1.2 奥运物流需求预测的方法

对奥运物流需求进行预测时，需要根据奥运物流的影响因素以及奥运物流需求数据的特征选择不同的预测方法。

目前能够用于奥运物流需求预测的数据十分有限。能收集到的奥运物流相关数据仅限于1996年亚特兰大奥运会、2000年悉尼奥运会、2004年雅典奥运会、2008年北京奥运会、2012年伦敦奥运会、2016年里约热内卢奥运会、2020年东京奥运会。严格来讲，奥运物流需求的预测基本上不属于传统预测技术应用的范畴。由于样本数据的稀缺，成熟的时间序列等趋势外推预测方法不太适用于奥运物流需求预测。目前，主要的奥运物流需求预测的方法如表4-1所示。

表 4-1 奥运物流需求预测的方法

预测方法	方法简介
资料对比法	鉴于历届奥运会的比赛项目总体上相同，只有个别项目进行了调整，在研究中可以尽可能收集历届奥运会的物流需求资料，与当届奥运会的状况进行对比，得到当届奥运会物流需求的相关结论
统计分析法	利用举办城市曾经举办过的大型赛事活动的数据进行预测，包括时间序列分析等。北京曾举办世界大学生运动会，利用统计学的方法，结合大运会的部分资料，对赛事期间机场各代表团的到达引发的物流项目进行预测。利用《北京统计年鉴》等资料，用时间序列方法对北京市2008年与奥运旅游相关的数据进行统计推断
信息采集法	通过采集、分析往届奥运会生活物料需求状态的相关资料，采用信息采集法推算某些物流项目的需求。2022年冬奥会即利用改进的灰色神经网络进行食品冷链物流需求预测

4.1.2 奥运物流需求预测举例

这一部分分别从赛事物流和非赛事物流两个方面对奥运物流的需求展开预测。赛事物流方面主要对食品冷链物流需求进行预测，非赛事物流方面主要对机场到达量和配送量展开预测。

4.1.2.1 食品冷链物流需求预测

对奥运食品冷链物流需求进行预测分析可以为奥运会期间的相关组织

奥运物流

规划工作提供一定的数据支持,根据需求数量等相关数据准备好所需的运输、仓储、配送等设施和设备,确保奥运食品冷链物流的有效运作,保证奥运会期间冷冻冷藏食品的安全。

奥运食品冷链物流需求的预测思路是:首先对需求主体数量进行预测,然后根据预测结果并结合人均食品消耗量预测冷冻冷藏食品的总需求量,最后根据单位设备的能力预测食品冷链物流的需求量(见图4-1)。

图4-1 奥运食品冷链物流需求的预测思路

(1)奥运食品物流需求主体预测

针对不同的预测对象采取不同的预测方法,如神经网络算法、信息收集法及因果分析法。

第一,对运动员人数的预测。从历届奥运会参赛运动员人数来看,运动员人数一般呈非线性、随机性特征,并与国际局势、主办国等因素有很大关系,这些因素难以定量描述,而且难以与预测目标建立确定的函数关系。考虑到神经网络具有自学习、自组织、自适应能力、容错性强的优势,可以有效解决非线性预测问题,以下采用神经网络算法对奥运会运动员数量进行预测,以此作为奥运食品冷链物流需求预测的基础。

第一步,对样本进行预处理。剔除异常点,以剩下的数据作为预测样本,并对预测样本进行归一化处理。

第二步,建立模型。这里建立一个三层的神经网络。通过不断调整参数发现,当输入层、隐含层和输出层的神经元个数分别为3、8、1的时候,模型的拟合效果最好。具体的神经网络模型为:

$$y = \sigma(w_1\sigma(w_2\sigma(w_3x + b_3) + b_2) + b_1) \qquad (4\text{-}1)$$

第三步，训练与预测。利用tensorflow对该神经网络中的参数w_1、w_2、w_3和b_1、b_2、w_3进行训练，利用检验样本检验模型的效果[①]。

第二，代表团其他人员和媒体记者的数量。根据往届奥运会的经验，代表团的人数通常与运动员的数量存在一定的相关性。诺贝尔经济学奖获得者克莱夫·格兰杰提出，每1 000个运动员将另外会有500名随行的官员、教练、厨师和保安等。因此，可以基于运动员数量预测参与奥运会的代表团其他人员数量。以2008年北京奥运会为例，预测出2008年参与奥运会的代表团其他人员数量为5 750人。

根据北京奥组委在国内媒体研讨会上的信息，可以得到在2008年北京奥运会期间，中外注册的媒体记者数量将会达到22 000人。

第三，奥运会观众的数量。奥运会主办城市确定后，该城市旅游人数往往会有大幅度的增加，增加较多的是来自世界各地的外国游客。国外观众方面需求可以结合历届奥运会的经验和统计资料以及举办城市在国际旅游中的地位来进行估计。国内观众可以参考举办地历年举办时间的旅游人数进行预测。北京在2005—2006年七八月份每月的平均旅游人数在75万至85万之间。2008年北京奥运会举办期间并不是国内的长假期间，预计到时的国内游客数基本与往年到京的旅游人数保持一致。因此，2008年北京奥运会期间，海外观众的数量应该在25万人左右，国内观众的数量基本为80万人。

综上，得到相应奥运食品物流需求预测的主体及其数量如表4-2所示。

表 4-2 需求预测的主体及其数量

需求预测的主体	预测数量（人）
运动员人数	11 555
代表团其他人员	5 750
媒体记者	22 000
国外奥运观众	250 000
国内奥运观众	800 000

---

① 以1996年、2000年和2004年的数据作为输入数据，外推预测2008年北京奥运会运动员人数，计算结果为11 555人。

奥运物流

（2）奥运食品冷链物流需求客体预测

每个国家的国情不同导致不同国家居民的生活饮食习惯不同，需要分开计算国内观众及国外观众对鸡肉和牛羊肉的需求。

第一，国内观众对冷冻冷藏食品的需求总量。国内观众对冷冻冷藏食品的需求量基本与北京市民的需求量持平，人均日消费量由商品交易市场商品成交量除以当地居住人口数量再除以365得到[①]。通过这种方法得到鸡肉和牛羊肉日均消费量的估计值分别是0.051千克和0.03千克。

以2008年北京奥运会为例，奥运会期间国内观众对鸡肉的日需求总量为40 800千克，对牛羊肉的日需求总量为24 000千克。

第二，其他人员对冷冻冷藏食品的需求总量。美国人均日消费鸡肉0.072 30千克，人均日消费牛肉0.062 895千克[②]。加拿大人均日消费羊肉0.003 217千克[③]。可以以这两个数据作为国外人员对鸡肉和生牛羊肉的人均日消费量的估计值。以2008年北京奥运会为例，奥运会期间除国内观众外，其他人员对鸡肉的日需求总量为20 916.75千克，对牛羊肉的日需求总量为18 195.83千克。

综上可以得到，2008年北京奥运会期间鸡肉的日均需求量为43 716.75千克，牛羊肉的日均需求量为42 915.83千克（见表4-3）。

表4-3 需求预测的客体及预测量

需求预测的客体	预测量（千克）
国内观众对鸡肉的日需求量	40 800
国内观众对牛羊肉的日需求量	24 000
其他人员对鸡肉的日需求量	20 916.75
其他人员对牛羊肉的日需求量	18 195.83
对肉的日需求量	61 716.75
对牛羊肉的日需求量	42 195.83

---

① 该部分利用《中国统计年鉴》中的相关数据。
② 该部分数据来自2005年美国农业部门发布的研究报告。
③ 该部分数据来自2006年加拿大农业及食品部门网站。

根据奥运会冷冻冷藏食品的需求总量，结合冷藏车的承载能力，利用因果分析法对所需的冷藏车的数量进行计算。现在有2.8米、4.2米和7.6米三种类型的冷藏车（见表4-4）。

表4-4　冷藏车的规格

冷藏车载重	冷藏车规格
2.8米	2.8米×1.5米×1.7米
4.2米	4.2米×1.9米×2.1米
7.6米	7.6米×2.3米×2.1米

由于北京市白天不允许5吨及以上载重的冷藏车进入市区，这里只考虑这三种类型的冷藏车。结合奥运会期间每日鸡肉、牛羊肉的需求量，假设冷藏车的满载率为70%，不考虑车辆的重复使用，得到相应的冷藏车的需求量。以2008年北京奥运会为例，得到所需三种冷藏车的数量（见表4-5）。

表4-5　所需冷藏车的数量

冷藏车数量	2.8米	4.2米	7.6米
配送鸡肉所需冷藏车数量	38	72	36
配送牛羊肉所需冷藏车数量	23	42	21

4.1.2.2　机场到达量和配送量的预测

（1）机场到达量的预测

这部分主要对私用器械，即行李的到达量进行预测。机场到达量会引发机场运输量，而机场运输量主要指的是奥运物资从机场地面到奥运村所导致的运输量。对机场到达量进行合理的预测，有助于在机场和奥运村之间合理调度车辆。

在影响机场到达量的因素中，最大的影响因素是到达的人数。利用每个国家的总行李数和到达人数之间的关系，可以得到该国家的人均行李数。各个国家人均行李数之间的标准差比较大，说明国家之间的差异是明显存在的。这里均值不太适用于对集中趋势的度量指标。这种情形下，中

奥运物流

位数是相对稳健的一种集中趋势度量指标。结合2000年奥运会和2004年奥运会的人均行李数据，可以得到2008年北京奥运会人均行李数的估计值为3.3件。那么行李到达量（LA）可以通过下面的公式进行计算：

$$LA = PA \times Q \quad (4-2)$$

其中，PA为人均行李数；Q为运动员和工作人员数量。

结合预测的2008年北京奥运会的运动员和代表团工作人员的数量，得到2008年北京奥运会的行李到达量预测值为58 200件。

若采用载重为1.5吨的4.2米行李车来进行行李的运算，通过历史数据以及每辆行李车的最大装载率，可以得到每车次的行李数为80件，进而可以得到相应的机场运输量（AQ）。

$$AQ = \frac{LA}{LP} \quad (4-3)$$

其中，LP为每车行李数，即80。

机场运输量的具体预测值为727.5车次。行李的到达时间基本在奥运会开始的前两周之内，那么平均到每天的运输量（TE）为

$$TE = \frac{AQ}{T} \quad (4-4)$$

其中，T为持续时间，即为14天。

根据上式，得到相应的每天运输量为52车次。

根据每辆车的工作时间，每辆车每天可以工作5个来回，可以得到平均每天需要的车的数量（VN）。

$$VN = \frac{TE}{EV} \quad (4-5)$$

其中，EV表示每辆车的运输效率。

根据上式，可以得到平均每天需要11辆车。

（2）配送量的预测

接下来，对奥运物流运输的数量进行预测。通过2000年奥运会和2004年奥运会的日运输量，可以预测得到2008年的日运输量的平均量为2 500吨。2008年的奥运物流一般是在比赛前两周开始，加上奥运会正式比赛的16天，奥运物流一共要持续近30天。那么，可以得到：

$$TT = DT \times D \quad (4-6)$$

其中，TT表示总运输量；DT表示日运输量；D表示奥运会持续时间。

利用上述公式，可以得到北京奥运物流的总运输量为75 000吨。

最后对奥运物流在2008年北京奥运会比赛场馆所集中的4个地区的配送量进行预测。2008年北京奥运会的比赛场馆主要集中在奥林匹克公园中心区、西部社区、北部风景旅游区和大学区。根据各个分赛区人数和总人数之间的关系，可以得到4个分赛区配送物资重量的预测值。若奥运物流中心位于奥林匹克公园，4个分赛区和奥运物流中心的距离可以通过各个区的中心位置为断点来衡量，根据高德地图的数据，奥林匹克公园中心区与奥运物流中心的距离为1公里，西部社区与奥运物流中心之间的距离为16.44公里，北部风景旅游区和奥运物流中心之间的距离为31.04公里，大学区与奥运物流中心之间的距离为11.6公里。配送量为里程数和配送距离的乘积，由此可以得到2008年北京奥运会4个分赛区的配送量（如表4-6所示）。

表4-6　2008年北京奥运会4个分赛区物资配送量的预测值

分赛区	物资配送量的预测值
奥林匹克公园中心区	32 188吨 × 1公里 = 32 188吨·公里
西部社区	20 912吨 × 16.44公里 = 343 793吨·公里
北部风景旅游区	6 875吨 × 31.04公里 = 213 400吨·公里
大学区	15 024吨 × 11.6公里 = 174 278.4吨·公里

4.2　总体配送计划

奥运会的总体配送计划（Master Delivery Schedule，MDS），是赛时对进入奥运场馆的所有货运车辆的申请与审批、入场时间编排、车辆在途跟踪等进行管理，对于实现各类货运车辆有序进入场馆，合理安排和利用物流资源，防止场馆周边及入口出现拥堵具有重要意义。

奥运赛事期间，全世界所有需要向奥运场馆进行配送的物流车辆，均需提前在MDS系统中取得MDS信息，方可进入场馆。因此，奥运会MDS属于特殊的配送计划，其编排是一项复杂、细致、特殊的工作，需要考虑车辆装卸货时间、车辆在途行驶时间、车辆安检时间等因素。在历届奥运

奥运物流

会中，MDS 系统均被视为奥运物流工作中最重要的系统之一。

4.2.1　MDS 产生——2000 年悉尼奥运会

2000年悉尼奥运会设立了奥运物流中心，首次制定了MDS，协调比赛场馆、物流、道路交通、供应商等各方关系。要求配送车辆排班系统为奥运会的比赛期、非比赛期以及场馆训练期的每一天生成一个MDS，并要求完成以下任务：

一是每天向悉尼奥林匹克公园的25个场馆约115个配送点，进行500次配送业务。

二是每天向情人港的4个场馆10个配送点，进行100次配送业务。

三是只能利用从0：00到上午6：00的时间窗。

四是具备在货物到达卸载运输和安全检查时间发生异常时进行操作应变的功能。

MDS将所有需要向比赛场馆运送物资的组织和机构都纳入进来，在整个配送系统中完全实现信息数据的有效传输和有效共享，保证了奥运物资的有效及时运送。场馆物流负责人及时和主物流中心沟通，安排物资运入场馆的时间和数量；物流负责人根据每日货物运入量和运入时间来合理安排物流操作工人和设备。MDS数据表主要包括交货时间、交货场馆、场馆内配送点、供应商、供货联系人和号码、供货联系人和号码、货物类型、装载单位、货物数量等，如表4-7所示。

表 4-7　悉尼奥运会每日 MDS 数据表

序号	交货时间	交货场馆	场馆内配送点	供应商	供货联系人和号码	供货联系人和号码	货物类型	装载单位（瓶、箱）	货物数量	备注

4.2.2　MDS 系统化——2004 年雅典奥运会

雅典奥组委不是单纯生成每日 MDS，而是从系统化的视角，依据雅典奥组委功能区域向供货商和卖主发出的订单需求以及比赛场馆对于餐饮、清洁等方面的功能性需求，基于软件系统，计算生成每辆配送车辆的到达和出发时间表。该 MDS 适用于竞赛和非竞赛场地以及奥运物流中心。MDS 数据表主要包括交货日期、需要设备的功能区域、交货场馆、场馆内交货地点、供应商数据、卡车类型（有无液压门）、设备和装置类型、装载单位、物料的最小可管理单位和数量、供货联系人和号码等，如表 4-8 所示。

表 4-8　雅典奥运会 MDS 数据表

序号	交货日期	需要设备的功能区域	交货场馆	场馆内交货地点	供应商数据	卡车类型（有无液压门）	设备和装置类型	装载单位（瓶、箱）	物料的最小可管理单位	数量	供货联系人和号码	备注

4.2.3　MDS 协同化——2008 年北京奥运会

奥运物资配送不仅在时间上具有阶段性（即集中运入期、锁闭期、集中运出期），且安全性要求高、需求不确定性大。此外，各场馆所面临的物资种类繁多、数量庞大，且场馆物资特点不一。针对上述特点，北京奥组委制定物资和设备运送到场馆的 MDS，以实现不同时段不同物资、客户、车辆、场馆等协同优化。其目的是合理有序地安排场馆物资的配送，并科学控制通过场馆物流卸货区和安检设施的货运车辆数量，避免不必要的车辆拥堵，保证各客户群各类货运车辆及时进入场馆，同时在场馆接收物资时，确保场馆物流工作人员、搬运设备和起重设备等物流资源的合理分配，有效发挥作用，从而保证各类物资按计划时间有序地运入场馆。

（1）MDS适用对象

MDS适用的客户，包括需要进入奥运场馆并提供物资及服务的各类赞助商及供应商。

需编入MDS的车辆，包括赞助商及供货商的配送车辆、快递车辆、转播商及媒体机构的货运车辆、电视转播车、餐饮配送车辆、垃圾清废车辆等各类配送车辆。

（2）MDS操作流程

步骤1：场馆物流部门提前5个工作日将本周内需进入场馆的物资运入计划及供应商信息汇总，并提交给北京奥运物流中心，进行MDS编排。

步骤2：MDS需求的提交。

计划内客户：供应商直送的，由物流中心联系供应商并确认送货时间后，供应商填写MDS需求申请，并在配送前2天将填好的MDS需求申请提交给物流中心；物流中心配送的，由物流中心直接安排车辆，并填写MDS需求申请。

计划外客户：计划外客户主要是需进入奥运场馆提供非奥组委物资及服务的赞助商/供应商。这些赞助商/供应商需要在配送前2天将填好的MDS需求申请提交给场馆物流部门。

步骤3：物流中心在配送前1天内，汇总完成所有需组织运输的MDS表（具体类型如表4-9所示）。

表4-9 北京奥运会MDS表格类型

表名	内容
A表	主配送计划——供应商/来源场馆，与配送车辆随行，作为进入相应场馆的必要证件之一，无A表意味着没有通行权限
B表	配送计划——配送目的场馆，发至配送目的场馆物流部门，作用是通知确认
C表	主配送计划——车辆安检点，发送至场馆外围安检点，与A表进行对比核对，排除危险车辆，保障场馆安全

步骤4：物流中心编排并下发MDS，分配各个货运车辆进入场馆的时间窗。

4.2.4　MDS 智能化——2022 年北京冬奥会和冬残奥会

2022年北京冬奥会和冬残奥会的MDS系统是基于京东物流5G智能园区产品（场站预约签到子产品），为奥运会独家研发并运维的一套系统软件，系统3个月内完成开发及主体交付，包括PC端和APP端，全面应用于各场馆物流管理。

本届奥运会的MDS系统实现了MDS信息无纸化核验、车辆定位信息实时传输、手机端网页端双登录等技术突破，标志着MDS进入了智能化时代。智能化技术的突破使得包括各国代表团、各类货运公司、各领域供应商在内的数百家奥运利益相关方都能够简便、实时、绿色环保地参与到奥运物资配送工作中。北京冬奥会MDS系统服务工作中，还提供了系统运维监控、中英文双语全球客服中心等配套的后端服务，使得全世界的奥运参与者均能够及时、有效地获得物流服务支持。此外，冬奥场馆安装有测温终端和人脸识别终端，能实现无感和无接触式的身份核验，不用通过刷卡等动作完成身份核验和身份识别。人脸识别终端具备口罩识别算法，戴上口罩也能识别，能够快速完成身份核验和测温环节，实现冬奥场馆内的无人化、智能化出入管理，出入更便捷高效。

奥运会期间，凡进入北京奥林匹克公园公共区及内部其他场馆的货运车辆，除了要进行安检查验之外，还要同时具备四把"钥匙"，即MDS信息、人证、车证、车辆签封。人证和车证两把"钥匙"均在冬奥会之前获得。MDS信息和车辆签封则需要在赛事期间随时更新，通过MDS管理系统的持续运转，保证物流运作高效安全。

需要进出场馆的车辆要提前在MDS系统递送申请，预约次日起7天内进入场馆的名额。物流业务领域审核通过后，系统会提醒非认证用户到指定的远端安检场进行安检，安检通过并签封后便可获得这把至关重要的钥匙——MDS系统生成的二维码。货运车辆在到达场馆后，须出示二维码供场馆安保人员进行扫描核验。由于车辆在前期已经将四把"钥匙"准备充分，在进入公共区时，工作人员只需对相关证件及驾驶室、车辆进行核查，缩短了车辆等候时间。因此，每辆车通过安检口时间基本只有两分钟左右，保障了货物按时、有序、安全送达各场馆。

4.2.4.1　北京冬奥会和冬残奥会 MDS 适用对象

车辆：由 MDS 系统管理的、需要在冬奥会场馆内进行货物收发的运输车辆，包括物流车辆、餐饮车辆、清洁垃圾车辆等。但执行特殊、紧急任务所需的客货运输车辆，如救护车、消防车、工程救险车、兴奋剂检测车、运钞车等不受 MDS 系统管理。

用户：MDS 用户包括北京冬奥组委职能管理部门（北京冬奥会、冬残奥会）、主配送中心的 MDS 管理团队、场馆功能区经理、材料筛选现场和场馆入口的安保人员、所有需要在场馆内送货或取货的相关方（如各国家或地区奥委会代表团、各赞助商、体育器材供应商和转播商、采购服务商等）。

4.2.4.2　北京冬奥会和冬残奥会 MDS 操作流程

MDS 系统将在场馆封锁期间提供，用户的主要操作包括账号登录、新建配送申请、申请单管理、场馆 MDS 单据管理和场馆 MDS 核验等。主要业务和截止日期如表 4-10 所示。MDS 数据表主要包括供应商全称、供应商简称、功能区域全称、功能区域简称、联系人、联系电话和邮箱等（如表 4-11 所示）。

表 4-10　MDS 系统主要业务和截止日期

操作	最后期限	操作员
新建配送申请	配送前一天中午 12：00	使用者
取消配送申请	配送前一天下午 5：30	使用者
确认配送申请	配送前一天下午 3：00	场馆物流经理
MDS 第二天配送任务报告	配送前一天下午 6：00	MDS 系统

表 4-11　北京冬奥会和冬残奥会 MDS 数据表

北京 2022 功能区					姓名和联系方式			
序号	供应商全称	供应商简称	功能区域全称	功能区域简称	联系人	联系电话	邮箱	备注

MDS 系统主要操作流程如下：

第一，用户登录 MDS 系统，可以提前 7 天进行配送申请，申请截至配送前一天中午 12：00，配送前一天下午 5：30 前可取消申请。

第二，场馆物流经理或其指定人员将在配送前一天下午 3：00 前确认配送申请。

第三，配送申请审核通过后，MDS 系统会立即通过电子邮件或短信向用户和联系人发送申请信息和二维码下载链接，用户和联系人可以点击链接，保存二维码，可以扫描二维码下载 MDS 文件。如果配送申请未通过审核，其状态为拒绝或逾期，MDS 系统将通过电子邮件和短信的方式将配送申请的详细信息发送给用户。

第四，配送申请被批准后，用户需要安排车辆按时完成送货。当车辆到达目的地场馆的安全检查站时，车辆上的联系人需要出示 MDS 二维码，场馆的安保人员将对二维码进行验证。

第五，MDS 管理团队最终确认第二天的配送申请后，系统会在配送前一天下午 6：00 将用户第二天的 MDS 任务报告发送到预留邮箱。

4.2.5　MDS 前景

2000 年以来，奥运会在 MDS 方面的发展历经产生、系统化、协同化、智能化的阶段。

奥运会举办地的运输网络、通行政策以及历史文化等往往存在差异，MDS 的发展伴随着地区特色。2000 年悉尼奥运会凭借悉尼发达的航空运输和港口运输，保障了国际间物资的高效输入，城市内的物流配送网络也进行了针对性优化，以满足赛事需求；2004 年雅典奥运会利用地中海地区的港口优势，通过海运来实现大量物资的调配和运输，同时完善的陆路交通网络也确保了城市内和场馆间的物流顺畅；2008 年北京奥运会发挥现代化的物流技术和管理经验，通过高效的城市配送网络和精准物流计划，保障了赛事期间各类物资的及时供应和流转；2022 年北京冬奥会和冬残奥会构建了综合物流网络和智能化系统，确保物资快速准确地到达各个场馆和相关地点。

未来 MDS 将与新兴数字技术深度融合，融入大量客制化（Mass

奥运物流

Customization，MC）理念，以满足奥运会大规模多样化的配送需求。

大量客制化是指根据客户的特定需求和要求进行定制化的生产或服务。在奥运物流中，针对不同赛事项目、场馆特点、参赛团队需求等，MDS应当结合举办地的特色，提供个性化的物流解决方案。奥运物流的大量客制化旨在满足奥运会期间复杂多样的物流需求，确保赛事的顺利进行，同时也需兼顾成本控制、环保等多方面的要求。

未来MDS的大量客制化将更加精准灵活，结合智能化系统，适配举办地的特色，高效实现奥运物流系统中信息数据的高速传输和有效共享，满足所有组织机构的物流需求，保障奥运会期间运动器材、参赛队伍物资、场馆用品等的及时运送，保证奥运物流的顺畅运作，确保奥运会的顺利举办。

4.3 奥运物流运作管理

4.3.1 奥运物流运作管理框架

奥运物流运作是一个复杂的系统，奥运物流运作管理框架旨在满足奥运会的物流运作管理独特需求，此框架整合了基本物流管理和奥运物流管理两大部分。

基本物流管理是奥运物流运作的基础，包含四个主要部分：

一是采购管理[①]。在物流管理的背景下，采购管理聚焦于入站物流，专注于组织的供应侧，包括从供应商那里采购、获取和交付商品及服务。

二是库存管理。作为奥运物流运作管理中的一个核心环节，库存管理旨在确保所有必要的物资、设备和供应品都能在正确的数量、时间和条件下得到妥善供应。

三是配送管理[②]。奥运会的配送管理聚焦于出站物流，旨在确保运动员、官员、媒体和观众在整个赛事期间可以接收到他们需要的货物和

---

① 采购管理，也称为入站物流（inbound logistics）。
② 配送管理，也称为出站物流（outbound logistics）。

服务。

四是逆向物流管理。奥运会的逆向物流管理涵盖了在比赛期间使用的材料和资源的返还、回收、重复利用和处理的策略和行动。

奥运物流管理是奥运物流运作的核心，包含四个主要维度：

一是场馆物流管理。场馆物流管理是组织和举办奥运会的一个关键方面。奥运会是一个全球性事件，需要精心地规划、协调和执行以确保其成功。

二是观众物流管理。奥运会是全球最大、最复杂的国际体育赛事之一，吸引了来自世界各地的成千上万名运动员和数百万观众。成功的观众物流管理对于赛事的整体成功至关重要。

三是运动员物流管理。奥运会的运动员管理是一个巨大的任务，包括运动员、物资、服务及相关信息的高效流动和存储的规划、实施和控制，以满足奥运会的要求。

四是设备物流管理。奥运会赛事的复杂性，以及其包含的多样化体育项目、众多比赛场馆和所需大量设备，使得设备物流管理成为奥运物流管理的一个关键方面。

奥运物流运作管理框架（见图4-2）通过整合基本物流管理部分和奥运物流管理部分，构建了一个全面的物流管理体系，旨在进行高效资源管理，确保奥运物流活动能够高效、有序地进行。此框架不仅关注运作效率，还考虑到赛事环保和可持续性，使得奥运物流管理既高效又具有前瞻性，为其他大型全球性赛事提供了宝贵的参考和借鉴。

4.3.1.1 采购管理

在物流管理的背景下，采购管理专注于组织的供应侧，包括从供应商那里采购、获取和交付商品及服务。奥运会的庞大规模和复杂性，为采购过程提出了独特的挑战和要求。以下描述了采购管理涉及的主要物流过程，这些流程对有效执行奥运会物流管理至关重要。

（1）战略采购

战略采购是奥运会采购流程中的核心环节，它不仅是重要的价格谈判环节，更是能够最大化机构价值的过程。战略采购的目标是提升供应基础的性能表现，同时努力实现风险与成本的最小化。考虑到奥运会这一需求复杂且多样的活动领域，战略采购是确保采购活动能够顺利进行的关键环节。

奥运物流

```
┌─────────────────────────────────────────────────────┐
│                  场馆物流管理                         │
│           Venue logistics management                 │
│  运                                           观     │
│  动         ┌──────────────────────┐         众     │
│  员         │  奥运物流运作管理      │         物     │
│  物    ←→   │ Olympics Logistics   │   ←→    流     │
│  流         │ Operations Management│         管     │
│  管         └──────────────────────┘         理     │
│  理                                                  │
│                  设备物流管理                         │
│          Equipment logistics management              │
└─────────────────────────────────────────────────────┘
```

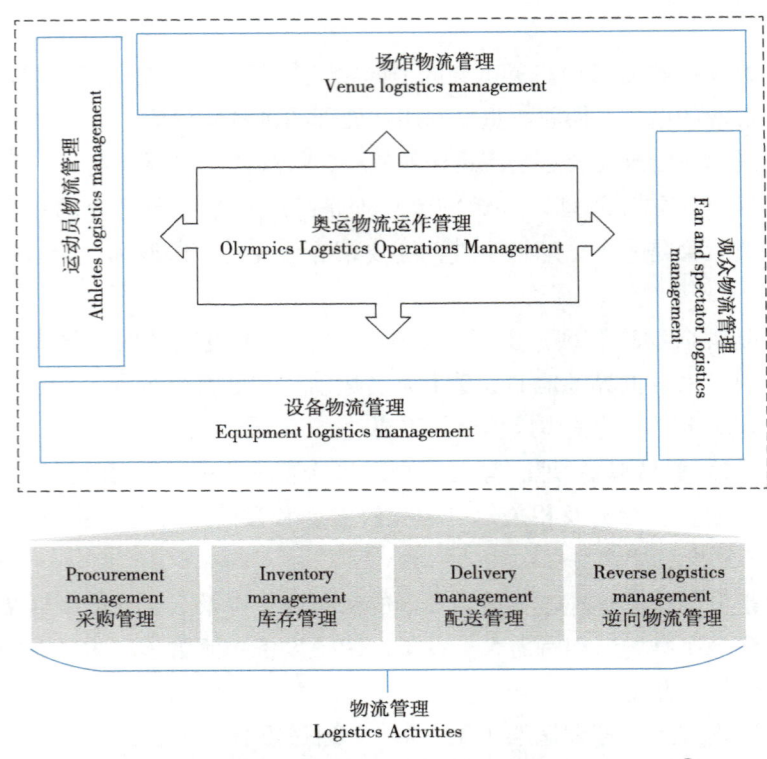

| Procurement management 采购管理 | Inventory management 库存管理 | Delivery management 配送管理 | Reverse logistics management 逆向物流管理 |

物流管理
Logistics Activities

图 4–2 奥运物流运作管理框架（OLOM Framework）[①]

战略采购流程始于对市场进行全面的研究，找出潜在的供货商。这一环节涉及全球商品与服务供应调研，包括从场馆准备的建筑材料到体育用品、从技术支持到酒店服务，旨在洞察供应商能力、市场趋势和潜在的供应链风险，为奥运合作供应商选择提供合理的建议与支持。

战略采购的关键是基于一套超越成本的定义标准（包括质量、可靠性、产能、可持续性和道德实践）来评估和选择供应商。对于奥运会，关键是要吸引那些不仅能够按要求规模交付，而且还能符合全球观众和监管机构期望的高标准质量和可持续性的供应商。战略采购通常涉及严格的评估过程，包括信息请求（Request for Information，RFI）、提案请求（Request for

---

① 改编自 Herold et al.（2021）。

Proposal，RFP）和详细谈判，以确保与奥运会的战略目标和价值观保持一致。

战略采购强调理解总拥有成本（Total Cost of Ownership，TCO），而不仅仅是商品和服务的购买价格。TCO涵盖了产品或者服务生命周期有关的一切费用，包括取得、使用和处理。就奥运会而言，TCO有利于做出既能在短期内省钱又能在长远上有利于提高活动效率及可持续性的采购决策。其中包括对物流、仓储、维修、供应中断等可能发生的风险进行有关费用的评估。

战略采购是个不断参与改进，积极进行风险管理的过程——对供应商绩效进行定期考察、对市场条件进行监测、根据需求调整战略来迎接新出现的各种挑战或者机遇。奥运物流战略采购模式见表4-12。

表4-12 奥运物流战略采购模式

模式	特点	实例	优势与挑战
长期合作模式	通过与供应商建立长期合作关系，确保物资的持续供应和质量的稳定。这种模式通常涉及签订长期合同，以实现双方的共同利益	2020年东京奥运会与东芝（Toshiba）建立了长期合作关系，为赛事提供电子设备和系统。通过长期合作，双方能够在产品质量、交付时间和售后服务等方面形成稳定的预期	优势： ·确保物资供应的连续性； ·提高供应链的稳定性和可靠性； ·促进双方合作关系的深化和信任。 挑战： ·需要进行长期的市场分析和预测； ·可能导致供应商选择的灵活性降低
多供应商模式	与多个供应商合作，以分散风险，确保在供应链中断或供应商出现问题时，能够通过其他供应商及时补充物资	2016年里约奥运会奥组委与多家本地建筑材料供应商合作，确保场馆建设的材料供应。这些供应商包括沃特兰亭（Votorantim Group）和巴西国家钢铁公司（CSN），分别提供水泥和钢材	优势： ·分散供应风险，避免依赖单一供应商； ·提高供应链的灵活性和应急能力。 挑战： ·需要管理更多的供应商，增加了管理复杂性； ·可能导致供应链协调难度增加

续表

模式	特点	实例	优势与挑战
战略联盟模式	与供应商建立战略合作伙伴关系，双方共同投资、开发和分享资源，以实现长期共同发展	2012年伦敦奥运会与欧米茄（Omega）公司建立了战略联盟。通过战略联盟，双方不仅合作提供设备，还在技术研发和市场推广方面进行深度合作	优势： ·共享资源和技术，降低成本； ·共同承担风险，提升创新能力。 挑战： ·需要建立深厚的合作基础和信任关系； ·可能面临利益分配和管理协调的问题
需求驱动模式	根据赛事的具体需求，灵活调整采购策略和供应商选择，以最优方式满足赛事需求。这种模式注重灵活性和响应速度	2008年北京奥运会根据不同场馆和项目的需求，选择合适的环保材料供应商，确保所有物资和服务都符合环保标准	优势： ·高度灵活，能够快速响应变化的需求； ·提高采购的精准度和效率。 挑战： ·需要强大的需求预测和分析能力； ·可能面临供应商选择和协调的挑战
本地化采购模式	优先选择本地供应商进行采购，以支持当地经济，降低物流成本和供应风险	2016年里约奥运会奥组委选择了多家巴西本地的建筑材料供应商，支持了当地经济的发展，并降低了物流成本和供应风险	优势： ·支持本地经济，增强社会责任感； ·降低物流成本和供应风险。 挑战： ·需要确保本地供应商具备足够的供应能力和质量标准； ·可能面临本地市场供应不足的风险

（2）赞助采购

对于奥运会庞杂的运作架构而言，赞助商扮演了一个绝对不可替代的角色。实物赞助[①]（Value in Kind，VIK）是一种特别的赞助方式，这种方式

---

① 实物赞助，也常被称作现金等价物赞助。

鼓励赞助商以直接提供商品或服务的形式进行赞助，而不是以传统的现金形式进行赞助。这样的合作模式不仅有助于减少奥运会的运营开销，而且也为赞助商创造了一个独特的品牌展示和宣传平台。

实物赞助意味着赞助商提供的不是现金，而是包含了设备、技术、物资及专业服务等内容的非现金资源。例如，体育器材制造商提供比赛需求的各类运动器材，IT服务商提供数据分析与技术支持任务，餐饮服务商供应比赛时所必需的食物与饮料。实物赞助带来的益处是十分明显的，这包括提高成本效益、增加品牌曝光度、加强市场互动和承担企业责任，但同时也存在合作复杂性、合同限制和效果评估难以量化等诸多挑战（详见表4-13）。

表 4-13　实物赞助的优势与挑战

实物赞助的优势	
成本效益	对于奥运组织者，通过实物赞助可以大幅度减少现金开支，有效地利用赞助商的资源来覆盖赛事所需的各种实际物资和服务
品牌曝光	赞助商可以通过其提供的产品或服务直接与奥运品牌及其观众互动，赞助商的标识出现在电视转播的体育器材上，或者在赛事场馆内显著展示
市场接触	参与奥运会可以让赞助商接触到全球观众，这对于品牌国际化及市场扩展具有重要价值
企业责任	通过支持全球规模最大的体育盛事之一，赞助商能够展现其社会责任和品牌价值，增强消费者的好感和信任
实物赞助的挑战	
合作复杂性	实物赞助的管理通常比现金赞助更为复杂，需要在质量控制、物流、时效性等方面进行严格的协调和管理
合同限制	赞助合同往往涉及复杂的法律条款，如品牌权益保护、赞助独家性等，这些都需要精确的谈判和管理
效果评估	相较于现金赞助，实物赞助的效果通常更难以量化，因此赞助商需要更多地从创新效果和战略效果衡量其带来的品牌价值

实物赞助为奥运会提供了一个资源分享平台，不但优化了资源的配置，而且为赞助商开辟了独有的市场推广潜能。尽管面临挑战，但经过细

奥运物流

致的规划和协作，实物赞助能为奥运会及其赞助商带来明显的双赢效果。奥运物流战略赞助模式见表4-14。

表4-14 奥运物流战略赞助模式

模式	特点	实例	优势与挑战
物资赞助模式	赞助商提供赛事所需的物资或设备，而不是直接提供资金。这种模式在奥运会中非常常见，赞助商通过提供产品获得品牌曝光	2012年伦敦奥运会期间，阿迪达斯（Adidas）提供了所有运动员的比赛服装和训练装备。阿迪达斯通过提供高质量的体育装备，不仅降低了奥组委的采购成本，还通过奥运会的全球曝光提升了品牌形象	优势： ·降低了赛事组织者的直接采购成本； ·提高了赞助商的品牌曝光率和市场影响力。 挑战： ·需要确保赞助商提供的物资符合赛事标准和需求； ·可能涉及复杂的物流和供应链协调
服务赞助模式	赞助商提供某些专业服务，而不是产品。这种模式可以涵盖各种服务，如物流、餐饮、医疗等	2008年北京奥运会期间，UPS作为物流赞助商，提供了全面的物流和运输服务，确保了赛事物资的高效运输和管理。通过提供专业的物流服务，UPS不仅提升了其在行业内的声誉，还通过奥运会的全球平台展示了其服务能力	优势： ·获得高质量的专业服务，提升赛事运营效率； ·服务提供商获得品牌曝光和市场推广机会。 挑战： ·需要严格控制服务质量和标准； ·可能需要处理与多个服务供应商的协调问题
联合品牌推广模式	奥组委与赞助商共同开展品牌推广活动，通过奥运会的平台提升双方的品牌价值。这种模式通常包括联合广告、市场推广活动等	2016年里约奥运会期间，三星（Samsung）作为官方合作伙伴，不仅提供了通信设备，还通过一系列联合推广活动提升品牌影响力。三星在奥运村设立了体验中心，展示最新的科技产品，并通过媒体广告加强品牌宣传	优势： ·提升双方品牌的市场影响力和知名度； ·创造双赢的市场推广机会。 挑战： ·需要协调双方的品牌形象和市场策略； ·可能涉及复杂的合同和权益分配问题

续表

模式	特点	实例	优势与挑战
现金赞助模式	赞助商直接提供资金支持，赛事组织者再根据实际需求进行采购。这种模式简单直接，便于资金的灵活使用	2020年东京奥运会期间，丰田（Toyota）作为主要赞助商之一，提供了大量的资金支持。这些资金被用于各种赛事相关的采购和运营活动，包括场馆建设、赛事组织和选手服务	优势： ·提供了灵活的资金支持，便于赛事组织者根据实际需求进行分配； ·赞助商获得明确的品牌曝光和市场回报。 挑战： ·需要确保资金使用的透明和高效； ·可能涉及复杂的财务管理和合规要求
技术赞助模式	赞助商提供先进的技术和设备，支持赛事的高效运行和管理。这种模式特别适用于需要高科技支持的赛事环节	2018年平昌冬奥会期间，英特尔（Intel）作为技术赞助商，提供了5G网络技术和无人机表演技术，提升了赛事的科技含量和观赏性。英特尔通过展示其先进技术，增强了品牌的科技领先形象	优势： ·提供先进的技术支持，提升赛事的运营效率和观赏性； ·赞助商展示技术实力，增强品牌科技形象。 挑战： ·需要确保技术的稳定性和兼容性； ·可能涉及技术实施和维护的复杂问题

（3）定点采购

定点采购是一种独特的采购方法，涉及选择特定的供应商来提供产品和服务，这个过程不仅需要精细的规划，还需要高度的执行效率。指定特定供应商是定点采购完成特定采购任务的方式。这类采购活动通常是通过公开的招标程序、有竞争性的谈判或者直接的委托方式来实施的。在奥林匹克运动会期间，这涵盖了为比赛提供食物、体育设备、技术援助、安全措施以及交通方式等服务。定点采购所带来的益处包括控制成本、确保质量、提高效率和便于监督，但同时也面临供应商过度依赖、竞争的制约和透明度问题等一系列挑战（详见表4-15）。

奥运物流

表 4-15 定点采购的优势与挑战

定点采购的优势	
成本控制	通过与固定的供应商建立合作关系，奥运会组织者可以更好地谈判价格和服务条款，有效控制成本
质量保障	选定的供应商通常需要满足严格的质量标准。这种方式有助于确保提供给运动员和观众的产品和服务都是高标准的
效率提升	定点采购简化了供应链管理，因为与数量较少的供应商打交道比与较多的供应商打交道来得直接和高效
易于监管	与固定的供应商合作使得赛事组织者更易于监督供应商的表现，确保他们履行合同义务，按时提供高质量的产品和服务
定点采购的挑战	
供应商依赖	过分依赖单一供应商可能导致问题，如供应商无法履行合同时，会对赛事供应链造成严重影响
竞争限制	定点采购可能限制了市场竞争，阻碍了其他潜在供应商的参与和创新
透明度问题	在公开透明度和公平性方面可能受到外界质疑

通过强效的供应链管理和优化的采购流程，定点采购为奥运比赛的平稳进行提供强大的支撑。定点采购的有效实施依赖于细致的策划和严格的执行。与此同时，还要保证在透明度和公平性方面采取有效的措施，维护奥运会形象和公众的信任。奥运物流定点采购模式见表 4-16。

表 4-16 奥运物流定点采购模式

模式	特点	实例	优势与挑战
单一供应商模式	从特定的单一供应商处采购所有相关商品和服务。这种模式通常用于某些特定物资或服务，确保质量和供应的稳定性	2016年里约奥运会期间，奥组委选择了沃特兰亭（Votorantim Group）作为单一供应商，提供所有建设场馆所需的水泥。这一选择确保了水泥的质量和供应的一致性，避免了多供应商协调的复杂性	优势： ·确保供应的一致性和稳定性； ·简化了供应商管理和沟通流程。 挑战： ·过度依赖单一供应商可能带来供应风险； ·价格谈判和合同条款可能缺乏灵活性

续表

模式	特点	实例	优势与挑战
多供应商模式	从多个供应商处采购相同或相似的商品和服务，以分散风险和确保供应链的灵活性和稳定性	2012年伦敦奥运会期间，奥组委与多家建筑材料供应商合作，包括Lafarge和Tarmac，以确保场馆建设的材料供应。通过与多家供应商合作，伦敦奥组委能够应对供应链中的突发情况，提高了供应链的稳定性	优势： ·分散供应风险，避免依赖单一供应商； ·增加谈判筹码，可能获得更好的价格和服务。 挑战： ·增加了管理和协调的复杂性； ·需要建立有效的供应链管理系统
区域性供应商模式	优先选择特定区域内的供应商，以支持当地经济发展，降低物流成本和供应链中的运输风险	2008年北京奥运会期间，北京奥组委优先选择了北京市及周边地区的建筑材料供应商，如北京建材集团。这不仅支持了当地经济发展，还降低了运输成本和物流风险	优势： ·支持本地经济发展； ·降低物流成本和运输风险。 挑战： ·可能面临本地市场供应能力不足的风险； ·需要确保本地供应商的质量和服务符合标准
战略合作伙伴模式	与某些关键供应商建立长期的战略合作关系，共同参与规划、设计和实施，确保物资和服务的高效供应和质量保障	2020年东京奥运会期间，东京奥组委与三井物产（Mitsui & Co.）建立了战略合作伙伴关系，确保建设场馆所需的建筑材料供应。三井物产不仅提供了高质量的建筑材料，还参与了供应链的规划和管理，确保了物资的及时供应	优势： ·建立深度合作关系，确保供应的高效和稳定； ·提升供应链的整体管理水平和协同效应。 挑战： ·需要建立长期的信任关系和合作机制； ·可能涉及复杂的合同条款和利益分配
专业服务供应商模式	从特定的专业供应商处采购专业化的服务，如物流、IT支持、安保等，以确保赛事的专业化运营和管理	2012年伦敦奥运会期间，伦敦奥组委选择了全球领先的G4S安保公司作为专业服务供应商，提供全面的安保服务。G4S负责赛事期间的安全检查、场馆安保和人员管理，确保了赛事的安全运行	优势： ·获得专业化的服务，提升赛事的运营效率和安全性； ·供应商具有专业知识和经验，确保服务质量。 挑战： ·需要管理和协调多个专业服务供应商； ·可能涉及服务质量的监控和评估

（4）质量保证和合规性

奥运会的采购物品范围广泛，其中包括了运动器材、建筑用材、技术设备和常规运作所需物资等。质量保证旨在确保每一种产品以及服务均达到顶尖的质量准则。质量保证不仅影响运动员的表现，而且直接关系比赛现场观众的安全以及整个比赛的公平性。

在采购奥运物资和服务的阶段，需要构建一个全面的质量保证操作流程，确保所有采购来的物品和服务在交付和使用前均达到了所设定的质量要求。比如，建设比赛线路和场地所用的建材都必须经过严格的审查，以确保它们在极端天气下同样保持稳定和安全。实行国际质量准则和认证是质量保证的关键手段，包括ISO的认证、专门的行业标准以及产品的安全指南。供应商为了证明自己达到了这些既定标准的要求，通常需要提供鉴定、检验报告或进行品质检查。这样确保所供应的商品与服务不但达到了顶级质量，而且始终与国际奥林匹克委员会（International Olympic Committee，IOC）以及其他被监控机构认证的全球标准保持一致。执行审查和评估程序是质量保证的实用方法，在这个程序中，购买的任何商品或服务都将经历严格的检验和验证，以确认它们符合既定的质量规范。

在奥运会的各个关键环节，都需要进行检查工作。这包括了供应商在发货前的现场检验以及奥运场所收货后的检验。这有助于在早期阶段识别质量问题，从而在出现明显的不良影响之前，采取合适的纠正措施。

合规性不仅是对产品和服务的质量保证，还是对法律、法规以及道德准则的全面遵循。在奥运会的背景下，这意味着要确保其购买活动与国际商业法律、环境法、劳动法及反腐败标准保持一致。在奥运采购流程中，需要严格遵守各种繁杂的法律与条例，尤其是当涉及众多不同的国家与司法系统时，需要确保所有的合同、国际贸易流程和地方法规（特别是主办国的法规）的合规性与道德性。奥运物流质量保证和合规性管理模式见表4–17。

表 4-17　奥运物流质量保证和合规性管理模式

模式	特点	实例	优势与挑战
标准化质量管理模式	采用国际或国家公认的质量管理标准，如 ISO 9001，确保所有采购的物资和服务符合既定标准。这种模式强调通过系统化的管理流程和标准，确保质量的一致性和可控性	在 2012 年伦敦奥运会期间，伦敦奥组委采用了 ISO 9001 质量管理体系，确保所有采购的物资和服务符合国际质量标准。所有供应商都必须通过 ISO 9001 认证，确保其供应的产品和服务达到高质量标准	优势： ·确保质量的一致性和可控性； ·提升供应链的透明度和管理水平。 挑战： ·需要建立和维护复杂的质量管理体系； ·可能增加供应商的合规成本
第三方质量认证模式	引入独立的第三方认证机构，对采购的物资和服务进行质量认证和检测，确保其符合既定标准和要求	在 2008 年北京奥运会期间，北京奥组委邀请了国际知名的质量认证机构 SGS，对所有建筑材料和设备进行质量检测和认证，确保其符合国际标准和奥运会的特殊要求	优势： ·提供客观、公正的质量保证； ·提升采购物资和服务的公信力。 挑战： ·需要与第三方认证机构建立良好的合作关系； ·可能增加认证和检测的时间和成本
内部质量控制模式	通过内部建立专门的质量控制团队，对采购的物资和服务进行严格的质量检查和管理，确保符合内部质量标准和要求	2020 年东京奥运会期间，东京奥组委建立了专门的质量控制团队，负责对所有采购的物资和服务进行质量检查和监控。通过内部质量控制团队，东京奥组委能够及时发现和解决质量问题，确保赛事的顺利进行	优势： ·直接控制质量管理过程，反应速度快； ·灵活调整质量管理策略和措施。 挑战： ·需要投入大量人力和资源建立和维护质量控制团队； ·可能面临内部质量监督的挑战
供应商质量保证模式	与供应商签订质量保证协议，由供应商直接负责提供符合质量标准的物资和服务，并对其质量进行承诺和保证	2016 年里约奥运会期间，里约奥组委与所有主要供应商签订了质量保证协议，明确了供应商的质量责任和义务。供应商在提供物资和服务时，必须确保其符合质量标准，并承担相应的质量责任	优势： ·明确供应商的质量责任和义务； ·提高供应商的质量意识和管理水平。 挑战： ·需要对供应商进行严格的筛选和评估； ·可能涉及复杂的合同管理和纠纷处理

4.3.1.2 库存管理

库存管理是奥运物流运作管理中的一个核心环节，旨在确保所有必要的物资、设备和供应品都能在正确的数量、时间和条件下得到妥善供应。鉴于奥运活动的庞大规模、所需物资的丰富多样性以及涉及的供应链具有全球性特点，库存管理过程尤为复杂。奥运库存管理是一个充满挑战的任务，它依赖于前沿的策划、技术手段和团队合作，以确保在适当的时刻和地方可以获得所需物品，从而确保奥运会的流畅和成功进行。以下描述了库存管理涉及的主要物流过程，这些流程对有效执行奥运物流库存管理至关重要。

（1）库存管理模式

库存管理的第一步是识别和获取奥运会所需的所有必要库存。这涵盖了每个项目所需的特定体育器材、制服、医疗物资、食物和饮料，甚至包括行政任务所需的办公用品。建立与供应商的战略合作关系在确保产品质量、可靠性以及成本效益方面具有至关重要的作用。通过对以往奥运会的数据进行深入分析，准确的预测可以最大限度地减少库存的短缺和过剩，确定每个物品所需的库存数量。

在进行采购之后，物品需要被妥善存放在仓库里，直至有需要时才能使用。这些存储设施的选址是基于进入各奥运场馆的便利性策略来决定的。为了确保存储的货物质量，尤其是那些对温度或湿度特别敏感的物品，我们必须严格控制仓库内的各种条件。拥有数以千计的存货，一个高效的追踪系统是绝对必要的。库存管理系统经常采用条形码或RFID技术来进行即时的追踪。这套系统提供了一个高效的库存管理工具，明确了物品的位置、数量以及它们的流动历史的可见性。在奥运会期间，采用JIT库存策略显得特别有成效。这一策略的目的是仅在必要的情况下接受货物，从而降低存储的费用并最大限度地避免货物变质或过时。尽管如此，仍需与供应商进行精准的沟通。

比赛期间，物品需要被分配到比赛场地、培训中心以及奥运村等地方。这一过程涉及复杂的物料搬运流程，要确保物品在运输途中不会遭受损害，并能够及时送达目的地、返还、再分配。

奥运物流库存管理模式见表4-18。

表 4-18　奥运物流库存管理模式

模式	特点	实例	优势与挑战
场馆直送模式	直接将物资从供应商或中心仓库配送到各个场馆和相关设施。此模式减少了中间环节，提高了配送效率，但需要高效的物流调度和精准的库存管理	2008年北京奥运会的开幕式和闭幕式在国家体育场（鸟巢）举行，需要大量的舞台设备、灯光音响设备和特殊道具。为了确保这些设备能够按时到达并安装调试，组委会采用了场馆直送模式，直接从供应商或仓库将设备送到国家体育场	优势： ·直接配送，减少中转环节，提高配送速度； ·能够迅速响应各场馆的需求变化。 挑战： ·需要高效的物流调度系统和实时信息共享，协调难度较大； ·对运输网络和交通状况依赖性高
智能库存管理模式	利用物联网（IoT）、人工智能和大数据分析技术，建立智能库存管理系统，实时监控物资的库存状态、需求变化和物流动态，优化库存配置和物流调度	2020年东京奥运会期间，东京奥组委使用了物联网和大数据分析技术，对库存进行实时监控和预测。通过动态库存管理系统，能够及时调整库存水平，确保物资供应的高效和准确	优势： ·实时掌握库存和物流状态，提高响应速度； ·通过数据分析优化库存和物流决策，降低成本。 挑战： ·对技术的依赖性高，需投入较高的技术和设备成本； ·需要保障数据的安全性和隐私性
供应链合作模式	与多家供应商、物流公司和服务提供商合作，构建协同供应链网络，通过资源共享和信息互通，提高整体供应链的效率和响应能力	2012年伦敦奥运会需要处理大量的物流需求，包括比赛器材、运动员装备、食品饮料、医疗物资等。这些物资需要在特定的时间内送达不同的场馆和设施。通过与UPS的合作，伦敦奥运会成功建了一个高效、可靠的供应链网络，确保了各类物资能够按时、无误地送达指定地点，支持了赛事的顺利进行	优势： ·整合多方资源，提升供应链效率； ·多方合作分担风险，提升供应链稳定性。 挑战： ·多方合作需要高度协调和信息共享； ·对合作伙伴的能力和诚信要求较高

奥运物流

续表

模式	特点	实例	优势与挑战
即时配送模式	主要针对紧急物资需求，通过高效的物流网络和信息系统，确保在最短时间内将所需物资送达指定地点	2016年里约奥运会由于交通基础设施的不完善和城市交通的拥堵，奥组委在多个关键场馆附近预置了小型医疗物资仓库，以应对突发的医疗需求。当某个场馆需要紧急医疗物资时，最近的预置仓库会立即调配所需物资，通过快速运输手段（如摩托车、紧急车辆等）直接送达现场	优势： ·能够迅速应对突发需求； ·灵活调度资源，应对临时变化。 挑战： ·即时配送通常成本较高； ·需要高效的信息系统支持

（2）订单分类

在物流和库存管理中，订单管理涉及从订单生成到最终完成的全过程。有效的订单分类管理能够提高效率、减少错误，并确保物资及时、准确地交付。奥运物流常见订单种类见表4-19。

表4-19 奥运物流常见订单种类

订单种类	功能	应用
发货单 （Shipment Order）	记录物资从仓库发出的订单，包含发货物品的详细信息、数量、目的地等。其主要功能是确保物资按时、按量发运，并为后续的运输和收货提供依据	在奥运会期间，运动器材、纪念品等物资需要从主仓库发往各个比赛场馆和销售点。发货单记录了每批物资的具体信息，确保物资按计划配送
收货单 （Receiving Order）	记录和管理从供应商或其他仓库接收物资的订单。其功能是确认收到的物资与采购订单或发货单一致，确保收货信息准确无误	奥运会期间，各场馆从中央仓库接收物资时，使用收货单核对物资，确保数量和质量符合要求，避免因物资短缺或不符导致的运营问题
承运单 （Carrier Order）	记录和管理运输过程中涉及的订单，包括选择承运商、安排运输方式和运输时间。其主要功能是确保物资安全、准时地运输到目的地	奥运会期间，大量物资需要从全球各地运输至举办地。承运单详细记录了每次运输的承运商信息、运输路线和时间安排，确保运输过程透明可控

134

续表

订单种类	功能	应用
退货单（Return Order）	记录和管理退回供应商或仓库的物资，确保退货过程有据可查，避免因退货管理不善造成的损失	如果收到的物资存在质量问题或超出需求，退货单记录了退货的原因、数量和相关信息，确保物资能够及时退回并重新采购
调拨单（Transfer Order）	记录和管理不同仓库之间的物资调拨，确保库存平衡，满足各个仓库的物资需求	奥运会期间，各个比赛场馆和仓库之间可能需要频繁调拨物资。调拨单记录了每次调拨的具体信息，确保物资能够按需分配
盘点单（Inventory Count Order）	记录和管理库存盘点的订单，确保实际库存与系统记录一致，发现并纠正库存差异	定期进行库存盘点是确保物资管理精确的重要手段。盘点单记录了盘点的具体情况和发现的差异，便于及时调整库存记录
采购单（Purchase Order）	记录和管理向供应商采购物资的订单，确保采购过程透明、可追溯	奥运会期间，采购单记录了从全球各地采购的物资信息，确保采购的物资符合质量要求，并按时交付
借用单（Loan Order）	记录和管理物资借用的订单，确保借用物资有据可查，并按时归还	奥运会期间，一些场馆或团队可能会临时借用其他场馆的设备或物资。借用单记录了借用的具体情况，确保物资能够按时归还
报损单（Damage Report Order）	记录和管理损坏物资的订单，确保损坏情况及时处理，避免影响正常运营	如果在运输或使用过程中发现物资损坏，报损单记录了损坏的详细信息，便于及时更换或维修
预订单（Reservation Order）	记录和管理对特定物资的预订需求，确保预订物资按需分配，避免临时需求无法满足	在赛事开始前，场馆和团队可以通过预订单提前预订所需的物资，确保比赛期间物资充足

（3）订单履行

在奥运会的内部物流管理中，订单履行和物料处理是确保所有物资和设备都能在适当的时间和地点交付并得到使用的关键环节。整个环节涉及从接受订单到最终交付货物的一系列流程，包括库存管理、仓储和物料的实际处理。

在库存管理方面，使用自动化系统可以高效地处理大量奥运物资和设备的订单，并根据订单的紧急性和目的地进行优先级排序，同时还能追踪订单的进度。与供应商建立紧密的合作和协调，可以确保在面对临时需求或调整时，订单也能够及时完成。为了优化库存控制，实施实时追踪系统监测库存水平、位置和状态有助于加快决策过程和订单履行。战略性地选择靠近奥运场馆的仓库位置，可以缩短运输时间，快速响应紧急需求，提供专业的安全存储，特别是对于敏感或高价值的物品，如兴奋剂控制样品或专业体育设备。

在物料的实际处理方面，通过使用条形码扫描或RFID标签等技术，可以确保拣选和打包作业的效率和准确性。使用叉车、托盘卡车和传送带等物料处理设备，在仓库和装卸点之间安全高效地移动货物。采用包括卡车、电动车和自行车在内的多种运输解决方案，不仅考虑运输速度和环境影响，也确保货物能够顺利达到场馆。在奥运会期间，严格遵守场馆安全条款，确保"最后一公里"的交付满足所有安全规定。

4.3.1.3 配送管理

在物流管理的背景下，配送管理是确保奥运会比赛顺利进行的关键流程。配送管理的主要任务是在赛事期间为运动员、政府官员、媒体和观众提供必需的物资和服务，涉及产品、设备和服务的精确交付。以下描述了配送管理涉及的主要物流过程，这些流程对有效执行奥运会物流管理至关重要。

（1）配送

配送管理是奥运出站物流管理的核心，有效地推动了货物从供应商流向目的地。在奥运会的背景下，货物的配送涉及多个环节，包括全球范围内货物的整合和搬运。配送管理确保了所有必需的器材、原料和物资能够及时送达承办城市，以便为即将到来的比赛做好充分的准备。

配送规划与管理需要综合考虑多个因素，包括不同模式下所需的交付时间、比赛日程、场地布置所需的时间以及可能出现的瓶颈和外界干扰。使用先进的规划软件和优化算法可以在全球范围内选择最佳的入境口岸和内部交通路线，同时权衡速度、成本和潜在的延误风险。例如，尽管某些港口或机场人流较多，但选择它们可以降低延误的可能性，即便这些港口与比赛地点的距离更远。

风险管理也是运输管理的重要环节。运输过程中的风险包括因天气变化或物流瓶颈导致的延误，以及货物损坏或丢失。通过多样化运输路径和方法的策略，加上保险措施，可以大幅降低这些风险。实时监控和追踪系统的运用是保证货物状态并快速应对问题的关键。策略性地在比赛场地周围或附近设置关键物资的储备，也能保证在运输发生问题时，比赛能够顺利进行。

考虑到环境保护和可持续发展，奥运会运输管理采取了一系列减少碳足迹的措施。例如，与空运相比，铁路运输能够显著减少排放。优化货物负载和运输路线，减少旅行次数，是降低整体排放的有效策略。投资碳抵消计划也有助于补偿运输活动所产生的温室气体排放

奥运物流配送模式见表4-20。

表 4-20 奥运物流配送模式

模式	特点	实例	优势与挑战
集散模式	物流公司会在城市或区域内设置一个或多个集散中心（仓库或配送中心）。所有的物资会首先集中到这些集散中心，再由集散中心根据需求分配到各个最终的需求地点	2008年北京奥运会期间，组委会设置了多个物流集散中心，负责接收国内外运来的各种物资，包括运动器材、赛场设备和日常用品。集散中心对物资进行分类、存储和调配，再根据各个赛场和奥运村的需求进行配送	优势： ·提高了分拣和配送效率； ·有效降低了物流成本； ·便于进行库存控制和物资调配。 挑战： ·需要合理规划集散中心的位置，保证其覆盖范围和服务能力； ·容易产生安全隐患，需要加强安保措施
点对点模式	物资直接从供应商或仓库送到最终使用地点	2012年伦敦奥运会期间，某些紧急物资如医疗设备和应急救援物资采用了点对点模式，直接从供应商送到奥运村或赛场，以确保能在最短时间内使用	优势： ·直接送达目的地，响应速度快； ·减少物资的中转环节，简化物流流程。 挑战： ·单次运输成本较高，尤其是距离较远时； ·需要精细的运输规划，避免物流资源的浪费； ·需要协调大量的运输车辆和人员，增加管理难度

奥运物流

续表

模式	特点	实例	优势与挑战
信息化管理模式	利用现代信息技术对物流配送进行全程监控和管理，确保物资的高效、透明和可追溯性。包括使用GPS、RFID、条码扫描等技术，实现实时监控和数据分析	2008年北京奥运会组委会采用了先进的信息管理系统，对物流配送全过程进行监控和管理，包括物资的入库、出库、运输和配送等各个环节，确保物资安全、准确、及时地送达	优势： · 实现物流全过程的透明管理，提高物资追踪和监控能力； · 通过数据分析和挖掘，优化物流流程和资源配置； · 自动化和信息化手段提高了物流运作的效率和准确性。 挑战： · 需要大量投入进行信息系统的建设和维护； · 需要确保物流数据的安全和隐私保护； · 需要专业的技术人员进行系统维护和管理
跨境配送模式	针对国际物流需求，设立跨境物流通道，处理国际物资的进出口和配送问题，确保物资能顺利通过海关并按时送达	2004年雅典奥运会期间，组委会设立了多个国际物流通道，确保来自全球各地的运动器材、设备和其他物资能顺利通过海关，并及时送达奥运场馆和运动员村	优势： · 能够满足国际赛事的物流需求，实现全球范围的物资配送； · 提供专业的跨境物流服务，确保物资顺利通关和配送。 挑战： · 跨境物流涉及复杂的海关手续和国际法规； · 跨境运输成本较高，需要考虑各种费用和风险； · 需要协调多国的物流资源和相关部门，确保物流链的顺畅运行

续表

模式	特点	实例	优势与挑战
绿色配送模式	注重环保和可持续发展，通过优化配送路线、使用新能源车辆等方式，降低物流配送过程中的碳排放和环境影响	2012年伦敦奥运会提出了"绿色奥运"的理念，在物流配送中广泛使用电动车和混合动力车，减少碳排放。同时，优化配送路线，减少车辆空载和重复运输，提高配送效率	优势： ·减少碳排放和环境污染，符合可持续发展的要求； ·提升企业和组织的社会形象，履行社会责任。 挑战： ·新能源车辆和环保技术的初始投入较高； ·需要遵守和适应各地的环保政策和法规

（2）清关

海关清关是奥运出站物流管理中非常关键的环节，涉及在主办国的法律和法规体系内，所有必需的货物、设备和材料能够按照规定及时入境的所有程序。整个流程涵盖了详尽的前期准备，与多个利益相关方的沟通协作，以及对国际与国内海关法律的深入理解。

在货物真正开始运输之前，海关的清关工作已经取得了成功。组织者有责任与主办国的海关部门、货物运输代理以及物流供应商进行深入的策划和合作。每一个国家都有其独特的海关法律、关税以及文档规定。在众多场合中，奥运会的组织者与主办国的政府进行特殊协议或豁免的谈判，目的是推动更加流畅的海关操作。这些措施可能涵盖了加快清关流程、临时的进口安排（允许货物在不缴税的前提下进入国家，但前提是在比赛结束后可以重新出口）以及对某些费用或税务的豁免。

清关成功的关键在于提交准确无误的文档。这包括商业发票、详细描述运输货物的装箱单、原产地证明、进口许可证，以及临时进口时可能需支付的保证金。这些文档是海关评估和放行货物的基础，确保货物合法进口。奥运所需设备和材料繁多，涉及高技术设备如计时和记分器材，必须符合特定标准，并可能接受彻底检查。易腐食品、药品或特殊用途动物（如马术比赛所用马匹）的进口也须满足特定条件，确保符合健康和安全法规。在整个清关流程中，物流承运商扮演了重要的角色，不仅要理解复杂的法律规定，还要保障所有文件的完整性，负责提交文件、处理查询以

奥运物流

及额外信息需求，确保货物能迅速通关。货物一旦通过海关，下一步是确保它们能按时准确地送达比赛场馆。这需要物流团队进行细致的协调，以避免任何海关延误对比赛准备产生连锁影响。

奥运物流清关模式见表4-21。

表4-21 奥运物流清关模式

模式	特点	实例	优势与挑战
集中清关模式	将所有进口物资集中在一个或几个指定的清关地点进行处理。这种模式便于集中管理和控制清关过程	在2008年北京奥运会期间，北京奥组委与海关部门合作，设立了专门的奥运物资清关中心，所有进口物资都集中在这里进行清关处理。通过集中清关模式，奥组委能够统一管理和监控清关过程，提高效率，确保物资快速通关	优势： ·便于集中管理和控制清关过程； ·提高清关效率和准确性； ·减少清关过程中的延误和错误。 挑战： ·需要大型清关设施和管理系统； ·可能面临清关高峰期的处理压力
快速通道清关模式	通过专门设置快速通道，为奥运物资提供优先清关服务，减少清关时间。这种模式适用于紧急物资和高价值物资的快速通关	在2016年里约奥运会期间，里约奥组委与巴西海关合作，设立了奥运物资快速通道，专门处理比赛设备和紧急物资的清关。通过快速通道清关模式，确保这些物资能够在最短时间内完成清关，及时送达比赛场馆	优势： ·减少清关时间，提高通关效率； ·为紧急和高价值物资提供优先服务； ·降低清关过程中的延误风险。 挑战： ·需要与海关部门紧密合作； ·可能涉及快速通道的管理和协调
第三方清关模式	将清关任务外包给专业的清关代理公司，由其负责所有清关手续和管理。这种模式强调专业化服务和效率	在2020年东京奥运会期间，东京奥组委与多家专业清关代理公司合作，由这些公司负责所有奥运物资的清关手续。通过第三方清关模式，奥组委能够利用专业公司的经验和资源，提高清关效率和服务质量	优势： ·提供专业化的清关服务； ·减轻奥组委的清关管理负担； ·提高清关效率和服务质量。 挑战： ·需要与清关代理公司建立紧密的合作关系； ·可能涉及复杂的合同和服务协议

续表

模式	特点	实例	优势与挑战
自主管理清关模式	奥组委自行负责所有物资的清关手续和管理，不依赖外部代理。这种模式适用于拥有丰富清关经验和资源的奥组委	在2012年伦敦奥运会期间，伦敦奥组委自行设立了清关部门，负责所有奥运物资的清关手续。通过自主管理清关模式，奥组委能够直接控制清关过程，确保所有物资的合法合规	优势： ·直接控制清关过程，反应速度快； ·提高清关管理的灵活性和自主性； ·减少对外部代理的依赖。 挑战： ·需要投入大量人力和资源进行清关管理； ·可能面临清关过程中的复杂性和挑战
混合清关模式	结合多种清关模式的优点，根据具体需求和情况灵活选择和调整清关方式。这种模式强调灵活性和适应性	在2004年雅典奥运会期间，雅典奥组委根据不同物资的需求，灵活采用集中清关、快速通道清关和第三方清关的方式。例如，对于紧急的比赛设备，采用快速通道清关模式；对于常规物资，采用集中清关模式；而对于复杂的进口物资，则交由第三方清关代理处理	优势： ·提高清关管理的灵活性和适应性； ·能够根据具体需求和情况进行调整； ·结合了多种清关模式的优点。 挑战： ·需要复杂的清关管理和协调系统； ·可能增加管理和操作的复杂性

（3）最终交付

在货物顺利通过海关后，交付环节便正式启动。交付环节确保了货物、设备和材料能够准确且及时地分发到主办城市或特定目的地。

考虑到奥运会的庞大规模及其对主办城市基础设施的影响，交付流程需要与地方政府进行密切合作。这包括合理规划交付路线、安排交付时间、最小化对本地交通的干扰，以及获取必要的超限载货许可和进入限制区域的许可。地方政府在确保物流顺畅的过程中也扮演了决定性角色，例如为关键设备运输车队提供护航和确保高价值货物的安全。

奥运会各比赛场馆的特定需求决定了各自的交付标准，这些标准取决于场馆的地理位置、布局以及赛事活动类型。物流团队必须详细了解交货

奥运物流

地点、存储设备限制、相关的车辆尺寸和重量限制以及交付时机，以免干扰到场馆的建设、活动安排或比赛日程。为应对交付中的复杂问题，物流服务商采用了先进的追踪和管理技术。实时追踪系统能监控从清关到场馆的全程，确保每件货物的状态随时可见，以迅速应对延误或突发事件。物流软件优化了路线和时间表，综合考虑交通方式、交货时间窗口和车辆容量等因素。在密集度较高的奥运主办城市中，"最后一公里"的交付尤为复杂。面对狭窄的道路和拥堵的交通，以及进入场馆区的特殊安全需求，交付计划需保持高度的灵活性。例如，使用小型车辆或在非高峰时段进行交付，以减少对本地交通的影响。

奥运物流最终交付模式见表4-22。

表 4-22 奥运物流最终交付模式

模式	特点	实例	优势与挑战
终端配送模式	物流配送过程中的最后一个环节，即将物资从集散中心或中转站直接送达最终使用地点	2020年东京奥运会采用了无人车进行部分物资的终端配送，特别是在奥运村内部的配送任务中。无人车通过预设的路线进行配送，有效减少了人工成本和配送时间。此外，还设立了多个临时配送点，实时处理和分发物资	优势： ·可以根据实际需求调整配送方案，灵活应对各种情况； ·使用信息技术进行实时监控和跟踪，提高配送过程的透明度和可追溯性。 挑战： ·地点多、范围广、成本高，规划和执行的复杂性较高； ·需要采取严格的安全措施
自提模式	物资运送到指定的自提点后，由最终用户自行前往该自提点提取物资。该模式适用于物资需求量较小且分散、需要用户自行选择提取时间、便于集中管理和降低配送成本的情况	2012年伦敦奥运会在奥运村和主要比赛场馆设立多个自提点，方便运动员和工作人员提取个人物品和小型器材。通过官方APP和短信通知用户其物资已到达指定自提点，并提供取货码。运动员和工作人员根据取货码到自提点领取物资，工作人员核对信息后发放物资	优势： ·用户可以自行安排提取时间，提升了使用体验； ·减轻了"最后一公里"的配送压力； ·便于统计和追踪物资流向。 挑战： ·需要合理选择自提点，确保覆盖所有需要提取物资的用户； ·需要用户积极配合，按时前往自提点提取物资

续表

模式	特点	实例	优势与挑战
现场配送模式	在大型活动或赛事期间，在现场设置临时配送点和分发站，直接处理和分发物资，以满足即时需求。这种模式的特点是灵活、响应迅速，适用于需要快速处理物资需求的场景	2022年北京冬奥会在各个比赛场地和训练场地设置临时配送点，实时处理和分发物资，确保运动员和赛事的需求得到及时满足。通过信息系统对物资进行实时监控和调度，提高了物资管理的透明度和效率	优势： ·能够迅速响应现场的物资需求，确保物资及时到位，减少等待时间； ·提高物资管理和分发的效率； ·在物资耗尽或需求突增时，能够及时补充和分发，确保赛事顺利进行。 挑战： ·需要精细的规划和多方协调，确保临时配送点的合理设置和高效运作； ·需要投入足够的人员和设备，增加了管理和运营成本

4.3.1.4 逆向物流管理

奥运会的逆向物流涉及赛事结束后的复杂物流流程，包括回收、退还、再利用及处理比赛中使用的各种材料和资源。逆向物流管理不仅旨在减少奥运会对环境的影响，更关注如何使主办城市有效地处理废物和进行材料再利用。逆向物流有助于为奥运会留下可持续的遗产，提升资源利用效率，为未来的赛事提供实践经验和框架。

（1）资源配置和分发

在奥运会的逆向物流管理中，资源配置和分发是确保可持续性和高效性的关键环节。这个环节深入关注如何合理使用和分配比赛所需的各种资源，以及如何处理赛事结束后的这些资源，从而实现高效管理和环保目标。

在资源配置方面，组委会需要对所有需要使用的物资进行细致评估，确定哪些是必需的，以及哪些可以通过更环保的替代品替换。例如，建设观众看台和临时宿舍时，选择可循环利用的材料可以使赛事结束后的分解和回收过程变得更加便捷和高效。

在物资分发方面，组委会需确保每项资源都按需配送，避免过度供应导致的资源浪费。这一过程不仅涉及建材、食物以及药品等实物资源，还包括

奥运物流

电力和水资源的合理配置。在赛事期间，物流承运商会采用低碳运输方案，确保所有资源从供应点到使用地点的运输过程中碳排放最小化。同时利用资源追踪系统（如RFID技术），实时监控资源的使用情况，掌握物资的流向和状态，及时补充资源短缺，发现节约和再利用的机会。例如，赛事中未使用的建材可以重新分配给其他需要资源的活动区域，从而提高资源利用效率。

赛事结束后，组委会需要对所有使用过的物资进行仔细分类，明确哪些可以重用，哪些可以回收，哪些应送往合适的废物处理设施。因此，优先利用本地资源和供应链，不仅可以减少运输过程中的碳排放，还能显著支持当地经济发展。与当地供应商的合作还可以加快资源的再利用和回收过程，进一步提高资源管理的效率和效果。

奥运逆向物流资源配置和分发模式见表4-23。

表 4-23 奥运逆向物流资源配置和分发模式

模式	特点	实例	优势与挑战
基于需求预测的分发模式	通过数据分析和预测技术，提前预测各个场馆的物资需求，并根据预测结果进行资源分配和分发。这种模式依赖于数据分析和预测模型	2008年北京奥运会期间，北京奥组委采用了基于需求预测的分发模式，通过大数据分析和预测模型，提前预测各个场馆的物资需求。根据预测结果，合理分配和分发物资，确保各个场馆的物资供应	优势： ·提高资源分配的精准度和效率； ·减少资源浪费和分发延误； ·提升资源管理的科学性和预见性。 挑战： ·需要先进的数据分析和预测技术； ·可能面临预测误差和不确定性
混合资源配置模式	结合集中资源配置、分散资源配置、实时分发和基于需求预测的分发模式，根据具体需求和情况灵活选择和调整资源配置和分发方式。这种模式强调灵活性和适应性	2004年雅典奥运会期间，雅典奥组委根据不同场馆和物资的需求，灵活采用集中资源配置、分散资源配置和实时分发等方式。例如，对于一些重要和紧急的物资，采用实时分发模式；对于常规物资，采用集中资源配置模式；而对于特殊需求的物资，则结合需求预测进行分配	优势： ·提高资源分配的灵活性和适应性； ·能够根据具体需求和情况进行调整； ·结合了多种资源配置和分发模式的优点。 挑战： ·需要复杂的资源管理和协调系统； ·可能增加管理和操作的复杂性

（2）废物管理和回收

在奥运会的逆向物流管理中，废物管理和回收是一个至关重要的环节。废物管理和回收通过一系列系统的策略和实际的措施，旨在最小化赛事对环境的影响，优化资源利用，并推动可持续发展。

奥运会期间，赛场会产生多种废物，如塑料、纸张、金属和有机物等，并需要有效地管理这些废物。具体来说，在赛事场馆、运动员村及其他关键地点需要建立严格的废物分类系统，设立可回收废物和不可回收废物的不同回收容器，并对特殊废物如电子和有害废品进行分类处理。同时还需要提升运动员、工作人员、志愿者和观众的环保意识，在赛事前后开展持续的环保教育和宣传活动。

有效的废物回收离不开与当地废物处理和回收企业的紧密合作。本地废物处理和回收企业会提供包括废物的收集、运输、处理及其最终处置在内的专业服务，并尽可能将废物转化为资源，比如将金属、玻璃、纸张和塑料通过回收程序转化为新原材料，以减少对自然资源的消耗。有机废物，如食物残余，则可通过堆肥化转化为肥料，用于公园或绿地的维护，实现资源的循环利用。

为了确保废物管理策略的有效性，奥组委实施了赛事可持续性的监控和评估机制。这包括追踪废物的生成量、回收率以及回收物的最终去向。通过数据分析和反馈，奥组委可以不断优化废物管理流程和策略，确保赛事的绿色可持续性。

奥运逆向物流废物管理和回收模式见表4-24。

表4-24 奥运逆向物流废物管理和回收模式

模式	特点	实例	优势与挑战
分类回收模式	在废物管理过程中，对废物进行分类处理，确保可回收物资得到回收和再利用。这种模式强调废物的分类和资源再利用	2008年北京奥运会期间，北京奥组委在各个场馆设立了废物分类回收站，观众和工作人员被鼓励进行废物分类。通过分类回收模式，北京奥组委能够有效回收可再利用的物资，如塑料、纸张和金属，减少废物处理量，减轻环境负担	优势： ·提高废物回收和再利用率； ·减少废物处理对环境的影响； ·提升公众的环保意识。 挑战： ·需要完善的废物分类和回收设施； ·需要公众和工作人员的积极参与和配合

续表

模式	特点	实例	优势与挑战
零废弃模式	在废物管理过程中，最大限度地减少废物的产生，确保所有废物都能得到回收、再利用或处理，实现零废弃目标。这种模式强调资源的最大化利用和最小化浪费	2020年东京奥运会期间，东京奥组委提出了零废弃的目标，通过一系列措施实现这一目标。例如，采用可再利用和可回收的材料，减少一次性用品的使用；建立完善的废物回收系统，确保所有废物都能得到回收和再利用	优势： ·最大限度地减少废物产生； ·提高资源的循环利用率； ·实现环保和可持续发展的目标。 挑战： ·需要系统的规划和管理机制； ·需要公众和供应商的积极参与和支持
公众参与模式	通过一系列社区活动和宣传，鼓励公众积极参与废物管理和回收，增强公众的环保意识和社会责任感。这种模式强调公众的参与和教育	2004年雅典奥运会期间，雅典奥组委通过一系列社区活动，鼓励公众参与废物管理和回收。例如，在各个场馆设立环保宣传点，向观众和工作人员宣传废物分类和回收的知识；组织社区环保活动，提升公众的环保意识和参与度	优势： ·增强公众的环保意识和社会责任感； ·增强废物管理和回收的效果； ·促进社区的可持续发展。 挑战： ·需要公众的积极参与和支持； ·需要长期的宣传和教育活动

4.3.2 奥运物流运作管理实例

本部分详细介绍奥运物流运作的具体领域，包括2004年雅典奥运会场馆物流管理和2022年北京冬奥会设备物流管理。

4.3.2.1 2004年雅典奥运会场馆物流管理

2004年雅典奥运会于8月13日至29日在希腊雅典举行。这次奥运会标志着奥林匹克运动会回归其发源地，是一场历史性的国际体育盛事。雅典奥运会共设置了37个竞技场馆，包括主赛场、副赛场和训练场等，分布在雅典市及周边地区。这些场馆涵盖了各类奥运项目所需的基础设施和场地，以满足运动员们的比赛和训练需求。2004年雅典奥运会场馆规模见表4-25。

表 4-25　2004 年雅典奥运会场馆规模

场馆	规模
主赛场	主赛场是举办奥运会主要比赛和开闭幕式的场所，包括帕纳辛纳科斯体育场（Panathinaiko Stadium）、奥林匹克体育场（Olympic Stadium）、奥林匹克体育馆（Olympic Indoor Hall）等。 这些主赛场的座位数目众多，能够容纳大量观众，为观赏比赛提供了良好的场所
副赛场	副赛场是承办奥运会次要比赛项目的场馆，一般规模较小，但仍能满足相应比赛的需求。 这些场馆分布在雅典市及周边地区，为运动员们提供了丰富多样的比赛场地
训练场	为了保证运动员们充分的训练时间和场地，2004 年雅典奥运会还设置了多个专门的训练场地。 这些训练场地配备了相应的器材和设施，为运动员们提供了良好的训练环境，使他们能够在比赛前做好充分准备
其他设施	2004 年雅典奥运会除了提供竞技场地外，还增设了多种辅助设施，包括媒体中心、运动员村和志愿者服务中心等，以确保奥运会能够顺利进行。 这批设施在规模和数量上都经过了精细的规划和布局，以确保奥运会的所有活动都能有条不紊地进行

帕纳辛纳科斯体育场作为 2004 年雅典奥运会的主要竞技场地之一，拥有丰富的历史和文化遗产。这座标志性的体育场在场馆物流管理方面展示了其独特的风格和特点，通过高效的资源调配和协调，确保了奥运赛事能够顺利进行。帕纳辛纳科斯体育场的物流管理体现了其深厚的历史底蕴与现代物流运作的完美结合，使其成为体育与文化交融的典范。

（1）采购管理

帕纳辛纳科斯体育场作为一处历史遗迹，其采购管理在维护历史文化遗产和确保物资供应质量方面极具特殊性。入站物流管理不仅满足比赛和各种活动的需求，更体现了对历史遗迹的敬重和保护。在采购物资时，管理团队特别注重选择对历史建筑和文化遗产无损的建材和设备，并与专门从事文物保护的机构密切合作，确保任何修缮或翻新都不会损害场馆的历史价值。

帕纳辛纳科斯体育场的管理团队在采购过程中特别强调物资品质的严格监控，与值得信赖的供应商建立长期合作关系，严格测试所有材料和设备以符合历史保护标准。同时，他们也注重提升采购效率和降低成本，通过合理规划采购计划，确保及时供应与充分储备，避免影响赛事和活动的进程，并探索成本优化的采购策略，以提高资金使用效率。这样的综合采购管理策略不仅保护了体育场的文化遗产，也确保了其作为赛事场地的功能性和效率。

（2）库存管理

帕纳辛纳科斯体育场在场馆库存管理上展现了极高的专业性和责任感。管理团队在维护和保护这一古迹方面采取了严格的措施，遵循文物保护的法律法规，审慎规划场馆布局和设备摆放，确保古建筑的结构和外观得到保护，同时也保障了参与者的安全。管理团队不断优化内部物流流程，通过全面分析场地布局、设备使用和人员调度，提升工作效率，降低运营成本，确保比赛和活动的顺畅进行。

安全管理也是帕纳辛纳科斯体育场运营管理的重要部分。管理团队加强了安全设备和安保人员的配置，并能在紧急状况下迅速响应，采取有效措施保障现场的安全。为了减轻对环境的影响，体育场实施了节能减碳措施，如使用LED节能灯具和建立垃圾分类系统，推动场地的可持续发展。通过这些综合内部管理措施，帕纳辛纳科斯体育场不仅保护了其文化遗产，也确保了内部物流的高效性和可持续性，为其在奥运会中所取得的成功建立了坚实的基础。

（3）配送管理

作为2004年雅典奥运会的核心比赛场馆之一，帕纳辛纳科斯体育场承担了关键的赛事组织职责，其中场馆物流配送管理是确保比赛顺利进行的重要环节。物流团队在赛事前需进行详细的物资预测，以便及时运输和妥善存储必需的物资，这包括物资的分类、整理和储存，确保在需求时能迅速取用。同时，物流团队也确保物资在运输和存储过程中的安全，防止出现任何损失或破坏。

比赛当天，物资配送进入高峰期，物流团队需根据时间表及时将必需物资送达指定地点，确保比赛的每个项目都能获取所需的物资。他们会设立特定的配送路径和操作流程，保证物资迅速到达并维持供应流畅。

赛事结束后，管理团队负责迅速处理所有使用过的物资。这包括移除场地内的设备和道具，进行详细盘点和分类，并根据需要进行维护或存储。同时，负责清理比赛产生的废物和垃圾，确保场地恢复清洁和有序，体现了其在赛事物流管理上的高效性和专业性。

（4）逆向物流管理

在2004年雅典奥运会期间，帕纳辛纳科斯体育场不仅作为赛事竞技场馆，还展示了众多历史和文化遗迹，如古代建筑、雕刻艺术及珍贵文物。为了维护这些文化财富，该场馆实施了严格的逆向物流管理策略，专注于文物的保护、维护和合理使用。管理团队对古希腊雕塑和石碑铭文等珍稀文物进行了精心保护，包括定期的检查、清理和修复，以确保其长期保存。

帕纳辛纳科斯体育场的逆向物流不仅涵盖了文物的保护，还包括了文物的回收和再利用。管理团队依据文物的独特性和使用情况，拟定了回收再利用方案，例如对废弃文物进行修复并转化为展览或装饰品，最大化其价值和再次利用的可能性。

帕纳辛纳科斯体育场的逆向物流策略还包括了废物处理和环保措施，如分类处置废物、节约能源、减少排放和加强生态保护，以减轻环境影响。这些措施显示了帕纳辛纳科斯体育场管理团队在社会责任和文化传承方面的深刻认识，他们的努力在保护历史文化遗产方面发挥了关键作用，同时为未来一代人保留和弘扬这一古老文明提供了宝贵的资源。

4.3.2.2　2022年北京冬奥会设备物流管理

2022年北京冬奥会于2月4日至20日举行。这是继2008年夏季奥运会后，北京第二次举办奥运会，也是中国第一次举办冬季奥运会。此次奥运会的主要赛事分布在北京市、河北省张家口市和河北省承德市的雾灵山区。北京冬奥会吸引了全球92个国家和地区的大约2 900名运动员，从传统的冬季运动强国如挪威、加拿大，到冬季运动较为罕见的国家如巴西和泰国，各国运动员齐聚一堂，共同参与这一全球盛事。北京冬奥会设有109枚金牌，这是历史上金牌总数最多的一届冬季奥运会。这109枚金牌涵盖了滑雪、滑冰、冰球、雪车以及其他冬奥传统项目。此外，本届奥运会还特别增加了几项新的比赛项目，如单板滑雪大跳台等，旨在吸引更多年轻观众的关注，并扩展奥林匹克运动的边界。2022年北京冬奥会竞赛项目与运动设备规模见表4–26。

奥运物流

表 4-26　2022 年北京冬奥会竞赛项目与运动设备规模

竞赛项目	共设有七大类运动，涵盖了15个小项，广泛覆盖了冰上和雪上运动
双板滑雪类设备	双板滑雪板，相关绑定设备，比赛用枪支（北欧两项：小口径步枪）
单板滑雪类设备	单板滑雪板，相关绑定设备
滑冰类	专用冰刀，安全装备
冰球	冰球杆、冰球、防护装备、专业冰鞋
雪橇类	专用雪橇，相关配件
雪车类	专用雪车，相关配件
冰壶	冰壶石，专用扫帚

2022年北京冬奥会不仅是一场展示顶尖竞技水平的全球体育盛事，其背后的设备物流管理也构成了一场精密的战略行动。这次冬奥会涉及多种设备，不仅技术要求复杂，而且安全标准极为严格，这对物流系统提出了极高的挑战。整个赛事的成功依赖于这种高效和严密的物流管理，确保各种设备准确无误地到达指定地点，充分满足比赛的需求。

（1）采购管理

采购管理是确保所有必需设备及时、安全地到达赛事现场的核心环节。在北京冬奥会中，组委会对全球供应链进行了严格筛选，以获得符合国际顶级标准的体育器材，如高性能滑雪板、专业冰鞋及高精度计时系统等。在选择供应商时，除了考量产品质量和性能，组委会还评估了供应商的稳定性、交货的及时性以及服务品质。同时，组委会重视供应商的社会责任记录，确保其生产活动符合环保和社会伦理标准，采用多元化采购策略降低供应链风险。

在物资的运输过程中，合规性管理尤为关键，尤其是对于比赛使用的枪械和化学制品等敏感物品。这些设备需获得适当的进口许可和清关文档，确保特别的安全运输许可和详尽的运输记录。组委会与多个海关代理合作，提前完成大量文档工作并进行清关预审，以加快设备通过海关的速度。

这些设备从全球多地运至比赛场地，涉及复杂的空中、海上和陆地综合运输策略。时间敏感或体积较小的设备如计时系统优先空运，而大型设备如冰面维护机械则通过海运以降低成本。设备到达中国后，通过陆地运输将其从港口或机场安全送达赛场，确保时间管理和运输路线的最优选择。

（2）库存管理

库存管理涉及设备的仓储、库存控制、设备的日常维护以及内部物流管理，是确保赛事顺利进行的核心环节。

为了满足各种体育器材的存储要求，北京冬奥会建立了若干专业仓库，这些建筑都是按照国际标准来建造的，并配备了温度和湿度的控制以及安全保护功能。这确保了像计时系统和比赛用枪械这样的敏感设备的安全性和功能的稳定性。对于高价值或敏感的设备，已经实施了附加的安全防护措施，这些措施包括但不仅限于视频监控、安全警报系统和严格的进出登记程序。这套措施成功地避免了设备遭受的损害和损失。

组委会采用了尖端库存管理软件，通过集成条码扫描与RFID技术，实现对所有设备的运行状态和位置的实时监控与管理，使设备调度更迅速精确。运营团队实施动态库存管理策略，定期检查设备使用频次与维护记录，调整库存以有效分配资源。专业维护团队负责日常检查和比赛期间的紧急维护，调整滑雪板、冰刀等运动器械的性能并测试技术设备功能，采取预防性维护手段降低设备故障概率，确保所有设备符合比赛标准。内部物流团队则负责从仓库精确及时地将设备运送到比赛地点，依靠精准的物流调度和路径优化确保设备准时到达并尽量减少损耗。针对设备突然损坏或需迅速更换的情况，内部物流系统设有快速反应机制，能够迅速将备用设备调配到现场，以应对可能的突发事件。

（3）配送管理

配送管理是确保运动设备及时准确到达比赛场地的关键环节，这个环节涉及分时配送、高效精确的物流操作，严格的时间表管理以及快速反应机制。

为了确保北京冬奥会顺利进行，物流承运商负责将各类运动器材从仓库运送至指定的比赛场地。利用高精度的调度系统和尖端技术，如GPS追踪和实时数据分析，物流承运商有效监控并调整运输路线。考虑到北京地区复杂的交通和多变的气候条件，物流规划中还包括多条备选路线以防不可预见的延误。为此，物流承运商根据具体赛程安排设备配送，确保如高

奥运物流

山滑雪和冰壶等项目的器材能在比赛前夜到达，进行最终检验和准备。

为保障设备准时到达并正确安装，物流承运商制定了详尽的时间管理方案，涵盖装载、搬运、卸载和安装过程，并设有时间缓冲以应对延误。高效的配送管理不仅关注运输的及时性和安全性，也优化了运输路径和资源分配。

冬奥会期间，设备故障可能对赛程和运动员表现产生影响，因此物流团队建立了紧急响应机制，包括备用设备库和与供应商的实时联系，以便快速更换或修复故障设备。现场还设有技术支援团队，装备便携工具箱和移动工作站，迅速处理计时系统故障或冰面维护设备问题，保证比赛顺畅进行。

（4）逆向物流管理

北京冬奥会作为一场国际顶级体育盛事，展示了其在运动设备管理及环保承诺实践方面的卓越能力。赛事结束后，设备逆向物流管理成为确保资源优化和环保目标实现的关键环节。这包括了设备的分类回收，赞助商协议的执行，以及环保拆解和物流协调的挑战。

所有设备在使用后根据其状态和未来用途进行分类。例如，一些雪车和滑雪装备被认定为可重复使用，随后被重新分配至各地体育培训中心和俱乐部。与此同时，依据与赞助商的协议，高价值的电子设备如计时系统需退还给供应商，这需要精确的物流安排和高效的运输。

对于不再使用的设备，如临时观众席和临时建筑，采取了环保拆解措施。这些材料经过仔细分类后被送往回收地点，以最小化环境影响。此外，一些冰面机械和安全护栏等被用于公共体育设施的建设，既节约了资源又服务了社区。

逆向物流的一个主要挑战是多个物流服务商和相关团队之间的有效协调，确保所有操作符合预定标准和时间表。为此，物流服务商和相关团队使用了先进的物流管理系统来追踪设备状态和移动，辅以严格的废物处理和环保法规遵守，确保北京冬奥会的环保标准与国际接轨。

5 奥运物流绩效评价

5.1 奥运物流绩效评价发展阶段分析

5.1.1 奥运物流绩效评价指标分析

根据不同情境因素的发展特征，可以将奥运物流的发展历程划分成三个阶段，即1896—1980年的"传统奥运物流"发展阶段，1984—2004年的"现代奥运物流"发展阶段，2008年至今的"奥运供应链"发展阶段。根据不同阶段奥运物流的发展模式，分别提炼出三个阶段奥运物流的评价指标。

5.1.1.1 第一阶段："传统奥运物流"发展阶段（1896—1980年）

"传统奥运物流"阶段评价指标提炼如表5-1所示。

表 5-1 "传统奥运物流"阶段评价指标提炼

时间	城市	奥运物流模式	奥运物流技术	经费投资	盈利亏损情况
1896	雅典	基于政府的组织运作	电话和传真。游泳项目在公海里举办，起终点的标志只是用浮艇接着的缆绳		未考虑成本
1900	巴黎				
1904	圣路易斯				
1908	伦敦				
1912	斯德哥尔摩				

奥运物流

续表

时间	城市	奥运物流模式	奥运物流技术	经费投资	盈利亏损情况
1916	—	基于政府的组织运作	电话和传真。游泳项目在公海里举办，起终点的标志只是用浮艇接着的缆绳		未考虑成本
1920	安特卫普				
1924	巴黎				
1928	阿姆斯特丹				
1932	洛杉矶				
1936	柏林				
1940	—				
1944	—				
1948	伦敦				
1952	赫尔辛基				
1956	墨尔本				
1960	罗马				
1964	东京				
1968	墨西哥城				
1972	慕尼黑		第一次使用电脑设备	投资过大无法收回	
1976	蒙特利尔				
1980	莫斯科				

如表 5-1 所示，第一阶段中各届奥运会都没有成立单独的物流部门，在遇到需要整体协调的物流工作时，都是在物流需求产生以后，由政府出面组织协调各个单位完成所需的物流活动。"传统奥运物流"阶段的物流模式呈现出统运、统存、统包的特点，物流运输模式整体上呈现出零散化、非专业化的特点。本阶段的奥运会秉承奥运精神，反对奥运商业化，历届奥运会整体基本都处于亏损状态。对于奥运会中的物流活动来说，由于物流任务由政府制定，不存在市场竞争，物流活动大多分散在不同的部门中，与其他活动难以完全分开。再加上本阶段物流理论的发展，尤其是物流成本的计算还不够成熟，物流活动难以独立于其他活动进行核算和成本分析，因此本阶段缺乏对奥运物流的整体成本计算。奥运物流活动主要是为了应对奥运的需求，所以未过多考虑物流成本，因此也没有赛后针对奥运物流绩效的指标评价体系。

5.1.1.2　第二阶段："现代奥运物流"发展阶段（1984—2004年）

如表 5-2 所示，第二阶段的现代奥运物流绩效评价较为单一，主要是以成本为核心的绩效指标评价体系。本阶段虽然没有专门对奥运物流绩效进行评价，但是随着奥运物流部门的独立、奥运物流业务的外包、奥运物流中心的设置以及奥运会对经济利益的重视，奥运物流绩效评价具有较强的可行性。从 1984 年洛杉矶奥运会开始，奥运会的商业化得到大力发展，洛杉矶奥运会在当时难得地实现了盈利。本阶段对社会物流绩效的评价方法逐渐发展和成熟，常用的评价方法包括 ABC 成本核算、平衡计分卡等。"现代奥运物流"发展阶段的奥运物流运作在满足奥运物流需求的基础上，主要从成本的角度进行评价，评价维度较为单一，没有体现现代奥运物流供应链的思想。

5.1.1.3　第三阶段："奥运供应链"发展阶段（2008—2022年）

"奥运供应链"发展阶段形成了多维度奥运物流供应链绩效综合评价体系（创造价值为导向、多维度）。该阶段奥运物流的评价体系从成本和效率维度，向绿色、创新、安全、应急等维度延伸（见表 5-3 和表 5-4）。

奥运物流

表 5-2 "现代奥运物流"阶段评价指标提炼

时间	城市	需求不确定性	配送规模	奥运物流技术	盈利亏损情况	货运代理-外包运作模式	逆向回收
1984	洛杉矶				盈利2.5亿美元	成立筹备委员会	
1988	汉城				盈利4.97亿美元		
1992	巴塞罗那				盈利4000万美元		
1996	亚特兰大	首次明确提出物流问题；40%的物流活动是可预见的，其余60%均为未知事件		EDI条形码；AS400数据管理软件；公共交通系统项目（ARTS）系统	盈利1000万美元	UPS	计算机等价值高的物品优先运输，桌椅等价值低的物品后运输
2000	悉尼		每天向悉尼奥林匹克公园的25个场馆大致进行115个配送点进行500次配送业务，每天向Darling港的4个场馆10个配送点进行100次配送业务	物流指挥中心（Logistics Command Center, LCC）；资产跟踪系统（ATS）；JDE供应商数据库系统	盈利3.675亿美元	货运代理指定提供商为德国Schenker国际公司，信件与包裹快递指定服务商为美国UPS公司，悉尼展会服务供应商为Geologistics公司，饮料供应商为CUB公司	公司在10天内组织25 000种货物空运到40个目的地，组织200个集装箱通过海运离开悉尼，其后又陆续运出1 000个集装箱
2004	雅典	首次成立了专门的物流负责机构并明确职能		条形码技术；ERP系统	投入100亿美元，收入19亿美元，巨额亏空要数十年才能补上	奥运物流中心、物流服务总包商外包（OLA）	"雅典奥运会错失环保金牌"

156

5 奥运物流绩效评价

表 5-3 "奥运供应链"阶段评价指标提炼

时间	城市	配送规模	奥运物流技术	应急与安全	盈利亏损情况	货运代理-外包运作模式	逆向回收	可持续
2008	北京	UPS 为 34 个比赛场馆、26 个比赛项目运送超过 100 万件运动器材、3 000 多万件奥运物资储备和运送	电子标签（RFID）技术-奥运食品追溯；奥运物流信息平台	网络安全	北京奥组委收支结余超过 1.45 亿美元	UPS；清关货代供应商荣克公司	历史上最干净的一届奥运会	目标口号：办绿色奥运；货运"绿色车队"（符合安全、环保要求）
2012	伦敦	UPS 为 34 个比赛场馆、26 个比赛项目运送超过 100 万件运动器材	远程信息处理技术：改进优化路线。传感器：捕捉运输车辆信息、车辆运行路线		亏损近 40 亿美元	UPS	UPS 将租用的 450 个 40 英尺集装箱的 1.05 万套宿舍用具运回中国和马来西亚，最终出售或重新使用	远程信息处理技术被用来减少发动机停工时间，最终降低油耗
2016	里约	2 个仓库 15 000 m²、90 000 m²	比亚迪纯电动物流车 T3		亏损 21 亿美元	由 2 000 人组成的物流团队，巴西邮政	3 000 万个集装箱货物将被发送回来源地，以重新使用和回收	电动化物流解决方案
2020	东京		阿里云的技术、机器人参与奥运服务（搬运机器人）、数字化流水平最高的一届奥运会		亏损 64 亿美元	日本邮政		奥运物资材料编号与复原

157

奥运物流

表5—4 "奥运供应链"阶段评价指标提炼（冬奥会）

时间	城市	配送规模	奥运物流技术	应急与安全	盈利亏损情况	货运代理-外包运作模式	逆向回收	可持续
2002	盐湖城		物流实时跟踪技术、仓储管理与库存控制、物流可视化仿真技术			Schenker和UPS公司		
2006	都灵		足够多仓储空间				物资回收工作	
2010	温哥华		物流装备技术改革创新和高科技应用					
2014	索契		数字化		最昂贵的一届冬奥会，耗资510亿美元	成立了专门的冬奥会物流组织管理委员会，中外运		
2018	平昌	规模创历届之最			利润5 500万美元	韩进运输公司、联邦快递；冬奥会需要托运到韩国的货件，可享受特别的豁免程序，也就是免于缴纳特别关税和税收等	垃圾填埋场改造成江陵奥林匹克公园	回购制度下租赁或采购设备和物资，避免直接购买；免费共享或使用物资和设备；比赛场馆使用太阳能或地热能等环保能源

158

续表

时间	城市	配送规模	奥运物流技术	应急与安全	盈利亏损情况	货运代理-外包运作模式	逆向回收	可持续
2022	北京	绿色无接触的物流配送、供应商直送场馆、供应链模式创新（集约配送）	智能仓储管理系统、红色智能配送双面快递柜、AGV、无接触智能配送设备	租赁仓储可保障后续紧急仓储需求、绿色无接触的物流配送		京东物流——中国快递首次服务奥运		首个"碳中和"奥运会；绿电、二氧化碳跨临界直冷系统制冰、新能源电动车、平板物流

奥运物流

5.1.2 奥运物流绩效评价体系规律演变

奥运物流绩效评价体系由第一、第二阶段的产生、发展，到第三阶段的多维度成体系进行演变。在"传统奥运物流"发展阶段（1896—1980年），奥运物流绩效评价体系较为简单。承办国家主要关注最基础的奥运物流运输和仓储能力，以确保奥运赛事所需的物资能够及时到达比赛场馆。随着物流信息技术的发展，在"现代奥运物流"发展阶段（1984—2004年），奥运物流绩效评价体系逐渐引入先进的信息技术、物联网等手段。这一阶段较注重奥运物资运输过程的信息化实时监控、路径优化和数据分析，从而提高奥运物流运作的效率和可视化程度。在2008年至今的"奥运供应链"发展阶段，奥运物流绩效评价体系逐步演化成多维度成体系的量化系统，更加注重可持续性，在奥运物流评价体系中纳入碳配额考量因素，考虑到环境和社会责任。奥运物流绩效评价体系逐渐纳入对于能源利用、碳排放的评估，推动奥运物流向绿色、可持续的方向发展。

如图5-1所示，奥运物流绩效评价体系的演变主要表现为逐渐从单一指标向综合性指标发展。物流信息技术的创新与驱动是奥运物流绩效评价体系演进的主要推动力，从简单的奥运物流管理到奥运物流技术信息化、可视化、智能化，物流技术的发展推动了整个奥运物流绩效评价体系的升级。奥运物流绩效评价不再只关注于物流运输成本、物流运输效率，更加注重奥运物流全链条的绩效，包括需求、应急与安全、可持续性、社会责任等多维度多方面的因素。

全球物流企业参与可持续发展已成为主流趋势，ESG（Environmental, Social and Governance）现已成为物流企业可持续经营的重要议题。ESG对于奥运物流企业的意义在于提供了一种全面评估奥运物流企业可持续发展表现的方法，它涵盖了环境、社会和治理三个方面的因素，旨在评估奥运物流企业在可持续发展和社会责任方面的表现。从奥运物流绩效评价角度出发，ESG理念有助于从多维度助力奥运绿色物流实践深化，促进奥运物流企业更关注环境、社会和治理三个维度的绩效评价，形成可持续发展的中长期竞争力。

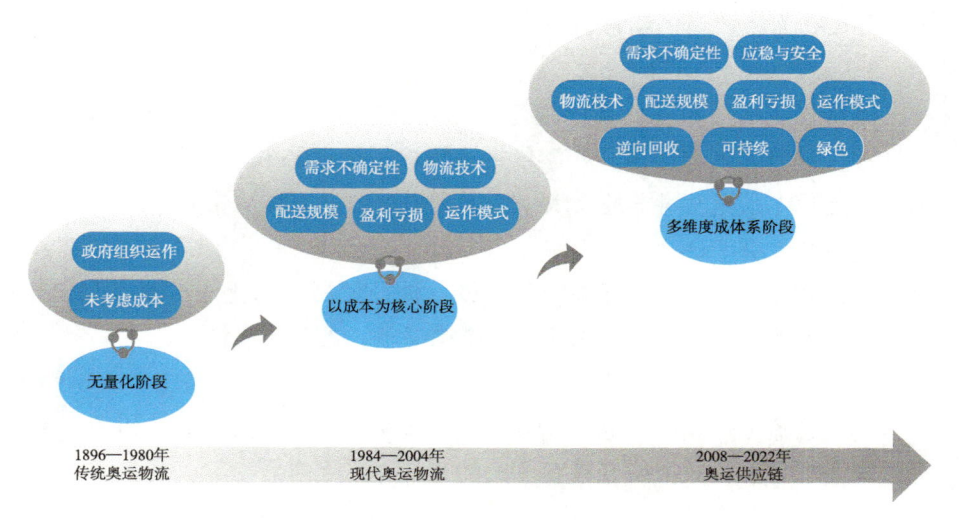

图 5-1 奥运物流绩效评价范式转移演进

5.2 奥运物流绩效指数构建

5.2.1 奥运物流绩效指数构建原则

建立奥运物流绩效指数（Olympic Logistics Performance Index，OLPI），就是要通过比较奥运物流系统实际运作状况和奥运物流整体规划之间的差距，帮助奥组委时刻跟踪奥运物流战略的实施，帮助奥运物流部发现奥运物流实际运作过程的不足和问题症结，实现对各类奥运物流资源的监控和合理配置。因此，奥运物流评估体系应该是一个闭合的循环评价体系，主要包括奥运物流战略的制定、关键奥运物流指标评估目标和指标的制定、奥运物流计划的制定和执行、监控和评估、奖励与指导修正。

奥运物流划分为前期奥运物流整体规划、赛前奥运物资（包括器械、设备以及所有的生活物流）采购或租用、赛事期间物资的仓储、赛中奥运物资配送以及废弃物处理和赛后奥运物资回收，即规划、采购、仓储、配送和逆向物流五个基本流程环节。奥运物流绩效指标体系的构建不是指标的简单叠加，它是一个具有科学性、层次性、可获得性和系统性的统一整体。奥运物流绩效指标体系的构建应遵循以下原则：

5.2.1.1 科学性原则

奥运物流绩效指标体系的构建不能凭空捏造，对指标的名称、内容、含义和权重等的确定必须有科学依据；指标的处理要采用科学方法；保证构建的指标体系能够科学地反映一个国家（地区）的奥运物流整体水平。

5.2.1.2 层次性原则

奥运物流绩效指标体系具有综合性，涉及贸易便利化的不同层次和各个方面。因此，指标体系的构建必须结构清晰，富有层次性。

5.2.1.3 可获得性原则

奥运物流绩效指标体系的构建要考虑具体指标的数据是否可获得、指标处理的难易以及数据是否具有可比性等。

5.2.1.4 系统性原则

奥运物流绩效指标体系的构建要从奥运物流的不同角度、不同层面衡量一个国家（地区）的奥运物流整体化水平，因此必须遵循系统性原则，保证构建出的指标体系是一个统一的整体，能够全面反映一国（地区）的奥运物流整体化水平。

5.2.2 奥运物流绩效指数构建依据

世界银行公布的物流绩效指数（Logistics Performance Index，LPI）是从海关效率、基础设施、国际运输水平、物流能力、商品追踪能力和进出口时间六个方面来充分衡量一个国家（地区）物流绩效水平和竞争力，可作为研究奥运物流绩效指标体系构建的基础参考依据。本研究拟以 LPI 指数为切入点，参照 SCOR 模型，以资源基础理论、三重底线理论、利益相关者理论、生命周期理论为底层支撑，并结合历届奥运会奥运物流的特点，构建一套 OLPI。

5.2.2.1 LPI 构成

物流绩效指数是一个互动性基准测试工具，旨在帮助各国识别物流过程中的机遇和挑战，促进其商贸物流运营效率的提高。2007 年，世界银行首次通过构建 LPI 及其指标对国家之间的物流绩效水平差异进行深度跨国评估，以弥补世界经济论坛编制的全球竞争力指数（Global Competitiveness

Index，GCI）对物流绩效评估的缺失。

世界银行发布的国际物流绩效指数报告从六个方面评估跨境运输货物的能力：①海关效率，即海关清关的效率以及其他边境机构的办事效率；②基础设施水平，即货物运输和物流设施设备的质量；③国际运输能力，即安排国际货物运输的便利性和负担能力；④物流质量和服务能力，即当地物流产业的竞争力；⑤货物追踪性及跟踪国际货物运输的能力；⑥货物运输时效性，即货物运输抵达目的地的及时性。

物流绩效指数的范围从1至5，分数越高代表绩效越好。数据来源为物流绩效指数调查，该调查由世界银行联合学术机构、国际组织、私营企业以及国际物流从业人员共同完成。世界银行高级运输经济学家和LPI项目创始人让-弗朗索瓦·阿维斯说："LPI试图捕捉一个相当复杂的现实，即供应链的属性。在物流成本较高的国家，造成高成本的最重要因素往往不是贸易伙伴之间的距离，而是供应链的可靠性。"

物流绩效指数的综合分数反映出根据清关程序的效率、贸易和运输相关基础设施的质量、安排价格具有竞争力的货运的难易度、物流服务的质量、追踪查询货物的能力以及货物在预定时间内到达收货人的频率所建立的对一个国家的物流的认知。

5.2.2.2 SCOR 模型分析

奥运物流系统中存在着复杂的供求关系。对于体育器材制造商、比赛用品供应商、赛事合作伙伴、赞助商而言，存在着广泛意义的产品或服务购销环节，对于参赛人员、观看游客等又存在实质意义上的供销环节。同时，奥运物流运作具有明显的流程性，计划、采购、生产、运输以及退货等环节同样是奥运物流成功实施和评价的最基本环节。因此，可将奥运物流看作是一个广义的供应链整体，应用SCOR模型对奥运物流进行流程分析，达到有效控制与管理由供应商、生产商、奥运需求方组成的供应链的目的。

奥运物流作为物流的一种特殊形式，具有明显的流程运作特征，包含从供应商的供应商到客户的客户所有业务和实体、服务的传送。一般来说，可以从纵横两个角度去理解SCOR模型。从横向角度来说，所有企业的内部活动都可以划分为计划、采购、生产、发货和回流五项基本管理流程。从纵向角度来说，奥运物流企业的上述任一项活动都应该根据产品/客户订单的不同特征进行分类。

奥运物流

奥运企业SCOR模型主要涉及供应商、核心企业和客户三方当事人。由于奥运物流是个链状的供应链结构，其流程管理同样涉及供应商、奥运物流部门和客户三方。但是，奥运物流的供应商和客户存在多样性，供应商包括奥运物资供应商、奥运物流服务供应商以及其他服务供应商。在整个奥运物流运作过程中，奥运物流部门处于核心地位，连接众多的供应商和客户。其整体的规划框架如图5-2所示。

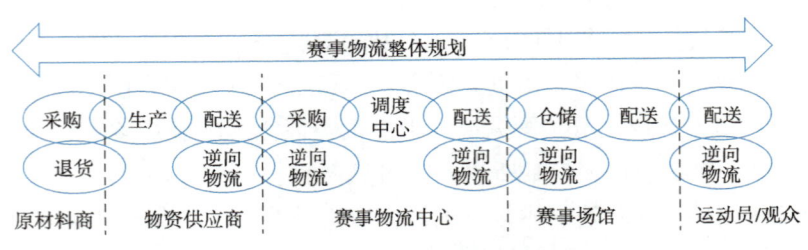

图 5-2 奥运物流 SCOR 模型整体框架

参照奥运物流SCOR模型基本框架，可发现奥运物流同企业供应链具有较多相似之处，从供应商的供应商到客户的客户，包含了计划、生产、采购、运输和退货五个流程环节。但是奥运物流又具有以下不同于传统企业物流的特点：

首先，从奥运物流特点来说，它具有主体多样性、内容复杂性、时空集中性、需求巨量性、安全性高、不确定性因素多等特点，这就必然需要通过全方位统一的奥运物流整体规划来指导供应商选择、采购或租用决策、奥运物资仓储配送以及逆向物流等各个阶段的具体工作。因此，在奥运物流运作过程中，应强调物流规划的重要性和灵活性，以实现奥运物流规划在奥运物流过程中贯穿始终。

其次，从所处位置来分析，传统的企业处于制造加工的前销售环节，采购、生产和运输是其主要控制的环节，并且生产环节是其需要严格管理和控制的核心环节，退货环节则相对比重较小。而奥运物流部门处于供应商制造加工的后销售环节，前向来说是生产企业物资或服务的消费者，后向来说又是运动员或观众消费品的提供者。它的主要任务不在于进行相关物资或服务的生产，而在于严格按照赛事日程进行相关物资的采购、仓储、配送以及回收活动。因此，奥运物流的起点并不是采购原材料，而是向物资供应商或者赛事主仓库采购或租用相关的赛事物资。

再次，奥运会作为国际性的竞技赛事，它本身严格的日程安排和不可弥补性的特点必然要求奥运物流部门在赛事前采购大部分的赛事物资和部分临时性物资，并完全遵循相关方法仓储保管，再依据奥运会进程将相关的物资通过多种渠道配送到相关的比赛场馆或非赛事场馆。奥运物流中心作为奥运会的主功能仓和车辆调度中心，承担起了大部分的仓储、配送功能。

最后，大部分奥运物资具有专用性和租用性等特点，奥运会结束后必然伴随着物资的安全检验、出关、配送等回收活动。因此，如何实现相关物资的快速、及时、安全地汇总和回收就成为考验奥运物流成功与否的重要环节。另外，"绿色奥运"作为指导奥运会有序运作的主题理念之一，也必然要求奥运会期间产生的各种生活固体废弃物能够得到可循环化地、及时地收集和清理。因此，赛事物资的逆向整合和回流以及废弃物的回收利用就成为奥运物流的重要流程之一，统称为逆向物流。

5.2.2.3　资源基础理论

多数学者普遍认为，潘罗斯（Penrose）是资源基础理论最早的研究者。资源基础理论认为，企业通过将生产资料集合，持续经营发展，因此资源的数量、质量、集聚速度和使用效率成为企业保持异质性的关键，企业应根据自身资源的差异，分析企业的经营策略和经营范围。之后，资源基础理论被广泛地运用在多个研究领域，成为管理科学的一个基础理论和战略管理的主导范式，在相近领域以及互补领域中越来越受到重视，比如运作管理、人力资源管理、绩效管理、创新管理等研究领域。

资源基础理论用于检验由于资源异质性而造成的绩效差异，该理论主要基于以下两个假设：第一，行业中的组织可能拥有不同的资源；第二，这些资源在行业间具有不可复制性。关于资源的分类有很多种，采用最广泛的是Grant分类标准，该标准将资源分为三大类：有形资源、人力资源、无形资源。有形资源包括经济资源，决定公司弹性和投资能力以及反映企业生产能力的物质资源。人力资源是组织在技能、知识和决策能力等方面向企业提供的生产性服务。无形资源包括与技术相关的无形资产（比如知识产权、专利组合，版权和商业秘密）以及声誉。这种分类也被广泛地应用于项目管理相关研究中。

奥运物流

资源基础理论认为，企业之间盈利能力的差异来源于其所拥有的不同资源能力，因而拥有差异化优势资源的企业具有获得市场的能力。潘罗斯提出其观点后，资源基础理论的研究学者几乎都将企业的能力与知识看作企业独特的异质性资源。巴米（Bamey，1991）则认为资源应具备5个条件：①有价值；②稀缺；③不能被完全模仿；④无法替代；⑤以低于价值的价格获得。张璐（2023）总结出以"资源管理影响因素—资源行动开展路径—资源与能力互动关系"为主线、以"资源战略生成—资源战略执行"为支线的知识体系，并补充对资源基础理论应用与拓展的探讨，构建了一套系统的资源基础理论框架模型（见图5-3）。

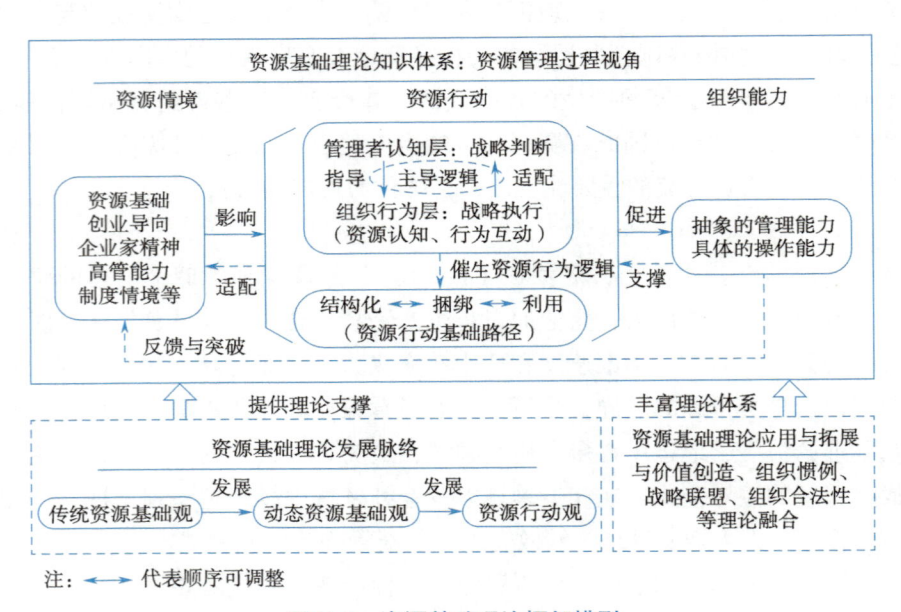

图 5-3　资源基础理论框架模型

依据该理论框架，奥运物流的异质性资源可从设施资源、技术资源、协同作业能力展开探讨（见图5-4）。

奥运会是一个大型的国际体育盛会，奥运物流设施的规模大且复杂，需要具备足够的空间和设备来存储、管理和分发物资，还要应对不同项目和场馆的需求差异。且奥运物流设施通常是临时性的，需要在短时间内建造/改造、装备和拆除/还原，这要求物流设施具备快速部署和调整的能力，以适应赛事筹备和进行的需求变化。同时，奥运物流设施要求很高的安全性和保密性，以防止盗窃、破坏或信息泄露等风险，因此，物流设施通常配备安全设备，并采取严格的监控和管理措施。

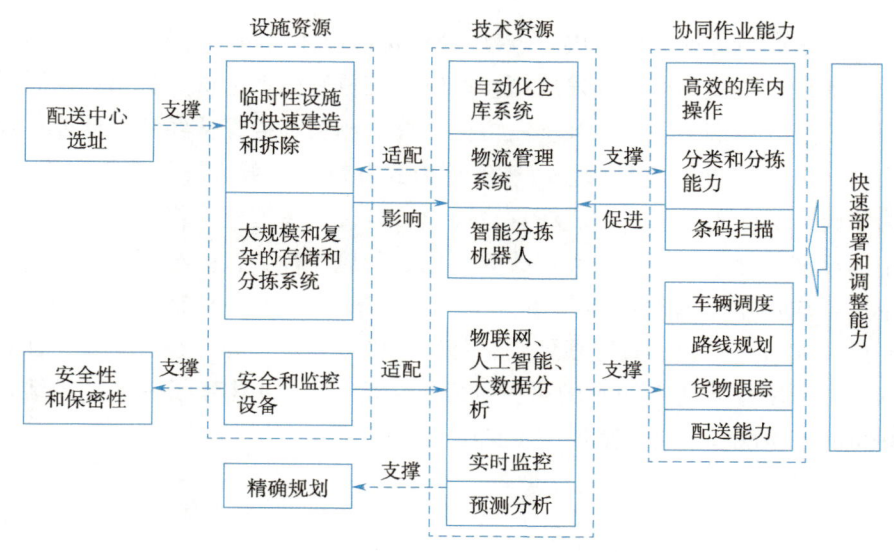

图 5-4　奥运物流资源基础理论框架模型

奥运物流设施通常配备先进的软硬件设备，如自动化仓库系统、物流管理软件、智能分拣机器人等，以提高物流效率和准确性；同时借助最新的技术手段和解决方案，如物联网、人工智能、大数据分析等。这些先进技术可以提供实时监控、预测分析和智能决策支持，以优化物流流程和资源利用。此外，奥组委物流部选用的物流供应商通常需具有丰富的相关历史服务经验，以提高工作效率，确保物流工作顺利完成。

除了有形资源、无形资源以外，奥运物流还需要精确规划各项任务和时间表，并进行有效的资源分配。规划能力是确保物流运作顺利进行的基础，包括确定配送中心位置、配送路线和人员调度等；由于奥运会的物资来自不同国家和地区，需要进行准确的分类和分拣，以便快速处理和按需配送，分拣能力包括高效的库内操作和条码扫描技术等；分拣完毕，奥运物资需按时、按需地配送到指定场馆和地点，配送能力涉及车辆调度、路线规划和货物跟踪等，要求高效的配送网络和实时信息共享。在以上整个过程中，奥运物流操作人员需要具备专业的业务知识和技能，能够处理各种物流任务和突发情况。这包括仓库管理、货物装卸、交通安全等方面的能力。

5.2.2.4 三重底线理论

三重底线理论最早由埃尔金顿（Elkington）在1997年提出，又称为三重绩效理论。受到可持续发展概念影响，三重底线理论认为公司在发展过程中要坚守经济、环境、社会三方面底线。相关利益方从经济、环境、社会三个方面能更好地判断公司经济行为的有效性，衡量公司的整体价值。彭华岗（2009）根据三重底线理论提出了四位一体理论，将三重底线理论中的经济、社会、环境层面修改为市场、环境、社会，弥补了三重底线理论框架应用不平衡的缺陷，并加入"责任管理"，进一步完善了理论。杨光勇（2011）结合三重底线原则，将绿色供应链定义为"经济绩效、社会绩效与环境绩效协调一致的可持续发展供应链"，并构建了一套关于绩效评价的三重底线理论框架模型（见图5-5）。

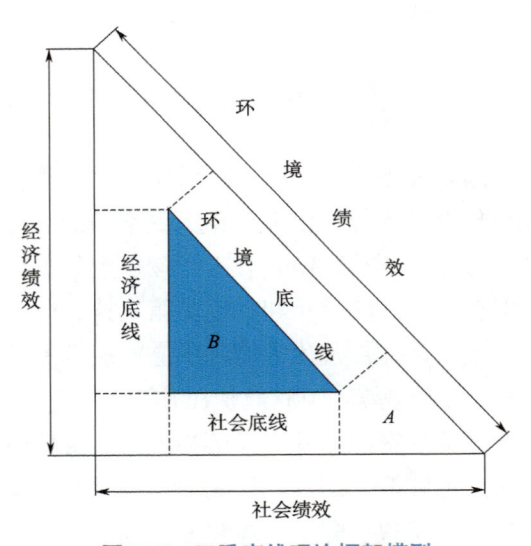

图5-5 三重底线理论框架模型

考虑到奥运物流的任务属性，本研究在应用以上理论框架时将经济底线替换成安全底线，并增加规模底线、服务底线，构建一套奥运物流专属的五重底线理论，即规模、服务、环境、社会、安全，这些方面共同塑造了奥运物流的高标准和严要求（见图5-6）。

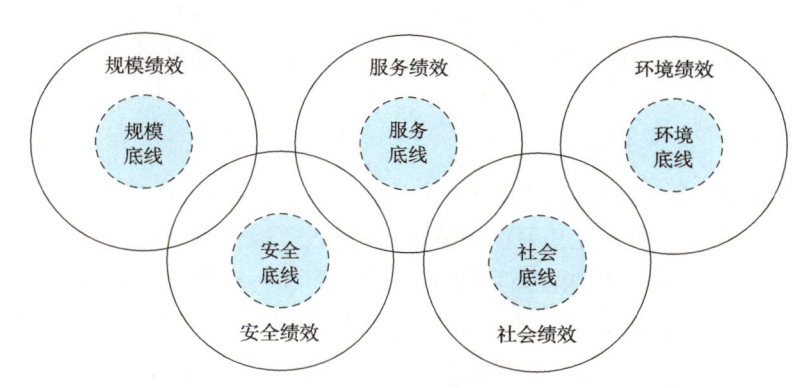

图 5-6　奥运物流五重底线理论框架模型

从规模维度看，奥运物流具有规模庞大、复杂性高的特点，需要大型、多功能的库房存放各类体育器材和食品，并须配备先进设备确保物资安全，配送车辆需充足且多样化，以满足不同物资的特殊要求，同时需关注所选择物流企业的盈利/亏损情况，这直接反映其经营水平。

从服务维度看，奥运物流展现出的独特性体现在其对效率和准确性的极高要求上。奥运会汇聚了全世界的运动员和观众，因此对物流服务的需求极为复杂和多样化，包括运动器材的精准投送、温控食品的配送安排等。奥运物流需要确保所有物资能够准时、无误地到达指定地点，这对物流规划和执行能力提出了极高挑战。

从环境维度看，奥运物流的唯一性体现在其对环境保护的高度重视。随着全球对可持续发展的关注，奥运物流被赋予减少碳足迹、使用环保材料和技术的重要使命。这意味着在物流操作中，需要采用更多的绿色运输方式，如电动车辆、太阳能驱动系统等，并且在物资包装和废弃物处理上采取环保措施，以减少对环境的影响。

从社会维度看，奥运物流的特点是其对促进当地经济发展和社会福利的贡献。奥运会的举办往往伴随着大量的基础设施建设和就业机会的创造，奥运物流通过与当地供应商合作、优先雇用当地居民等方式，直接或间接地推动了东道国的经济和社会发展。

> 奥运物流

从安全维度看，考虑到奥运会的高曝光度和重要性，确保运动员、工作人员和观众的安全成为物流管理的首要任务。这不仅包括物资运输的安全，还涉及防恐、防疫等多个层面的安全措施。奥运物流需要通过严格的安全检查、先进的监控技术和紧急响应机制，来保证整个奥运期间的安全。

5.2.2.5 利益相关者理论

利益相关者理论最早由多德·瑞安曼（Ruianman，1932）提出，弗里曼（Freeman，1984）在其著作中系统地阐释并发展了利益相关者理论，将其定义为"组织应该考虑并回应受到其决策和行动影响的所有相关者的利益"。后来学者普遍认为企业是由利益相关者共同组建的一种以利润为目的的经济组织。因此，企业的发展目标应当是为所有利益相关者增加利益，企业和利益相关者之间是一种利益共享、责任共担的关系。

米歇尔（Mitchell，1997）从三个维度构建了利益相关者理论框架模型：合法性维度，即某一群体是否被赋有法律上的、道义上的或者特定的对于企业的索取权；权力性维度，即某一群体是否拥有影响企业决策的地位、能力和相应的手段；紧急性维度，即某一群体的要求能否立即引起企业管理层的关注。若这三大属性均拥有，则是确定型利益相关者；若只拥有两项，则是关键利益相关者、从属利益相关者和危险利益相关者；若只拥有一种，则是蛰伏利益相关者、或有利益相关者和要求利益相关者（见图5-7）。

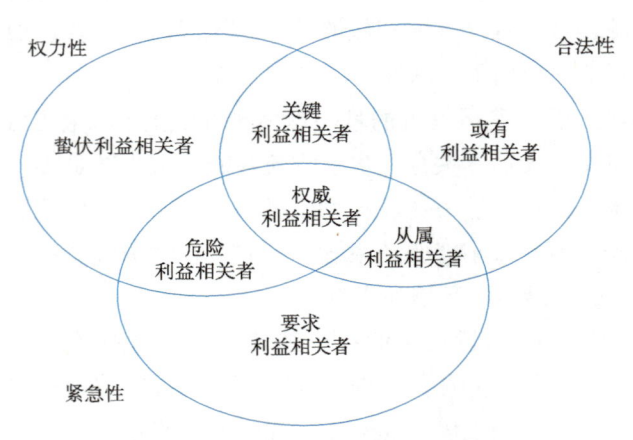

图5-7 利益相关者理论框架模型

依据该理论框架，奥运物流同样也面临对利益相关者需求的高度敏感性和对复杂供应链管理的极致优化。具体可以从供应商管理、物流企业选择以及需求者偏好这三个维度，体现奥运物流的独特性（见图 5-8）。

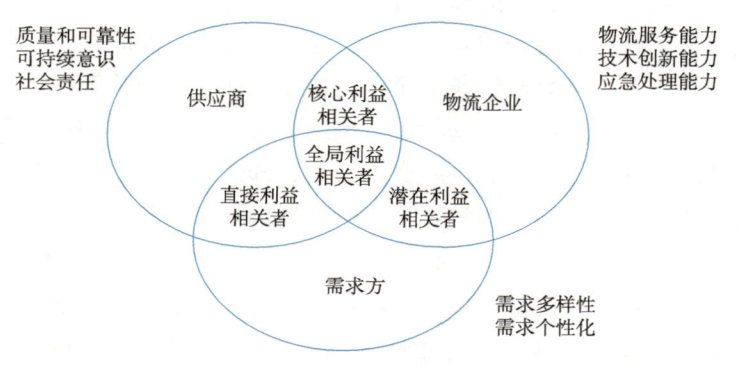

图 5-8　奥运物流利益相关者理论框架模型

在供应商管理方面，奥运物流的独特性体现在其对供应商质量和可靠性的极高要求上。不同于常规物流活动，奥运物流需要确保所有产品和服务不仅满足国际标准，而且能够适应多元文化的需求，保证赛事期间的无缝衔接。这就要求对供应商进行严格的筛选和评估，确保其能够提供符合奥运会特定需求的高质量产品和服务。此外，由于奥运会的全球影响力，供应商的社会责任和环境保护意识也是评估的重要标准，这进一步提升了供应商管理的复杂度和挑战性。

在物流企业选择方面，奥运物流的独特性体现在其对合作伙伴综合能力的全面考量上。除了基本的运输和仓储服务能力，奥运物流对物流企业的技术创新能力、应急处理能力以及安全管理措施也有着更高的要求，特别是在信息技术的应用上，能够提供实时追踪、智能调度等高级服务的物流企业更容易获得合作机会。这些要求使得奥运物流在选择物流企业时，不仅看重价格和效率，更注重企业的综合服务能力和技术创新水平。

在需求者偏好方面，奥运物流展现出的独特性是对多样化和个性化需求的高度关注。奥运会汇聚了来自世界各地的运动员、官员、媒体和观众，他们的物流需求涵盖了从运动器材的精确运输到文化敏感性的考虑。因此，奥运物流不仅要实现物流活动的高效率和高准确性，还要兼顾对不同文化背景和个人偏好的尊重和满足。这种对需求者多样化需求的深入理解和满足，使得奥运物流在服务个性化方面具有明显的独特性。

在奥运物流领域，利益相关者的分类对于确保物资顺畅运输和及时供应至关重要。核心利益相关者表现为供应商和物流企业的交集，即他们之间的密切合作是奥运物流链条中至关重要的一环，这种长期稳定的合作关系使得奥运供应链更高效，同时也为奥运会提供了可靠的物流支持。直接利益相关者表现为需求方和供应商的交集，即需求方往往会倾向于与某些特定的供应商建立固定合作关系，这种选择偏好可能基于多方面考量，如服务质量、价格竞争力、个性化需求等，这种固定的供应商选择偏好有助于建立信任关系，提高合作效率。潜在利益相关者表现为需求方和物流企业的交集，即需求方通常更注重所需物资本身的属性，如质量、价格等，对物流企业可能没有明确的标准和偏好，但他们对时效是有明确要求的，因此二者的结合是一种潜在的利益相关者关系。当供应商、需求方和物流企业这三类利益相关者同时产生交集时，就构成了全局利益相关者关系，即三者之间密切合作、相互支持，将极大确保奥运物资的顺利运输和及时供应，为奥运会的成功举办提供有力支持。综合而言，奥运物流利益相关者之间的合作与选择关系错综复杂，各方的密切配合和共同努力是确保奥运会物资运输顺利高效的关键。通过深入理解不同利益相关者的需求和优势，可以更好地优化整个物流体系，为奥运会的成功举办提供有力支持。

5.2.2.6 生命周期理论

生命周期理论的发展大致经历了三个阶段，从产品生命周期到企业生命周期，再到产业生命周期。

美国学者波兹（Booz）和阿伦（Allen）在1957年最先提出了产品生命周期理论的概念，他们认为产品生命是市场上的营销生命，产品和人的生命一样，要经历介绍、成长、成熟、衰退这样的周期。美国可口可乐公司对该理论进行了具体实践，于1969年对其塑料和玻璃饮料瓶的环境影响进行评估，从制成饮料瓶所需原料的采掘、提炼制造到产品使用、废弃物最终处理处置全过程进行了全面的跟踪调查，并量化了不同的饮料罐使用的原材料和石油以及每种罐子在生产过程中产生污染的环境承载力，涉及大约40种材料的评估。该实践也标志着生命周期评价理论的产生。

企业生命周期理论是20世纪90年代以来国际上流行的一种管理理论，其中比较著名的是伊查克·爱迪思（Ichak Adizes，1989）提出的生命周期理论，他从组织和管理的角度把企业的成长划分为孕育期、婴儿期、学步期、青春期、盛年期、稳定期、官僚初期、官僚期及死亡期九个阶段，每个阶段都体现着两个指标，即灵活性和可控性。

产业生命周期理论是从产品生命周期理论和企业生命周期理论扩展而来的。20世纪70年代，威廉·艾伯纳西（William Abernathy）和詹姆斯·厄特巴克（James Utterback）共同提出了A-U模型，他们依据产出增长率将产品生命周期划分为流动阶段、过渡阶段和稳定阶段，并认为企业的产品创新和工艺创新相互关联，在不同阶段对两者的侧重有所不同，企业的创新类型和创新频率取决于产业成长的不同阶段。此后相关学术领域研究呈爆发式增长，其中不乏项目管理领域，项目管理生命周期理论由此而生。然而就其定义学术界并无统一说法，美国项目管理协会（2021）出版的《项目管理知识体系指南（第七版）》指出，项目生命周期是按顺序排列而有时又相互交叉的各项目阶段的集合，包括规划、计划、实施、完成四个阶段（见图5-9）。

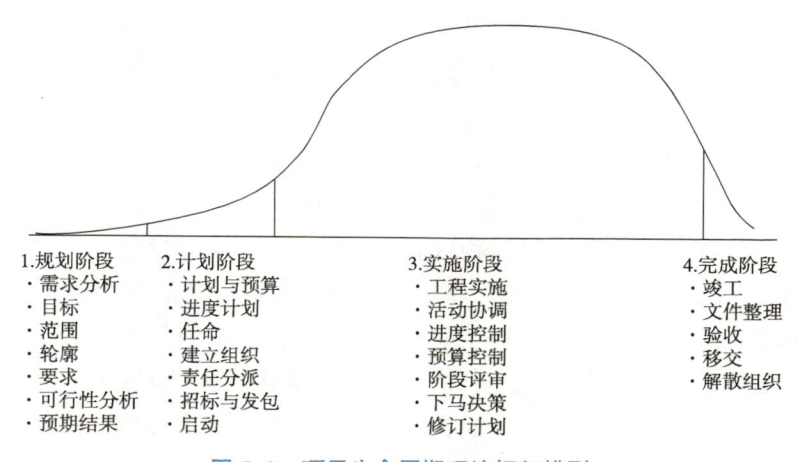

1.规划阶段	2.计划阶段	3.实施阶段	4.完成阶段
·需求分析	·计划与预算	·工程实施	·竣工
·目标	·进度计划	·活动协调	·文件整理
·范围	·任命	·进度控制	·验收
·轮廓	·建立组织	·预算控制	·移交
·要求	·责任分派	·阶段评审	·解散组织
·可行性分析	·招标与发包	·下马决策	
·预期结果	·启动	·修订计划	

图5-9 项目生命周期理论框架模型

奥运物流

依据该理论框架，奥运物流其实也是一类特殊的项目物流，同样面临以上四个生命周期阶段，但按奥运时间线和时间节点划分为赛前、赛中、赛后三个生命周期阶段（见图5-10），更体现奥运物流的独特性，其中每个阶段都有其特殊要求和挑战。

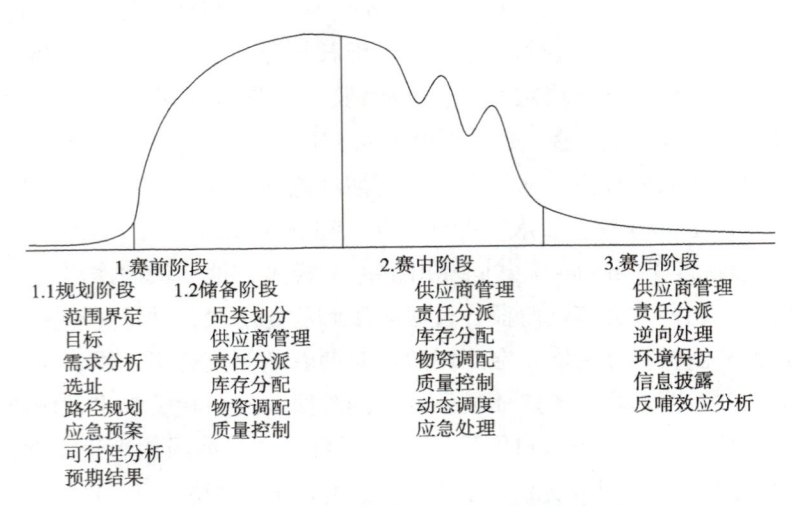

```
1.赛前阶段                      2.赛中阶段        3.赛后阶段
1.1规划阶段    1.2储备阶段       供应商管理        供应商管理
  范围界定      品类划分          责任分派          责任分派
  目标          供应商管理        库存分配          逆向处理
  需求分析      责任分派          物资调配          环境保护
  选址          库存分配          质量控制          信息披露
  路径规划      物资调配          动态调度          反哺效应分析
  应急预案      质量控制          应急处理
  可行性分析
  预期结果
```

图 5-10　奥运物流生命周期理论框架模型

赛前阶段包括规划阶段和储备阶段。从规划阶段看，奥运物流的独特性主要体现在对于筹备工作的全面性和细致性，这一阶段涉及物流中心建设、奥运物流目标分析及范围界定、安全措施的规划等多方面的工作，奥运物流需要精确地评估各项物资的需求量，制定详尽的物流计划，并确保所有物资能够按时按量到达指定地点。从储备阶段看，奥运未开、物流先行，首先需要进行品类划分，对各类物资进行分类整理；接着进行供应商管理，与符合要求的供应商签订合同并建立评估机制；然后进行责任分派，明确各物流部门和人员在物资储备工作中的职责和权限；同时进行库存分配，根据实际需求制定科学的库存管理方案；之后需要进行物资调配，确保各场馆和区域的物资供应充足；最后进行质量控制，确保储备物资的质量符合标准。与常规项目物流相比，赛前物流不仅要求高效率，还要求极高的准确性和可靠性，因为任何一点延误或疏漏都可能对奥运赛事的顺利进行产生影响。

赛中阶段，奥运物流的独特性体现在对于实时反应和灵活调整的能力上。在比赛进行期间，物流系统必须能够实时监控物资的流动状态，快速响应突发事件，如运动员设备的紧急更换、奥运食品的补充等。此外，比赛项目和场馆安排动态变化，要求物流主办方密切关注需求变化，与相关方保持沟通，确保物资准时到达。食品需求量极大，需提前准备充足食品供应并注意质量安全。物流主办方需根据比赛热度不同安排物资供应，避免资源浪费。同时，随着比赛进展，可能出现提前结束或推迟情况，需要及时调整物流计划。

赛后阶段，奥运物流的独特性则在于对逆向物流的高度重视。赛事结束后，大量的临时建筑、赛事设备和物资需要被拆除、回收、转移或者二次利用，这不仅涉及资源的有效回收利用，还涉及环境保护和可持续发展的问题。逆向物流在此阶段起着至关重要的作用，通过高效地回收和处理赛后物资，减少浪费，降低环境影响。与常规项目物流相比，奥运物流在赛后阶段更加注重对环境的责任和对社会资源的合理配置及反哺效应。

5.2.3 奥运物流绩效评价体系构建

在构建奥运物流绩效指标体系时，本研究构建了一个四维的体系框架（见图5-11），以全面评估和提升奥运物流的效率和效果。

5.2.3.1 第一维度

第一维度为准则层，此层基于三重底线理论拓展为五重底线，强调奥运物流不仅需要在物流设施规模上完全覆盖奥运需求，服务质量上追求卓越，确保运动员、官员、观众等所有利益相关者的需求得到满足，同时也要兼顾环境保护，确保赛事的可持续发展，安全管理亦不可忽视，需要确保所有物流活动在安全的前提下进行，而社会责任的承担则反映了奥运物流在促进社会和谐与发展方面的作用。

5.2.3.2 第二维度

第二维度为支撑层，依据资源基础理论，聚焦物流系统内部的关键资源配置，包括设施的布局与利用、作业的效率与标准化，以及通过这些内部优势来提升竞争力的策略，确保奥运物流系统能够高效、稳定地运作。

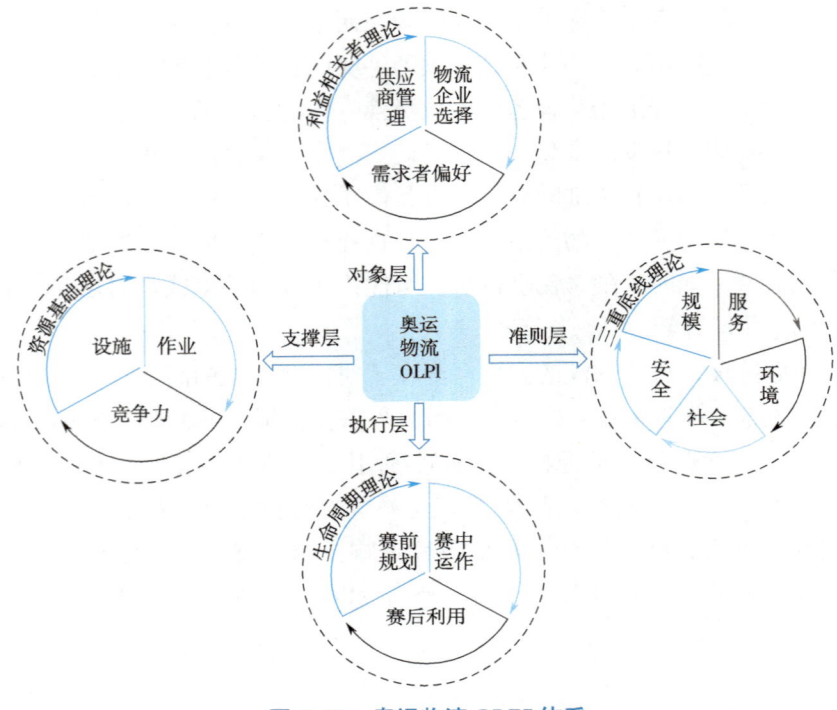

图 5-11 奥运物流 OLPI 体系

5.2.3.3 第三维度

第三维度为对象层，此层根据利益相关者理论，明确了奥运物流系统的主要服务对象和合作伙伴，包括供应商管理、物流企业选择和需求者偏好三个方面，旨在通过有效管理和优化供应链，满足各方面的需求，实现利益最大化。

5.2.3.4 第四维度

第四维度为执行层，基于生命周期理论，将奥运物流的操作分为赛前规划、赛中运作、赛后利用三个阶段，每个阶段都有其特定的目标和任务，赛前规划注重物流方案的设计和资源的准备，赛中运作侧重物流活动的实时调度和问题处理，而赛后利用则关注资源的回收和再利用，以及对整个物流过程的总结和反思。

根据以上绩效指数体系，指标设置如表 5-5 所示。

表 5-5　奥运物流绩效指数体系指标设置

准则层	指标层
规模	基础设施完备性
	市场表现
服务	协同作业效率
	行业竞争力
安全	物流作业安全性
	物流应急水平
环境	可持续发展能力
	逆向处理水平
社会	社会责任表现
	反哺效应

5.2.4　奥运物流绩效指标分析

5.2.4.1　规模

（1）基础设施完备性

基础设施完备性是奥运物流绩效评价的重要组成部分，它反映了奥运物流系统在硬件资源上的投入水平。基础设施完备性指标包括仓储设施（平方米）、配送车辆（辆）和人员装配（人）三个方面。为了实现对各届奥运会的横向对比分析，特设定如下计算公式：

$$S = \left(\frac{W}{W_{max}} \times 100 \times \alpha\right) + \left(\frac{V}{V_{max}} \times 100 \times \beta\right) + \left(\frac{P}{P_{max}} \times 100 \times \gamma\right)$$

其中：S表示基础设施完备性的总得分。W表示某届奥运会的仓储设施面积（平方米）。W_{max}表示参与评价的各届奥运会中仓储设施面积的最大值。V表示某届奥运会的配送车辆数量（辆）。V_{max}表示参与评价的各届奥运会中配送车辆数量的最大值。P表示某届奥运会的人员装配数量（人）。P_{max}表示参与评价的各届奥运会中人员装配数量的最大值。α、β、γ分别表示三个方面的权重系数（权重系数根据专家打分确定）。

具体来看：

第一，仓储设施（W）。仓储设施是指用于储存奥运会所需物资的仓库面积，单位为平方米。

某届奥运会的仓储设施得分计算公式为：

$$W_{\text{score}} = \frac{W}{W_{\max}} \times 100 \times \alpha$$

通过该公式，可以得出某届奥运会的仓储设施得分。计算时，将该届奥运会的仓储设施面积与最大值相比，得出相对得分，并乘以相应权重。

第二，配送车辆（V）。配送车辆是指用于奥运物资运输的车辆数量，单位为辆。

某届奥运会的配送车辆得分计算公式为：

$$V_{\text{score}} = \frac{V}{V_{\max}} \times 100 \times \beta$$

通过该公式，可以得出某届奥运会的配送车辆得分。计算时，将该届奥运会的配送车辆数量与最大值相比，得出相对得分，并乘以相应权重。

第三，人员装配（P）。人员装配是指参与奥运物流服务的工作人员数量，单位为人。

某届奥运会的人员装配得分计算公式为：

$$P_{\text{score}} = \frac{P}{P_{\max}} \times 100 \times \gamma$$

通过该公式，可以得出某届奥运会的人员装配得分。计算时，将该届奥运会的人员装配数量与最大值相比，得出相对得分，并乘以相应权重。

（2）市场表现

市场表现是评估奥运物流绩效的关键指标之一，它反映了奥运物流企业在市场方面的贡献和表现。市场表现指标主要从市场份额和盈亏情况（美元）两个方面进行科学分析。为了实现对各届奥运会的横向对比分析，特设定如下计算公式：

$$E = \left(\frac{M}{M_{\max}} \times 100 \times \theta \right) + \left(\frac{B}{B_{\max}} \times 100 \times \lambda \right)$$

其中：E 表示市场表现的总得分。M 表示奥运物流企业的市场份额。$M_{\max}$ 表示所有参与评价的奥运物流企业的市场份额最大值。B 表示奥运物流企业的盈亏情况（美元）。$B_{\max}$ 表示所有参与评价的奥运物流企业的盈亏情况最大值（美元）。θ、λ 分别表示两个方面的权重系数（权重系数根据专家打分确定）。

具体来看：

第一，市场份额（M）。市场份额是指奥运物流企业在全球体育赛事市场中所占比例，反映奥运物流企业在市场上的影响力和竞争力。

奥运物流企业的市场份额得分计算公式为：

$$M_{\text{score}} = \frac{M}{M_{\max}} \times 100 \times \theta$$

通过该公式，可以得出奥运物流企业的市场份额得分。计算时，将该届奥运会奥运物流企业的市场份额与所有参与评价的奥运物流企业的市场份额最大值相比，得出相对得分，并乘以相应权重。

第二，盈亏情况（B）。盈亏情况是指奥运物流企业的经济收益或损失，单位为美元，反映奥运物流企业的经济绩效。

奥运物流企业的盈亏情况得分计算公式为：

$$B_{\text{score}} = \frac{B}{B_{\max}} \times 100 \times \lambda$$

通过该公式，可以得出奥运物流企业的盈亏情况得分。计算时，将该届奥运会奥运物流企业的盈亏情况与所有参与评价的奥运物流企业的盈亏情况最大值相比，得出相对得分，并乘以相应权重。

5.2.4.2 服务

（1）协同作业效率

协同作业效率是评估奥运物流绩效的重要指标之一，反映了各物流环节之间的协作和运作效率。协同作业效率指标主要从转运/分拣中心处理能力、配送路径规划能力、物流作业人员业务能力、配送准时率这四个方面进行科学分析。为了实现对各届奥运会的横向对比分析，特设定如下计算公式：

$$C = \left(\frac{T}{T_{\max}} \times 100 \times \delta\right) + \left(\frac{R}{R_{\max}} \times 100 \times \varepsilon\right) + \left(\frac{L}{L_{\max}} \times 100 \times \zeta\right) + \left(\frac{D}{D_{\max}} \times 100 \times \eta\right)$$

奥运物流

其中：C 表示协同作业效率的总得分。T 表示某届奥运会的转运/分拣中心处理能力。T_{max} 表示参与评价的各届奥运会中转运/分拣中心处理能力的最高值。R 表示某届奥运会的配送路径规划能力。R_{max} 表示参与评价的各届奥运会中配送路径规划能力的最高值。L 表示某届奥运会的物流作业人员业务能力。L_{max} 表示参与评价的各届奥运会中物流作业人员业务能力的最高值。D 表示某届奥运会的配送准时率。D_{max} 表示参与评价的各届奥运会中配送准时率的最高值。δ、ε、ζ、η 分别表示四个方面的权重系数（权重系数根据专家打分确定）。

具体来看：

第一，转运/分拣中心处理能力（T）。转运/分拣中心处理能力是指在奥运物流过程中，转运或分拣中心每天能够处理的货物数量。

某届奥运会的转运/分拣中心处理能力得分计算公式为：

$$T_{score} = \frac{T}{T_{max}} \times 100 \times \delta$$

通过该公式，可以得出某届奥运会的转运/分拣中心处理能力得分。计算时，将该届奥运会的处理能力与参与评价的奥运会中处理能力的最高值相比，得出相对得分，并乘以相应权重。

第二，配送路径规划能力（R）。配送路径规划能力是指在奥运物流过程中，优化配送路线的效率和效果。

某届奥运会的配送路径规划能力得分计算公式为：

$$R_{score} = \frac{R}{R_{max}} \times 100 \times \varepsilon$$

通过该公式，可以得出某届奥运会的配送路径规划能力得分。计算时，将该届奥运会的配送路径规划能力与参与评价的奥运会中路径规划能力的最高值相比，得出相对得分，并乘以相应权重。

第三，物流作业人员业务能力（L）。物流作业人员业务能力是指奥运物流过程中，参与物流作业的人员的专业技能和工作效率。

某届奥运会的物流作业人员业务能力得分计算公式为：

$$L_{score} = \frac{L}{L_{max}} \times 100 \times \zeta$$

通过该公式，可以得出某届奥运会的物流作业人员业务能力得分。计算时，将该届奥运会的物流作业人员业务能力与参与评价的奥运会中业务能力的最高值相比，得出相对得分，并乘以相应权重。

第四，配送准时率（D）。配送准时率是指奥运物流过程中，货物按时送达的比例。

某届奥运会的配送准时率得分计算公式为：

$$D_{\text{score}} = \frac{D}{D_{\max}} \times 100 \times \eta$$

通过该公式，可以得出某届奥运会的配送准时率得分。计算时，将该届奥运会的配送准时率与参与评价的奥运会中配送准时率的最高值相比，得出相对得分，并乘以相应权重。

（2）行业竞争力

行业竞争力是评估奥运物流绩效的重要指标之一，它反映了奥运物流系统在技术和服务方面的先进性和综合实力。行业竞争力指标主要从软硬件系统配备情况、技术先进水平及获得能力、物流服务经验/质量这三个方面进行科学分析。为了实现对各届奥运会的横向对比分析，特设定如下计算公式：

$$H = \left(\frac{S}{S_{\max}} \times 100 \times \alpha \right) + \left(\frac{T}{T_{\max}} \times 100 \times \beta \right) + \left(\frac{Q}{Q_{\max}} \times 100 \times \gamma \right)$$

其中：H 表示行业竞争力的总得分。S 表示某届奥运会的软硬件系统配备情况。$S_{\max}$ 表示参与评价的各届奥运会中软硬件系统配备情况的最佳值。T 表示某届奥运会的技术先进水平及获得能力。$T_{\max}$ 表示参与评价的各届奥运会中技术先进水平及获得能力的最佳值。Q 表示某届奥运会的物流服务经验/质量。$Q_{\max}$ 表示参与评价的各届奥运会中物流服务经验/质量的最佳值。α、β、γ 分别表示三个方面的权重系数（权重系数根据专家打分确定）。

具体来看：

第一，软硬件系统配备情况（S）。软硬件系统配备情况是指奥运物流过程中使用的各类软件和硬件设备的数量和质量，包括信息管理系统、运输工具、仓储设备等。

某届奥运会的软硬件系统配备情况得分计算公式为：

$$S_{\text{score}} = \frac{S}{S_{\max}} \times 100 \times \alpha$$

通过该公式，可以得出某届奥运会的软硬件系统配备情况得分。计算时，将该届奥运会的软硬件系统配备情况与参与评价的奥运会中配备情况的最佳值相比，得出相对得分，并乘以相应权重。

第二，技术先进水平及获得能力（T）。技术先进水平及获得能力是指奥运物流过程中所使用的技术水平，包括先进技术的使用情况和获取这些技术的能力。

某届奥运会的技术先进水平及获得能力得分计算公式为：

$$T_{\text{score}} = \frac{T}{T_{\max}} \times 100 \times \beta$$

通过该公式，可以得出某届奥运会的技术先进水平及获得能力得分。计算时，将该届奥运会的技术先进水平及获得能力与参与评价的奥运会中该指标的最佳值相比，得出相对得分，并乘以相应权重。

第三，物流服务经验/质量（Q）。物流服务经验/质量是指在奥运物流过程中，提供的物流服务的专业程度和服务质量，包括物流服务提供者的经验、响应速度、服务满意度等。

某届奥运会的物流服务经验/质量得分计算公式为：

$$Q_{\text{score}} = \frac{Q}{Q_{\max}} \times 100 \times \gamma$$

通过该公式，可以得出某届奥运会的物流服务经验/质量得分。计算时，将该届奥运会的物流服务经验/质量与参与评价的奥运会中该指标的最佳值相比，得出相对得分，并乘以相应权重。

5.2.4.3 安全

（1）物流作业安全性

物流作业安全性是评估奥运物流绩效的重要指标之一，反映了物流运作过程中的安全保障和风险控制水平。物流作业安全性指标主要从物流作业标准化水平、货物完好率及质量合格率、商品追溯能力这三个方面进行科学分析。为了实现对各届奥运会的横向对比分析，特设定如下计算公式：

$$S = \left(\frac{M}{M_{\max}} \times 100 \times \alpha\right) + \left(\frac{I}{I_{\max}} \times 100 \times \beta\right) + \left(\frac{T}{T_{\max}} \times 100 \times \gamma\right)$$

其中：S 表示物流作业安全性的总得分。M 表示某届奥运会的物流作业标准化水平。$M_{\max}$ 表示参与评价的各届奥运会中物流作业标准化水平的最佳值。I 表示某届奥运会的货物完好率及质量合格率。$I_{\max}$ 表示参与评价的各届奥运会中货物完好率及质量合格率的最佳值。T 表示某届奥运会的商品追溯能力。$T_{\max}$ 表示参与评价的各届奥运会中商品追溯能力的最佳值。α、β、γ 分别表示三个方面的权重系数（权重系数根据专家打分确定）。

具体来看：

第一，物流作业标准化水平（M）。物流作业标准化水平是指在奥运物流过程中，物流操作的规范化和标准化程度，包括操作流程、操作规范和标准操作程序的执行情况。

某届奥运会的物流作业标准化水平得分计算公式为：

$$M_{\text{score}} = \frac{M}{M_{\max}} \times 100 \times \alpha$$

通过该公式，可以得出某届奥运会的物流作业标准化水平得分。计算时，将该届奥运会的物流作业标准化水平与参与评价的奥运会中标准化水平的最佳值相比，得出相对得分，并乘以相应权重。

第二，货物完好率及质量合格率（I）。货物完好率及质量合格率是指在奥运物流过程中，货物从运输、仓储到配送等各环节保持完好及质量合格的比例。

某届奥运会的货物完好率及质量合格率得分计算公式为：

$$I_{\text{score}} = \frac{I}{I_{\max}} \times 100 \times \beta$$

通过该公式，可以得出某届奥运会的货物完好率及质量合格率得分。计算时，将该届奥运会的货物完好率及质量合格率与参与评价的奥运会中完好率及合格率的最佳值相比，得出相对得分，并乘以相应权重。

第三，商品追溯能力（T）。商品追溯能力是指在奥运物流过程中，对物流商品从生产、运输、仓储到配送等各环节进行追溯和跟踪的能力。

某届奥运会的商品追溯能力得分计算公式为：

$$T_{\text{score}} = \frac{T}{T_{\max}} \times 100 \times \gamma$$

通过该公式，可以得出某届奥运会的商品追溯能力得分。计算时，将该届奥运会的商品追溯能力与参与评价的奥运会中追溯能力的最佳值相比，得出相对得分，并乘以相应权重。

（2）物流应急水平

物流应急水平是评估奥运物流绩效的重要指标之一，反映了奥运物流系统在应对突发事件和非常规情况时的响应和调整能力。物流应急水平指标主要从政策响应能力、运输方式转变能力、零接触配送能力这三个方面进行科学分析。为了实现对各届奥运会的横向对比分析，特设定如下计算公式：

$$E = \left(\frac{R}{R_{\max}} \times 100 \times \alpha\right) + \left(\frac{C}{C_{\max}} \times 100 \times \beta\right) + \left(\frac{Z}{Z_{\max}} \times 100 \times \gamma\right)$$

其中：E 表示物流应急水平的总得分。R 表示某届奥运会的政策响应能力。$R_{\max}$ 表示参与评价的各届奥运会中政策响应能力的最佳值。C 表示某届奥运会的运输方式转变能力。$C_{\max}$ 表示参与评价的各届奥运会中运输方式转变能力的最佳值。Z 表示某届奥运会的零接触配送能力。$Z_{\max}$ 表示参与评价的各届奥运会中零接触配送能力的最佳值。α、β、γ 分别表示三个方面的权重系数（权重系数根据专家打分确定）。

具体来看：

第一，政策响应能力（R）。政策响应能力是指在应对突发事件或紧急情况时，物流系统能够迅速调整和实施应急政策的能力，包括制定和实施应急预案、协调各方资源等。

某届奥运会的政策响应能力得分计算公式为：

$$R_{\text{score}} = \frac{R}{R_{\max}} \times 100 \times \alpha$$

通过该公式，可以得出某届奥运会的政策响应能力得分。计算时，将该届奥运会的政策响应能力与参与评价的奥运会中政策响应能力的最佳值相比，得出相对得分，并乘以相应权重。

第二，运输方式转变能力（C）。运输方式转变能力是指在突发事件或非常规情况下，物流系统能够迅速调整和改变运输方式的能力，包括从陆路转为空运、海运等。

某届奥运会的运输方式转变能力得分计算公式为：

$$C_{\text{score}} = \frac{C}{C_{\max}} \times 100 \times \beta$$

通过该公式，可以得出某届奥运会的运输方式转变能力得分。计算时，将该届奥运会的运输方式转变能力与参与评价的奥运会中运输方式转变能力的最佳值相比，得出相对得分，并乘以相应权重。

第三，零接触配送能力（Z）。零接触配送能力是指在物流作业过程中，能够实现全程无接触配送的能力，包括使用无人配送车、无人机等技术手段，确保在突发公共卫生事件等情况下的物流安全。

某届奥运会的零接触配送能力得分计算公式为：

$$Z_{\text{score}} = \frac{Z}{Z_{\max}} \times 100 \times \gamma$$

通过该公式，可以得出某届奥运会的零接触配送能力得分。计算时，将该届奥运会的零接触配送能力与参与评价的奥运会中零接触配送能力的最佳值相比，得出相对得分，并乘以相应权重。

5.2.4.4 环境

（1）可持续发展能力

可持续发展能力是评估奥运物流绩效的重要指标之一，反映了物流系统在环境保护方面的表现。可持续发展能力指标主要从物流低碳指数、包装循环再生率、供应商/物流企业环境管理体系认证情况这三个方面进行科学分析。为了实现对各届奥运会的横向对比分析，特设定如下计算公式：

$$G = \left(\frac{L}{L_{\max}} \times 100 \times \alpha \right) + \left(\frac{P}{P_{\max}} \times 100 \times \beta \right) + \left(\frac{E}{E_{\max}} \times 100 \times \gamma \right)$$

其中：G表示可持续发展能力的总得分。L表示某届奥运会的物流低碳指数。$L_{\max}$表示参与评价的各届奥运会中物流低碳指数的最佳值。P表示某届奥运会的包装循环再生率。$P_{\max}$表示参与评价的各届奥运会中包装循环再生率的最佳值。E表示某届奥运会的供应商/物流企业环境管理体系认证情况。E_{max}表示参与评价的各届奥运会中供应商/物流企业环境管理体系认证情况的最佳值。$α$、$β$、$γ$分别表示三个方面的权重系数（权重系数根据专家打分确定）。

具体来看：

第一，物流低碳指数（L）。物流低碳指数是指在物流过程中，通过使用低碳运输工具、优化运输路线、减少能源消耗等措施，减少碳排放的程度。

某届奥运会的物流低碳指数得分计算公式为：

$$L_{score} = \frac{L}{L_{max}} \times 100 \times α$$

通过该公式，可以得出某届奥运会的物流低碳指数得分。计算时，将该届奥运会的物流低碳指数与参与评价的奥运会中物流低碳指数的最佳值相比，得出相对得分，并乘以相应权重。

第二，包装循环再生率（P）。包装循环再生率是指在物流过程中，使用循环再生包装材料的比例，包括包装材料的回收、再利用和再制造。

某届奥运会的包装循环再生率得分计算公式为：

$$P_{score} = \frac{P}{P_{max}} \times 100 \times β$$

通过该公式，可以得出某届奥运会的包装循环再生率得分。计算时，将该届奥运会的包装循环再生率与参与评价的奥运会中包装循环再生率的最佳值相比，得出相对得分，并乘以相应权重。

第三，供应商/物流企业环境管理体系认证情况（E）。供应商/物流企业环境管理体系认证情况是指在物流过程中，相关供应商和物流企业获得环境管理体系认证（如ISO 14001认证）的情况。

某届奥运会的供应商/物流企业环境管理体系认证情况得分计算公式为：

$$E_{score} = \frac{E}{E_{max}} \times 100 \times γ$$

通过该公式，可以得出某届奥运会的供应商/物流企业环境管理体系认证情况得分。计算时，将该届奥运会的供应商/物流企业环境管理体系认证情况与参与评价的奥运会中认证情况的最佳值相比，得出相对得分，并乘以相应权重。

（2）逆向处理水平

逆向处理水平是评估奥运物流绩效的关键指标之一，反映了物流系统在处理逆向物流（如退货、回收、再利用等）方面的表现。逆向处理水平指标主要从逆向品类范围和逆向处理率这两个方面进行科学分析。为了实现对各届奥运会的横向对比分析，特设定如下计算公式：

$$R = \left(\frac{C}{C_{\max}} \times 100 \times \alpha\right) + \left(\frac{H}{H_{\max}} \times 100 \times \beta\right)$$

其中：R 表示逆向处理水平的总得分。C 表示某届奥运会的逆向品类范围。$C_{\max}$ 表示参与评价的各届奥运会中逆向品类范围的最佳值。H 表示某届奥运会的逆向处理率。$H_{\max}$ 表示参与评价的各届奥运会中逆向处理率的最佳值。α、β 分别表示两个方面的权重系数（权重系数根据专家打分确定）。

具体来看：

第一，逆向品类范围（C）。逆向品类范围是指物流系统能够处理的逆向物流品类的数量和种类。

某届奥运会的逆向品类范围得分计算公式为：

$$C_{\text{score}} = \frac{C}{C_{\max}} \times 100 \times \alpha$$

通过该公式，可以得出某届奥运会的逆向品类范围得分。计算时，将该届奥运会的逆向品类范围与参与评价的奥运会中逆向品类范围的最佳值相比，得出相对得分，并乘以相应权重。

第二，逆向处理率（H）。逆向处理率是指物流系统对逆向物流的处理效率，即在一定时间内成功处理的逆向物流数量占总逆向物流数量的比例。

某届奥运会的逆向处理率得分计算公式为：

$$H_{\text{score}} = \frac{H}{H_{\max}} \times 100 \times \beta$$

通过该公式，可以得出某届奥运会的逆向处理率得分。计算时，将该届奥运会的逆向处理率与参与评价的奥运会中逆向处理率的最佳值相比，得出相对得分，并乘以相应权重。

5.2.4.5 社会

（1）社会责任表现

社会责任表现是评估奥运物流绩效的重要指标之一，反映了奥运会在举办过程中对相关利益者的责任和信息披露的程度。社会责任表现指标主要从相关利益者满意度和信息披露程度这两个方面进行科学分析。为了实现对各届奥运会的横向对比分析，特设定如下计算公式：

$$SR = \left(\frac{S}{S_{\max}} \times 100 \times \alpha \right) + \left(\frac{I}{I_{\max}} \times 100 \times \beta \right)$$

其中：SR 表示社会责任表现的总得分。S 表示某届奥运会的相关利益者满意度。$S_{\max}$ 表示参与评价的各届奥运会中相关利益者满意度的最佳值。I 表示某届奥运会的信息披露程度。$I_{\max}$ 表示参与评价的各届奥运会中信息披露程度的最佳值。α、β 分别表示两个方面的权重系数（权重系数根据专家打分确定）。

具体来看：

第一，相关利益者满意度（S）。相关利益者满意度是指奥运会期间，各相关利益者（包括观众、运动员、赞助商、当地居民等）对奥运会物流服务的满意程度。

某届奥运会的相关利益者满意度得分计算公式为：

$$S_{\text{score}} = \frac{S}{S_{\max}} \times 100 \times \alpha$$

通过该公式，可以得出某届奥运会的相关利益者满意度得分。计算时，将该届奥运会的相关利益者满意度与参与评价的奥运会中相关利益者满意度的最佳值相比，得出相对得分，并乘以相应权重。

第二，信息披露程度（I）。信息披露程度是指奥运会期间，组织者对物流相关信息的透明度和公开度，包括物流运作过程、环保措施、突发事件处理等信息的公开情况。

某届奥运会的信息披露程度得分计算公式为：

$$I_{\text{score}} = \frac{I}{I_{\max}} \times 100 \times \beta$$

通过该公式，可以得出某届奥运会的信息披露程度得分。计算时，将该届奥运会的信息披露程度与参与评价的奥运会中信息披露程度的最佳值相比，得出相对得分，并乘以相应权重。

（2）反哺效应

反哺效应是评估奥运物流绩效的重要指标之一，反映了奥运会后物流设施的利用情况及其对经济和文化的贡献。反哺效应指标主要从赛后奥运物流中心利用率、经济效益和文化效益这三个方面进行科学分析。为了实现对各届奥运会的横向对比分析，特设定如下计算公式：

$$RE = \left(\frac{U}{U_{\max}} \times 100 \times \gamma\right) + \left(\frac{E}{E_{\max}} \times 100 \times \delta\right) + \left(\frac{C}{C_{\max}} \times 100 \times \varepsilon\right)$$

其中：RE 表示反哺效应的总得分。U 表示某届奥运会的赛后物流中心利用率。$U_{\max}$ 表示参与评价的各届奥运会中赛后物流中心利用率的最佳值。E 表示物流企业在某届奥运会所创造的经济效益。$E_{\max}$ 表示参与评价的物流企业在各届奥运会中所创造经济效益的最佳值。C 表示物流企业在某届奥运会所创造的文化效益。$C_{\max}$ 表示参与评价的物流企业在各届奥运会中所创造文化效益的最佳值。γ、δ、ε 分别表示三个方面的权重系数（权重系数根据专家打分确定）。

具体来看：

第一，赛后奥运物流中心利用率（U）。赛后奥运物流中心利用率是指奥运会结束后，物流设施被继续使用的程度。

某届奥运会的赛后物流中心利用率得分计算公式为：

$$U_{\text{score}} = \frac{U}{U_{\max}} \times 100 \times \gamma$$

通过该公式，可以得出某届奥运会的赛后物流中心利用率得分。计算时，将该届奥运会的赛后物流中心利用率与参与评价的奥运会中赛后物流中心利用率的最佳值相比，得出相对得分，并乘以相应权重。

第二，经济效益（E）。经济效益是指赛后奥运物流设施对当地经济产生的正面影响。

某届奥运会的经济效益得分计算公式为：

$$E_{\text{score}} = \frac{E}{E_{\max}} \times 100 \times \delta$$

通过该公式，可以得出某届奥运会的经济效益得分。计算时，将该届奥运会的经济效益与参与评价的奥运会中经济效益的最佳值相比，得出相对得分，并乘以相应权重。

第三，文化效益（C）。文化效益是指赛后奥运物流设施在促进当地文化活动和社会交流方面的表现。

某届奥运会的文化效益得分计算公式为：

$$C_{score} = \frac{C}{C_{max}} \times 100 \times \varepsilon$$

通过该公式，可以得出某届奥运会的文化效益得分。计算时，将该届奥运会的文化效益与参与评价的奥运会中文化效益的最佳值相比，得出相对得分，并乘以相应权重。

5.3 奥运物流绩效评价方法及步骤分析

5.3.1 应用扎根理论完善奥运物流绩效评价指标

扎根理论（Grounded Theory，GT）是一种质性研究方法，通过系统地收集和分析数据，以构建理论。应用扎根理论可以更深入地理解奥运物流绩效评价的复杂性和多样性，并进一步完善评价体系。

5.3.1.1 扎根理论在物流绩效评价中的应用

在奥运物流绩效评价中，扎根理论的应用主要包括以下几个步骤：

第一步，数据收集。通过深度访谈、问卷调查和文献分析，收集与奥运物流绩效相关的第一手和第二手数据。这些数据包括物流运营记录、专家访谈记录、相关政策文件等。

第二步，开放编码。对收集到的数据进行详细的逐字逐句分析，识别出影响奥运物流绩效的核心概念和类别。每一个类别代表一个影响因素，如基础设施完备性、市场表现等。

第三步，主轴编码。将开放编码阶段识别出的类别进行关联，找出它们之间的关系，形成更高层次的抽象。通过不断比较不同类别之间的联系，形成影响奥运物流绩效的核心因素框架。

第四步，选择性编码。在主轴编码的基础上，进一步筛选出最核心的类别，构建奥运物流绩效评价的理论模型。这一步需要反复验证和修正，确保模型的科学性和合理性。

第五步，理论饱和。通过不断收集新的数据并进行分析，当新增数据不再能提供新的信息或修改现有理论时，认为理论已达到饱和状态。

5.3.1.2 扎根理论的应用成果

通过扎根理论的应用，可以对原有的奥运物流绩效评价指标体系进行修正和补充，使之更为全面和细致。具体成果包括：

第一，指标修正：对已有的十大物流绩效指标进行优化，例如根据专家访谈数据，调整基础设施完备性、市场表现等指标的权重和定义。

第二，新指标发现：可能发现一些之前未被重视但实际影响显著的新指标，如特定物流技术的应用程度、绿色物流实施情况等。

5.3.2 基于 DEA 进行奥运物流绩效评价分析

为了科学、客观地评价各届奥运会的物流绩效，并实现不同届奥运会之间的横向对比，本部分将介绍运用数据包络分析（DEA）模型对奥运物流绩效进行评价的方法和步骤。DEA是一种用于评估多输入、多输出系统相对效率的非参数方法，适用于对各届奥运会物流绩效进行客观、量化的分析。

5.3.2.1 DEA 模型应用步骤

DEA 模型包括 CCR 模型和 BCC 模型，分别用于评估规模报酬不变（Constant Returns to Scale，CRS）和规模报酬可变（Variable Returns to Scale，VRS）的情况。本研究将采用 BCC 模型，以更好地适应奥运物流绩效的多样性。

（1）输入与输出指标选取

根据前文所述的10个物流绩效指标，将其划分为输入指标与输出指标（具体设置可根据不同阶段奥运物流运作的特点进行调整），本研究以基础设施完备性、市场表现、协同作业效率、行业竞争力、物流作业安全性作为输入指标为例，构建DEA模型。

输入指标：
- 基础设施完备性（$I1$）。
- 市场表现（$I2$）。

- 协同作业效率（$I3$）。
- 行业竞争力（$I4$）。
- 物流作业安全性（$I5$）。

输出指标：
- 物流应急水平（$O1$）。
- 可持续发展能力（$O2$）。
- 逆向处理水平（$O3$）。
- 社会责任表现（$O4$）。
- 反哺效应（$O5$）。

（2）数据收集

收集各届奥运会的相关数据，包括上述输入指标和输出指标的数据。为了确保数据的完整性和准确性，本研究将采用专家打分法获取部分指标数据。

（3）构建决策单元（DMUs）

以各届奥运会为DMUs，构建包含所有输入指标与输出指标的数据矩阵。例如，假设收集到以下数据：

$$\begin{bmatrix} I1_1 & I2_1 & I3_1 & I4_1 & I5_1 & O1_1 & O2_1 & O3_1 & O4_1 & O5_1 \\ I1_2 & I2_2 & I3_2 & I4_2 & I5_2 & O1_2 & O2_2 & O3_2 & O4_2 & O5_2 \\ \vdots & \vdots & \vdots & \vdots & \vdots & \vdots & \vdots & \vdots & \vdots & \vdots \\ I1_n & I2_n & I3_n & I4_n & I5_n & O1_n & O2_n & O3_n & O4_n & O5_n \end{bmatrix}$$

（4）选择DEA模型

选择适合本研究的BCC模型，构建线性规划模型，以评估各DMU的相对效率。

（5）构建输入矩阵与输出矩阵

输入矩阵（X）：

$$X = \begin{bmatrix} I1_1 & I2_1 & I3_1 & I4_1 & I5_1 \\ I1_2 & I2_2 & I3_2 & I4_2 & I5_2 \\ \vdots & \vdots & \vdots & \vdots & \vdots \\ I1_n & I2_n & I3_n & I4_n & I5_n \end{bmatrix}$$

输出矩阵（Y）：

$$Y = \begin{bmatrix} O1_1 & O2_1 & O3_1 & O4_1 & O5_1 \\ O1_2 & O2_2 & O3_2 & O4_2 & O5_2 \\ \vdots & \vdots & \vdots & \vdots & \vdots \\ O1_n & O2_n & O3_n & O4_n & O5_n \end{bmatrix}$$

（6）求解线性规划问题

对每个 DMU j（$j=1,2,\cdots,n$），求解以下线性规划问题：

$$\text{Maximize} \quad \theta_j$$
$$\text{subject to} \quad \sum_{i=1}^{n} \lambda_i X_{ij} \leq \theta_j X_{jj}, j=1,2,\cdots,m$$
$$\sum_{i=1}^{n} \lambda_i Y_{ij} \geq Y_{jj}, j=1,2,\cdots,s$$
$$\sum_{i=1}^{n} \lambda_i = 1$$
$$\lambda_i \geq 0, i=1,2,\cdots,n$$

其中，θ_j 为第 j 个 DMU 的效率值，λ_i 为线性组合系数。

（7）计算效率值

通过求解线性规划问题，计算各 DMU 的效率值。效率值为 1 表示该 DMU 处于生产前沿面上，即相对有效；效率值小于 1 表示该 DMU 相对无效。

（8）分析结果

分析 DEA 模型的计算结果，找出相对无效的 DMU，并探讨其改进空间。

5.3.2.2 方法应用建议

在应用 DEA 模型进行奥运物流绩效评价时，需要注意以下几点。

（1）数据的准确性和完整性

确保收集的数据准确、完整，尽可能涵盖所有重要的输入指标和输出指标。由于奥运会的相关数据可能较为保密，建议通过专家打分法获取难以量化的指标数据。

（2）模型的选择和验证

选择适合研究目的的 DEA 模型（如 BCC 模型），并对模型结果进行验证。可以通过多种模型进行交叉验证，以提高评价结果的可靠性。

（3）专家参与和权重设定

在数据收集和指标权重设定过程中，充分考虑专家意见，确保权重分

奥运物流

配合理、科学。专家的参与有助于提高评价的公正性和权威性。

（4）持续改进和动态调整

奥运物流绩效评价应是一个持续改进的过程。随着物流管理技术的发展和奥运会组织经验的积累，评价指标和方法也需要不断调整和优化。

5.3.3 运行大模型验证奥运物流绩效评价效果

为了检验和验证奥运物流绩效评价方法的有效性，需要通过运行具体的大模型进行实际数据的测试和分析。本部分将介绍一个具体的大模型及其应用过程，包括其构建、运行步骤、公式及效果分析。

5.3.3.1 具体大模型应用

下面以一种基于人工神经网络（ANN）的大模型为例，详细介绍其在奥运物流绩效评价中的应用。

（1）模型构建

在大模型中，采用多层感知器（MLP）作为人工神经网络的基本结构。模型的输入层包含了前述的10个奥运物流绩效指标，即：

- 基础设施完备性。
- 市场表现。
- 协同作业效率。
- 行业竞争力。
- 物流作业安全性。
- 物流应急水平。
- 可持续发展能力。
- 逆向处理水平。
- 社会责任表现。
- 反哺效应。

模型的输出层为综合绩效评分。

（2）模型公式

假设输入层包含10个指标的标准化值 x_i（$i=1, 2, \cdots, 10$），则多层感知器的计算公式如下：

$$h_j = f\left(\sum_{i=1}^{10} w_{ij}x_i + b_j\right)$$

$$y_k = g\left(\sum_{j=1}^{m} w_{jk}h_j + b_k\right)$$

其中，h_j 为隐藏层神经元的输出，y_k 为输出层神经元的输出，w_{ij} 和 w_{jk} 为权重参数，b_j 和 b_k 为偏置参数，f 和 g 为激活函数。

（3）模型训练

通过收集大量历史数据，对模型进行训练。利用交叉验证方法调整模型参数，确保模型具有较好的泛化能力。训练过程中，采用均方误差（MSE）作为损失函数：

$$\text{MSE} = \frac{1}{n}\sum_{i=1}^{n}(y_i - \hat{y}_i)^2$$

其中，y_i 为真实值，$\hat{y}_i$ 为预测值，n 为样本数。

（4）模型验证

将训练好的模型应用于实际数据，计算其预测值并与实际绩效值进行比较。采用均方根误差（RMSE）和 R^2 系数作为评价指标：

$$\text{RMSE} = \sqrt{\frac{1}{n}\sum_{i=1}^{n}(y_i - \hat{y}_i)^2}$$

$$R^2 = 1 - \frac{\sum_{i=1}^{n}(y_i - \hat{y}_i)^2}{\sum_{i=1}^{n}(y_i - \bar{y})^2}$$

其中，为真实值的均值。

（5）模型优化

根据验证结果，调整模型的权重参数和偏置参数，优化数据处理流程和评价算法，提高模型的准确性和稳定性。

5.3.3.2 方法应用的建议及方法改进方向

（1）数据质量提升

提高数据收集和处理的质量，确保数据的准确性和完整性，是提高大

奥运物流

模型评价效果的基础。

（2）模型算法优化

不断优化模型算法，引入更多先进的机器学习和深度学习技术，提升模型的预测能力和适应性。

（3）综合评价体系完善

根据实际应用效果，适时调整和完善综合评价体系，确保其科学性和合理性。

（4）实时监测与反馈

建立实时监测与反馈机制，及时发现和解决模型运行中的问题，确保评价结果的时效性和准确性。

通过上述步骤和建议，可以有效地构建和优化大模型，实现对奥运物流绩效的科学、系统评价，提高评价结果的可信度和应用价值。

6 奥运物流展望

奥运物流作为奥运会成功举办的重要支撑，既保障奥运赛事高效顺畅进行，也为经济建设与国家发展服务，抓住奥运发展良机，充分发挥奥运物流的基础和先导作用，向数字化、可持续物流及应急物流方向发展，向平赛结合与健康中国建设方向拓展，向更高、更快、更强、更团结、更灵活、更协同方向延伸。

6.1 数字化、可持续及应急物流是重要发展方向

6.1.1 数字化转型、数字孪生与奥运物流

随着数字经济的发展以及5G、大数据、云计算、人工智能等数字技术的创新应用，奥运物流智慧化运营成为奥运物流的重要发展趋势。数字技术的应用可以实现物流信息的实时共享、路径优化、智能调度和自动化操作等功能，大大提高物流的效率和准确性，促进奥运物流实现资源的优化配置和共享，降低物流成本，减少资源浪费，推动奥运物流向绿色、低碳、可持续方向发展。其中，数字化转型（Digital Transformation，DX）与数字孪生（Digital Twin，DT）在推动奥运物流数字化发展中起到了至关重要的作用。

奥运物流

6.1.1.1　数字化转型与奥运物流

数字化转型促进奥运物流朝着智慧物流、科技物流方向发展。数字化转型使得智慧物流成为可能，通过应用物联网、大数据、人工智能等数字化技术，奥运物流能够实现对物流信息的实时追踪、分析和优化，从而提高物流效率，降低物流成本。数字化转型使得科技物流成为奥运物流的重要特点，通过应用先进的数字化技术，物流企业能够提供更高效、更准确的物流服务，确保奥运赛事各项需求的及时供给。

以北京冬奥会为例，京东物流作为中国第一家、全球第七家服务奥运会的物流服务商，充分践行了数字奥运、科技奥运、绿色奥运的理念。京东物流通过打造赛事一体化供应链，利用自身的绿色供应链产品和智能供应链技术，与冬奥组委共同搭建了冬奥绿色集约的一体化供应链体系，不仅整体提升了冬奥物资供应的效率和质量，更实现了冬奥供应链的绿色、环保。

此外，数字化转型还推动了奥运物流的智能化升级。通过应用数字化技术，物流企业能够实现对物流信息的实时收集、处理和分析，提高物流决策的科学性和准确性；同时，数字化技术还可以帮助物流企业实现自动化、智能化的物流操作，提高物流效率和服务质量。

6.1.1.2　数字孪生推动奥运物流高效运作

数字孪生是对物理空间的精确虚拟表示，支持场馆经营者实时模拟变化或场景，在一个设备或系统的基础上，创造一个数字版的"克隆体"。数字孪生在奥运物流中的应用主要体现在提高物流效率、优化资源配置和增强物流可视化等方面。通过数字孪生技术，可以构建虚拟的物流系统模型，模拟物流运作过程，从而实现对物流系统的实时监控、预测和优化。

首先，数字孪生有助于对奥运物流过程进行实时监控和预测。通过数字孪生技术，可以实时监控物流系统的运作情况，包括货物的位置、状态、运输路线等，并根据历史数据和算法预测未来的物流需求和趋势。这有助于及时发现和解决问题，优化物流计划，提高物流效率。其次，数字孪生有助于奥运物流运作过程的资源优化配置。通过数字孪生技术，可以对物流系统中的各种资源进行优化配置，包括运输工具、仓储设施、人员等。这有助于减少资源浪费，降低物流成本，提高整体物流效率。最后，数字孪生有助于实现奥运物流的可视化管理。通过数字孪生技术，可以将物流系统的运作情况以可视化的方式呈现出来，使得管理人员可以更加直观地了解物流系统的运作状态和问题所在。这有助于提高管理效率和决策准确性。

以 2022 年北京冬奥会为例，通过虚拟现实、人工智能、计算机图形学等相关前沿技术，将北京冬奥会的 12 个竞赛场馆、3 个奥运村、主媒体中心进行数字化、动态化、三维化。将场馆内、外及活动元素精准仿真，虚拟的三维世界辅助现实世界运行。奥运赛场的数字孪生操作系统、冬奥场馆数字孪生仿真系统、捕捉选手训练运动轨迹的数字孪生分析系统及数字孪生电力运维"智慧大脑"均在 2022 年北京冬奥会得以应用。工作人员可以在虚拟世界中，如同身临其境地高效协同办公。特别是在新冠疫情背景下，现实跨国跨地域协作，大大降低了工作人员实地踏勘与复核的工作量，为保证冬奥会如期成功举办提供了强大的支持。

此外，2024 年巴黎奥运会场馆采用数字孪生技术提升了规划效率和可持续性。2024 年巴黎奥运会和残奥会与英国科技公司 One Plan 达成合作，由 One Plan 为所有主要比赛场馆打造数据驱动的"数字孪生体"，这将使赛事组织与规划过程更加高效和可持续。

6.1.2　绿色转型与低碳可持续发展

绿色奥运的精髓是低碳可持续发展理念，促进实现联合国可持续发展目标（Sustainable Development Goals，SDGs）。绿色转型（Green Transformation，GX）作为奥运物流的发展趋势，通过采用绿色物流技术和管理方法，降低物流过程中的能源消耗和排放，实现奥运物流的低碳可持续发展，为绿色奥运的成功举办提供有力支持。

国际奥委会从 20 世纪 70 年代开始提出环保要求，随后《奥林匹克宪章》《奥林匹克 21 世纪行动议程》等明确奥林匹克运动要全力推动全球可持续发展和环境保护事业。2008 年北京奥运会以"绿色奥运、科技奥运、人文奥运"为理念，先后编制完成了《奥组委环境管理体系手册》《奥运工程环保指南》和《奥运工程绿色施工指南》等绿色管理体系，同时举办了绿色照明工程、绿色奥运绿色行动宣讲、绿色材料与绿色奥运国际研讨会等大量绿色奥运活动。2022 年北京冬奥会以"绿色、共享、开放、廉洁"为理念，形成了具有北京冬奥会特色的可持续性管理体系，创造了奥林匹克历史上第一个覆盖奥运会筹办全领域、全范围的可持续性管理体

奥运物流

系，从场馆改造、制冰减排、电力供应到服饰装备、相关用品、交通保障等，充分应用创新绿色技术，助力绿色、低碳和可持续运行。

在新的发展格局下，新质生产力带来的绿色科技创新和先进绿色技术推广应用，未来将持续推进实现绿色物流的更高层次形态，强化落实绿色转型，助力实现SDGs。

6.1.2.1 绿色电网全覆盖

2022年北京冬奥会和冬残奥会共有北京、延庆、张家口三大赛区，39个场馆，全部实现了城市绿色电网全覆盖，赛期全部使用绿色电能，主要是光伏发电和风力发电通过张北柔性直流电网工程输入北京电网，通过针对北京冬奥会的跨区域绿电交易机制，为冬奥场馆"绿电"运行提供保障，这是奥运史上首次实现全部场馆100%绿色电能供应，是奥运史上"零的突破"。奥运绿电将引领城市绿电发展，持续推广绿色电网，扩大绿电覆盖率。

6.1.2.2 新能源车辆广应用

北京冬奥会的赛事交通服务大量使用氢燃料车、纯电动车、天然气车、混合动力车，节能与清洁能源车辆在小客车中占比100%，在全部车辆中占比85.84%，为历届冬奥会最高。张家口赛区投入655辆氢燃料车，为赛事提供交通与物流保障服务。这些氢能车辆搭载我国自主研发的"氢腾"系列燃料电池发动机，每辆车每行驶100公里可减少70公斤的二氧化碳排放，相当于14颗普通树木一天的吸收量，实现了零排放、零污染。同时，京张高铁上线的新型奥运版复兴号智能动车组，其列车采用轻量化技术、环保可降解材料、石墨烯空气净化装置、灰水再利用系统等，打造绿色低碳乘坐空间，并采用仿生学车头方案，实现运行阻力减小7.9%，综合能耗降低10%以上。北京冬奥会使用的赛事交通服务用车实现减排1.1万吨二氧化碳，相当于5万余亩[①]森林一年的碳汇蓄积量。未来将全面推进车辆能源转型升级，扩大新能源车辆的应用范围，推动运输行业向着更环保可持续的方向发展。

6.1.2.3 绿色建材高标准

北京市冬奥会和冬残奥会全部新建场馆均采用高标准的绿色设计和施工工艺，在场馆建设中坚持"建筑节能、建筑节地、建筑节水、建筑节

---

① 1亩约合666.67平方米。

材，保护环境"，所有新建场馆均取得最高等级的三星绿色建筑设计标识。如国家速滑馆采用世界体育馆建筑跨度最大的马鞍形单层索网结构，长198米、宽124米的巨大屋面就像一个网球拍一样，形成了独特的轻、薄、软的屋顶，重量仅为传统屋顶的四分之一，大幅降低场馆用材量和建设复杂程度，从源头上减少碳排放量。同时，最大化利用2008年北京奥运会遗产等现有场馆和设施，改造奥运场馆，注入新的冰雪运动使用功能，使场馆达到绿色建筑标准，将绿色冬奥理念贯彻到底。未来将继续倡导使用可再生资源或可回收材料，减少包装废弃物对环境的影响，降低对非可再生资源的依赖，实现资源的高标准高效率循环利用。

6.1.2.4 跨界技术成典范

在冬奥场馆中，首次大规模采用了二氧化碳环保型制冷剂进行制冰，冰面温差控制在0.5摄氏度以内，碳排量接近于零。相较于传统制冷方式，二氧化碳制冷技术不仅能减少对臭氧层的破坏，还可大幅降低能耗，提高制冷效率30%，一年可节省用电约200万千瓦时。而且，专门的废热回收装置能将制冰过程中产生的热量进行回收，继续为场馆服务，如场馆浇冰用的热水、生活热水都可通过回收的热量进行补充。北京冬奥会使用二氧化碳跨临界直接制冷技术为全球树立环保制冰典范，减少约等于3 900辆汽车年度的碳排放量，相当于植树120多万棵所中和的碳排放减少量。未来将持续引入新的跨界技术，加速先进绿色创新技术的推广和应用。

6.1.3 应急物流

随着全球气候变化的加剧和地缘政治风险的增加，奥运应急物流面临着更加复杂和多样的风险。业务连续性计划（BCP）作为奥运物流组织在面临各种可能的中断事件（如自然灾害、技术故障、人为错误等）时，确保奥运物流系统能够迅速恢复并继续为奥运会提供必要的物流服务的应急举措，将日益受到奥运物流的重视。其中，构建应急物流体系是应对突发中断事件的有效手段。

BCP应着力构建多主体协同参与的奥运应急物流管理体系，实现集中管理、功能完善、平时服务、灾时应急、可持续发展的建设目标。为此，应加强制定政策预案、协同资源管理、布局应急网络、搭建信息平台、培育应急管理人才，保障BCP高效运营，具体举措如下：

第一，建立各主体之间职责分明、密切协作、相互协调的应急奥运物流管理体系。第二，制定奥运应急物流政策，健全应急管理预案。第三，完善分级分类标准，加强奥运物资协同管理，针对应急奥运物资，制定统一的应急物资编码、存储方式、出入库规则，提高不同部门相互合作时的工作效率。第四，构建应急奥运物流流转体系，统筹布局应急网络。第五，搭建综合信息平台，实现信息全程可视。应急物流信息平台可由应急物资日常管理、应急物资供应、受灾人群信息统计、捐赠信息、突发公共事件评估、突发事件预测预警等多个模块组成。第六，建立人才培育机制，提升奥运应急实战能力。第七，确定调度路径。保证奥运应急物流管理体系在面对突发事件时，能够快速完成事件评估、预测预警、应急指挥、调度运作系列操作，充分协调奥运应急管理部门、应急物资供应商、物流企业、社会大众等不同主体，提高对奥运物流突发事件的应对能力。

6.2 实践平赛结合，促进健康中国

6.2.1 "平赛结合"模式促进奥运遗产可持续利用

奥运场馆通过改造升级再利用，进一步发展赛训及旅游等业态。奥运物流中心、仓储基地、货运车辆等逆向回流原物流企业，继续为企业的日常运营与运输服务，实现奥运遗产的可持续利用。

赛事结束后，许多临时搭建的设施和材料，如奥运村中的床铺和家具，被重新分配给需要的本地家庭或非营利组织。赛事使用的临时建筑可以转变为公园、体育设施或文化中心，使得这些设施继续服务于社区，满足居民的日常需求。这种有效的遗产规划确保了奥运设施在赛事结束后不会成为无用的"白象"，而是转化成为社区宝贵的资产，促进地区的社会和文化发展。

在奥运会结束后，对比赛场馆进行改造和再利用，可以提高场馆的利用率和经济效益，减少场馆闲置和资源浪费，促进体育和文化发展。国

家体育馆"冰之帆"延续冬奥标准，由制冰经验丰富的国内团队担负制冰工作，并就赛场布局、形象景观及观赛设施进行了升级，持续承接各类赛事。"雪如意"冬奥场馆在后奥运时期，经过改造提升，在保留专业场馆本体功能的基础上，功能不断延伸拓展，逐步发展起赛训、会展、研学、旅游等多种业态，2023年累计接待各类活动50余场，为场馆引流25.8万人次，实现了四季综合运营。延庆奥林匹克园区探索并实践"平赛结合"模式，持续落实好"免费入园"后续各项具体优惠举措，冬奥村酒店探索多元化经营，进一步拓展会议业务，将原有空间升级改造，改造后餐饮会议区增加面积4 500平方米，餐饮会议空间扩展至12 000平方米，共有2间宴会厅、1间多功能厅、大中小会议室6间，冬奥村10个雪山汤泉池对游客开放。

"水冰双驱"的国家游泳中心场馆经过冬奥改造，进一步实现"反复利用、综合利用、持久利用"，承接国际赛事如世界泳联花样游泳世界杯北京站比赛，国内、京津冀地区、北京市等多层级的各类水上和冰上赛事，以及水立方杯和冰立方杯自主IP的水上和冰壶等赛事。2023年场馆服务游泳健身群体28万人次，冰上运动人群9.8万人次，还举办近百场次各类演出、文化活动、商业活动等，接待党建、团建活动198场次，青少年成长活动300余场次，服务1.5万余人次。冬奥会后，"冰丝带"已先后举办市民系列赛、全国速度滑冰青年锦标赛、国际滑联速度滑冰世界杯分站赛等十余场滑冰赛事，初步建立起以国际级、国家级、全民健身和自主品牌赛事为引领的赛事格局。

6.2.2　助力体育强国，促进健康中国建设

中国"带动三亿人参与冰雪运动"目标的实现，是北京冬奥会给予全球冬季运动和奥林匹克运动的最为重要的遗产。这一目标的实现，不仅推动了冰雪运动在中国的普及和发展，更与"健康中国"战略紧密相连，为人民的健康、体质和幸福注入了新活力。

从竞技体育到群众体育，从体育强国到健康中国，冰雪运动正逐步打破地域和季节限制，成为生活新风尚。这一转变不仅体现了中国体育事业的发展方向，也反映了人民对美好生活的向往。冰雪运动不仅能锻炼身体，提高身体素质，还能培养人们的团队协作精神和勇气，对提升人民的

整体健康水平具有重要意义。

同时，冰雪运动的发展也为中国体育产业的壮大注入了新的动力。冰雪运动的普及和推广，带动了冰雪装备、冰雪旅游等相关产业的发展，为经济增长提供了新的增长点。这不仅有利于推动体育产业的转型升级，也为实现"健康中国"战略目标提供了有力支撑。

此外，冰雪运动的发展还促进了中国与世界各国的交流与合作。通过参与国际冰雪赛事和活动，中国不仅展示了自身的体育实力和文化魅力，也学习了世界各国的先进经验和技术，为推动全球冰雪运动的发展作出了贡献。

未来，随着冰雪运动的不断发展壮大，相信它将在推动体育事业、促进经济增长、增进国际交流等方面发挥更加重要的作用。

6.3 延伸奥运物流精神，弘扬奥运物流文化

6.3.1 凝练"更高、更快、更强、更团结、更灵活、更协同"的奥运物流精神

奥运物流精神是在奥运会期间，物流行业所展现出的高效、安全、绿色、智能等核心特征，以及为保障赛事顺利进行所展现出的团结协作、精益求精的工作态度。这种精神不仅体现了物流行业的专业性和先进性，也彰显了奥运精神中追求卓越、超越自我的理念。

奥运精神，即"更快、更高、更强、更团结"，不仅激励着运动员在赛场上追求卓越，同时也对奥运物流提出了更高的要求。这种精神促使奥运物流系统不断进化，以更高的效率、更快的速度、更强的适应性、更团结的运行、更灵活的操作和更协同的合作，满足奥运会的各种需求。

奥运精神对奥运物流的发展起到了积极的推动作用。它不仅激励物流系统不断追求卓越，还促使物流系统适应更高的标准、更快的速度、更强的应变能力和更协同的合作方式。这种精神的延伸将有助于推动奥运物流

向更高、更快、更强、更团结、更灵活、更协同的方向发展，为奥运会的成功举办提供有力保障。

6.3.2 奥运文化促进全球和平、团结、共筑全球命运共同体

国际奥林匹克运动自诞生至今历经百年，始终秉持"卓越、友谊、尊重、和平、团结"的价值观。奥林匹克运动承载着人类对和平、团结、进步的美好追求。

奥运物流文化作为奥林匹克运动的重要组成部分，通过其独特的物流运作和服务方式，传递着奥林匹克精神，并在全球范围内促进文明、和谐与命运共同体的构建。

首先，奥运物流文化体现了卓越和高效的价值观。在奥运会期间，物流系统需要确保数万件物资、设备以及参与者的行李等能够及时、准确地送达各个场馆和指定地点。这种对卓越和高效的追求，不仅展示了现代物流技术的先进成果，也传递了奥林匹克运动对于精益求精、追求卓越的精神追求。

其次，奥运物流文化强调协同和合作的重要性。在奥运会这样的大规模活动中，物流运作需要跨越国界、整合全球资源，实现多方协同和紧密合作。这种协同和合作的文化氛围，有助于加强不同国家和地区之间的交流与合作，促进全球文明和谐共融。

最后，奥运物流文化通过绿色、可持续的物流运作，推动全球命运共同体的构建。在奥运会筹备和举办过程中，物流系统需要注重环境保护、资源节约和可持续发展。通过采用绿色包装、优化运输路线、减少能源消耗等措施，奥运物流为构建全球绿色、低碳、可持续的物流体系树立了典范，也为全球命运共同体的建设贡献了力量。

奥运物流文化通过其独特的价值观、协同合作的精神以及绿色可持续的运作方式，在全球范围内促进文明、和谐与命运共同体的构建。这种文化不仅展示了奥林匹克运动的魅力，也为全球物流行业的发展和全球治理体系的完善提供了有益的借鉴和启示。我们应该践行奥林匹克运动宗旨，持续推动人类进步事业，坚守和平、发展、公平、正义、民主、自由的全人类共同价值，促进不同文明交流互鉴，共同构建人类命运共同体。

附录
中英文名词对照表

表一　中英文名词对照表

AAV	Airport Arrivals Volume	机场到达量
ABC	Activities-Based Cost Method	作业成本分析法
ABF Freight	ABF Freight	ABF货运公司
AC	Accommodation Committee	住宿委员会
ACL	Access Control List	访问控制列表
AES	Advanced Encryption Standard	高级加密标准
AGV	Automated Guided Vehicle	自动导向车
AI	Artificial Intelligence	人工智能
AM	Asset Management	资产管理
AMS	Asset Management System	资产管理系统
ANN	Artificial Neural Network	人工神经网络
AOG	Ancient Olympic Games	古代奥运会
AQIS	Australian Quarantine Inspection Service	澳大利亚检疫检验机构
AR	Augmented Reality	增强现实
AS/RS	Automated Storage and Retrieval System	自动化仓储系统
AS400	Application System/400	AS400系统软件
B&A	Budget & Administration	预算和管理处
BCP	Business Continuity Planning	业务连续性计划
BD	Big Data	大数据

附录 中英文名词对照表

续表

BDS	BeiDou Navigation Satellite System	北斗卫星导航系统
BL	Business Logistics	商业物流
BMS	Business Management System	支付结算管理系统
BRT	Bus Rapid Transit	快速公交系统
BSC	Balanced Score Card	平衡计分卡
CC	Cloud Computing	云计算
CCTV	Closed Circuit Television	集成监控
CDC	Central Distribution Center	中央配送中心
CIS	Commentator Information System	评论员解说系统
CM	Contract Management	合同管理
COL	Conventional Olympic Logistics	传统奥运物流
CPFR	Collaborative Planning, Forecasting and Replenishment	协同计划、预测与补货
CR	Continuous Replenishment	连续补充
CRS	Constant Returns to Scale	规模报酬不变
CSOs	Civil Society Organizations	社会组织
CUB	Carlton & United Breweries Pty Limited	卡尔顿联合啤酒厂有限公司
CVAR	Competition venues–athlete residences	比赛场馆、运动员驻地
DCLA	Doping Control Laboratory of Athens	雅典兴奋剂控制实验室
DEA	Data Envelopment Analysis	数据包络分析
DM	Delivery Management	交付管理
DMS	Distribution Management System	分销管理系统
DMU	Decision Making Units	决策单元
DPA	Demand Planning and Analysis	需求规划和分析
DT	Digital Twin	数字孪生
DTS	Direct-to-site	直达配送

续表

缩写	英文	中文
DV	Delivery Volume	配送量
DVSS	Delivery Vehicle Schedule System	配送车辆排班系统
DX	Digital Transformation	数字化转型
ECR	Efficient Consumer Response	有效用户反应
EDI	Electronic Data Interchange	电子数据交换
EPEP	Environmental Publicity and Education Plan	环保宣传教育计划
ERP	Enterprise Resource Planning	企业资源计划
ESA	Emergency Supply Agreement	紧急供应协议
ESG	Environmental, Social and Governance	环境、社会和公司治理
F&AO	Freight & Airport Operations	货物和航空运输运营处
FCCL	Food Cold Chain Logistics	食品冷链物流
FCV	Fuel Cell Vehicle	燃料电池汽车
FDC	Front Distribution Center	前置仓配送中心
FF&E	Furniture, Fixtures and Equipment	家具、固定装置和设备
Galileo	Galileo Satellite Navigation System	伽利略卫星导航系统
GAP	Good Agricultural Practice	良好农业规范
GCI	Global Competitiveness Index	全球竞争力指数
GIS	Geographic Information System	地理信息系统
GLD	Government Logistics Department	政府物流部门
GLONASS	Global Navigation Satellite System	全球卫星导航系统
GMP	Good Manufacturing Practice	良好生产规范
GMS	Game Management System	运动会管理信息系统
GPS	Global Positioning System	全球定位系统
GS1	Global Standards One	国际物品编码组织
GT	Grounded Theory	扎根理论

附录 中英文名词对照表

续表

GX	Green Transformation	绿色转型
HACCP	Hazard Analysis and Critical Control Points	危害分析和关键控制点
HS	International Convention for Harmonized Commodity Description and Coding System	商品名称及编码协调制度的国际公约
IATA	International Air Transport Association	国际航空运输协会
ICT	Information and Communication Technology	信息与通信技术
IFF	International Freight Forwarding	国际货运代理
IOC	International Olympic Committee	国际奥林匹克委员会
IoT	Internet of Things	物联网
ISO	International Organization for Standardization	国际标准化组织
ISSF	International Shooting Sport Federation	国际射击运动联合会
IT	Information Technology	信息技术
JIT	Just-In-Time	准时制生产
LCC	Logistics Command Center	物流控制中心
LM	Logistics Management	物流管理
LPI	Logistics Performance Index	物流绩效指数
LS	Logistical Support	物流支持处
LSP	Logistics Service Provider	物流服务提供商
MC	Mass Customization	大量客制化
MDC	Main Distribution Centre	配送中心
MDS	Master Delivery Schedule	总体配送计划
MLP	Multilayer Perceptron	多层感知器
MOG	Modern Olympic Games	现代奥运会
MOL	Modern Olympic Logistics	现代奥运物流
MPC	Multi-Party Collaboration	多方协作
MR	Mixed Reality	混合现实

续表

MRP	Material Requirement Planning	物料需求计划
MRP Ⅱ	Manufacture Resource Plan	制造资源计划
MSE	Mean Squared Error	均方误差
MSS	Material Screening Site	物资筛选处
MT	Multimodal Transport	多模式运输
MY	Marshalling Yards	编组场站
NN	Neural Network	神经网络
OA	Office Automation	办公自动化
OB	Operation Baton	指挥棒行动
OBS	Olympic Broad casting Services	奥林匹克转播服务公司
OCOG	Organizing Committee for the Olympic Games	奥运组委会
ODS	Olympic Diffusion System	奥运信息发布系统
OG	Olympic Games	奥林匹克运动会
OGSD	Olympic Games Security Department	奥运安全部门
OL	Olympic Logistics	奥运物流
OLC	The Olympic Logistics Centre	北京奥林匹克物流中心
OLD	Olympic Logistics Demand	奥运物流需求
OLNP	Olympic Logistics Network Planning	奥运物流网络规划
OLP	Official Logistics Partner	物流承运商
OLPI	Olympic Logistics Performance Index	奥运物流绩效指数
OMS	Order Management System	订单管理系统
OOFFP	Olympic Official Freight Forwarding Provider	奥运会货运代理指定提供商
OP	Olympic Operations	奥运运营处
OSC	Olympic Supply Chain	奥运供应链
PB	Production Base	生产基地

附录 中英文名词对照表

续表

PD	Physical Distribution	分销物流学
Peden Bloodstock	Peden Bloodstock	彭登马匹运输公司
PLM	Product life cycle management	全生命周期管理
PMS	Personnel Management System	人员管理系统
PP	Procurement Program	采购项目处
QR	Quick response	快速反应
RBAC	Role-Based Access Control	基于角色的访问控制
RDC	Regional Distribution Center	区域配送中心
RFI	Request for Information	信息请求
RFID	Radio Frequency Identification	无线射频识别技术
RFP	Request for Proposal	提案请求
RL	Reverse Logistics	逆向物流
RMSE	Root Mean Squared Error	均方根误差
RSA	Rivest-Shamir-Adleman	非对称加密
RWD	Receipt, Warehousing and Distribution	接收仓储配送
S2LT	Sydney 2000 logistics team	悉尼2000物流团队
SC	Supply Chain	供应链
Schenker	Schenker	德铁辛克
SCM	Supply Chain Management	供应链管理
SCOR	Supply-Chain Operations Reference model	供应链运作参考模型
SDCC	Software-defined Cloud Computing	云计算赋能软件
SDGs	Sustainable Development Goals	联合国可持续发展目标
SDS	Supplier Database System	供应商数据库系统
SP	Spreadsheet Model	电子表格模型
TCO	Total Cost of Ownership	总拥有成本

续表

TMS	Transportation Management System	运输管理系统
TOP	Olympic Partner Programme	奥林匹克全球合作伙伴计划
TPDC	Third-party Distribution Center	第三方配送中心
TQM	Total Quality Management	全面质量管理
UNSPSC	The Universal Standard Products and Services Classification	联合国标准商品和服务编码系统
UPS	United Parcel Service	美国联合包裹运送服务公司
VC	Value Chain	价值链
VIK	Value in Kind	实物赞助
VIMIP	Visual Intelligent Monitoring Information Platform	可视化智能监控信息平台
VL	Virtual Logistics	虚拟物流
VL	Venue Logistics	场馆物流处
VLM	Venue Logistics Manager	场馆物流经理
VLM	Venue Logistics Management	场馆物流管理
VO	Venue Operations	场馆运营处
VR	Virtual Reality	虚拟现实
VRS	Variable Returns to Scale	规模报酬可变
WM&R	Waste Management & Recycling	废弃物管理和回收处
WMS	Warehouse Management System	仓储管理系统
WSCS	Waste Source Control Strategy	废弃物源头控制策略
XR	Extended Reality	扩展现实
3Rs	Reduce, Reuse and Recycle	节省、再利用和循环
5G	5th Generation Mobile Communication Technology	第五代移动通信技术
--	Blockchain	区块链
--	Cloud Computing	云计算

续表

--	CEVA	基化物流公司
--	David Jones OBE International	戴维·琼斯 OBE 国际运输公司
--	Geologistics Pty Limited	智傲物流公司
--	Linfox	林福克斯公司
--	Penden Bloodstock	彭登马匹运输公司
--	Pierre de Coubertin	顾拜旦
--	Theodosius I	狄奥多西一世
--	White-Green Games	绿色冰雪奥运

参考文献

[1] ABERNATHY W J, DOPICO J R, KLINE B H, et al.A Dynamic approach to the problems of the automobile industry [R].Cambridge, Mass.: Future of the Automobile Program, Massachusetts Institute of Technology, Center for International Studies, 1981.

[2] ADIZES I.Corporate Lifecycles: How and Why Corporations Grow and Die and What to Do About It [M].New York: Prentice Hall, 1989.

[3] AGHA N, DIXON J C.The uniqueness of spectator sport from a strategic management perspective: the case for spectatoritis [J].Journal of Global Sport Management, 2021, 6(1): 7-29.

[4] AINSWORTH B E, SALLIS J F.The Beijing 2022 Winter Olympics: An opportunity to promote physical activity and winter sports in Chinese youth [J].Journal of Sport and Health Science, 2022, 11(1): 3.

[5] BARNEY, J B.Firm resources and sustainable competitive advantage [J].Journal of Management, 1991, 17(1): 99-120.

[6] BOOZ G.Effects of cysteamine & cystamine on regeneration of the irradiated spleen in vitro [J].Comptes Rendus Des Seances De La Societe De Biologie Et De Ses Filiales, 1957, 151(3): 628.

[7] BROWN G.Emerging issues in Olympic sponsorship: implications for host cities [J].Sport Management Review, 2000, 3(1): 71-92.

[8] CHAKRABARTY J B, PREMKUMAR P.Understanding sports logistics: scope, framework, and disruptions [M]//Sports Management in an Uncertain Environment.Singapore: Springer Nature Singapore, 2023: 59-75.

[9] CHEN S, PREUSS H, HU X, et al.Sport policy development in China: legacies of beijing's 2008 summer olympic games and 2022 winter olympic games [J].Journal of Global Sport Management, 2021, 6(3): 234-263.

[10] CREAZZA A, COLICCHIA C, DALLARI F.Designing the venue logistics management operations for a World Exposition [J].Production planning & control, 2015, 26(7): 543-563.

[11] DARCY S, TAYLOR T.Managing olympic venues [M] //Managing the Olympics.London: Palgrave Macmillan UK, 2013: 99-126.

[12] DAVIS C G, LIN B H.Factors affecting U.S. beef consumption [J]. Livestock Dairy & Poultry Outlook, 2005.

[13] DENG H, MANCINI M, ZHANG L, et al.Beijing 2022 between urban renovation and Olympic sporting legacy: the case of Shougang-From space for event to space for health and leisure [J].Movement & Sport Sciences-Science & Motricité, 2020(107): 53-65.

[14] ELKINGTON J, ROWLANDS I H.Cannibals with forks: the triple bottom line of 21st century business [J].Alternatives Journal, 1999, 25 (4): 42.

[15] ENOCK K E, JACOBS J.The Olympic and Paralympic Games 2012: literature review of the logistical planning and operational challenges for public health [J].Public health, 2008, 122 (11): 1229-1238.

[16] FAURE C, APPLEBY K M.The Logistical Management of the Organizational Stress of Elite "Pipeline" Athletes: Interventions of National Performance Directions in an Olympic Year [J].The Journal of SPORT, 2014, 3 (2): 2.

[17] FRAGKAKI A G, LEONTIOU I-P, KIOUKIA-FOUGIA N, et al. Organization of the doping control laboratory in the Athens 2004 Olympic Games: a case study [J].Technovation, 2006, 26 (10): 1162–1169.

[18] FRAWLEY S, ADAIR D.The Olympic Games: managerial and strategic dimensions [M] //Managing the Olympics.London: Palgrave Macmillan UK, 2013: 1-14.

[19] GIBSON H J, QI C X, ZHANG J J.Destination image and intent to visit China and the 2008 Beijing Olympic Games [J].Journal of Sport Management, 2008, 22 (4): 427-450.

[20] GOLD M M.Athens 2004 [M] //Olympic cities. London: Routledge, 2016: 353-378.

[21] HEROLD D M, BREITBARTH T, SCHULENKORF N, et al. Sport logistics research: reviewing and line marking of a new field [J].The International Journal of Logistics Management, 2020, 31 (2): 357-379.

［22］HEROLD D M, JOACHIM G, FRAWLEY S, et al.Managing Global Sport Events: Logistics and Coordination ［M］. Leeds: Emerald Publishing Limited, 2022.

［23］HEROLD D M, SCHULENKORF N, BREITBARTH T, et al.An application of the sports logistics framework: the case of the Dallas Cowboys ［C］// Journal of Convention & Event Tourism.London: Routledge, 2020, 22（2）: 155-176.

［24］JALIL E E A, HUI L S, NING K E, et al.Event logistics in sustainability of football matches ［J］.International Journal of Supply Chain Management, 2019, 8（1）: 924-931.

［25］JENNINGS W.London 2012: Olympic risk, risk management, and Olymponomics ［J］.John Liner Review, 2008, 22（2）: 39-45.

［26］LIU J, LOU J, WANG Y, et al.Risk management strategies for the 2022 Olympic Winter Games: the Beijing scheme ［J］.Journal of sport and health science, 2022, 11（5）: 545.

［27］MINIS I, PARASCHI M, TZIMOURTAS A.The design of logistics operations for the Olympic Games ［J］.International Journal of Physical Distribution & Logistics Management, 2006, 36（8）: 621-642.

［28］Weiss M.The explanatory model interview catalogue（EMIC）for cultural study of illness experience ［J］.European Psychiatry, 1997, 12（2）.

［29］MOHAGHEGHIAN A, MOHAMMADI J.Presentation of Humanitarian Logistics Development Model by Athletes ［J］.Archives in Sport Management and Leadership, 2023, 1（2）: 41-50.

［30］NCHRE Transportation planning and management for special events ［R］. A synthesis of highway practice, Transportation research Board, Washington D.C., 2003: 32. 41.

［31］PANAGIOTOPOULOU R.The legacies of the Athens 2004 Olympic Games: a bitter-sweet burden ［M］//The Olympic Legacy.Routledge, 2017: 49-71.

［32］PENROSE E.The theory of the growth of the firm ［J］.New York: John Wiley & Sons, 1959.

［33］POTT C, BREUER C, ten Hompel M.Sport Logistics: Considerations on the Nexus of Logistics and Sport Management and Its Unique Features［J］. logistics，2023，7（3）: 57.

［34］Pott C，Spiekermann C，Breuer C，et al. Managing logistics in sport: a comprehensive systematic literature review［J］.Management Review Quarterly，2024，74（4）: 2341-2400.

［35］RHENMAN，ERIC.Industrial democracy and industrial management: a critical essay on the possible meanings and implications of industrial democracy ［J］.American Sociological Review，1968，35（1）: 132.

［36］RIBEIRO T，CORREIA A，BISCAIA R，et al.Organizational issues in Olympic Games: a systematic review［J］.Event Management，2021，25（2）: 135-154.

［37］STREHLOW A，REHAGE K.Olympic logistics centers and their adjustment to specific requirements and distribution applications: comparing the Olympic Summer Games 2000—2008［J］.Företagsekonomi，2012（1）.

［38］TŁOCZYŃSKI D，SUSMARSKI S.Transport behaviour of fans arriving to the Polsat Plus Arena Gdańsk football stadium as an element of city logistics management［J］.European Research Studies Journal，2022，25（2B）.

［39］WERNERFELT，BIRGER.A resource-based view of the firm［J］. Strategic Management Journal.1984，5（2）: 171-180.

［40］WORLD HEALTH ORGANIZATION.The health legacy of the 2008 Beijing Olympic Games: success and recommendations［Z］.2010.

［41］ZHANG L，MING S M.Mega-events as game changers for sustainable transitions and urban citizenship development: Beijing from 2008 to 2022［J］. Mega Events，Urban Transformations and Social Citizenship，2022: 229-242.

［42］ZHOU Y，WU Y，YANG L，et al.The impact of transportation control measures on emission reductions during the 2008 Olympic Games in Beijing，China［J］.Atmospheric Environment，2010，44（3）: 285-293.

［43］UPS：以供应链各环节的同步计划运筹繁复物流：访UPS亚太区北京奥运会赞助与运营副总裁陈学淳［J］.物流技术与应用（货运车辆），2009（1）: 58-59.

［44］白震，储建新.奥运物流直面北京2008［J］.体育学刊，2005（1）:

25-27.

　　[45]白震.北京奥运物流系统规划的研究[J].成都体育学院学报，2005（6）：22-25.

　　[46]北京2022年冬奥会和冬残奥会组织委员会.北京2022年冬奥会和冬残奥会总体配送计划（MDS）用户手册[M].2022.未出版.

　　[47]赛后利用多点开花，水立方冰丝带齐头并进探索多元化[N].北京日报，2024-03-20.

　　[48]查金.大型体育赛事物流资源协同管理研究[M].长春：吉林大学出版社，2023.

　　[49]常青.RFID在国内外蔬菜供应链中的应用[J].中国电子商情（RFID技术与应用），2008（5）：18-21.

　　[50]沉静.体育保险亟待突出重围[J].浙江金融，2001（7）：1.

　　[51]陈大为.世博会微观系统中关于人流和以人流为基础的物流系统研究[D].上海：华东师范大学，2006.

　　[52]陈谷，徐滨."寻找下一个营销新动力"论坛三：新动力·奥运营销[J].成功营销，2008（1）：24-25.

　　[53]陈丽江.BBC奥运报道的中国镜像呈现与变迁：以北京、伦敦和里约奥运会为例[J].北京体育大学学报，2016（12）：37-43.

　　[54]陈晓晓.创意企业绩效关键影响因素研究：基于资源基础理论[D].上海：上海交通大学，2018.

　　[55]陈欣.基于网络能力的建筑施工企业供应链运营绩效评价研究[D].济南：山东大学，2012.

　　[56]陈莺.亚都：借绿色奥运整合营销链[N].民营经济报，2006-06-23（012）.

　　[57]陈倬.基于脆弱性分析的城市物流系统安全性研究[D].武汉：武汉理工大学，2007.

　　[58]邓念东.玻璃瓶的设计程序及发展方向（美国可口可乐公司技术交流专题总结）[J].玻璃搪瓷与眼镜，1980（2）：73-77.

　　[59]第二届中国（苏州）国际物流与供应链合作发展峰会[J].铁路采购与物流，2008（4）：55.

　　[60]丁健.借科技奥运良机促进RFID产业发展[J].中国科技投资，

2008（5）：27-29．

[61] 董雯，齐鹏．商机背后的隐忧：专访北京物资学院物流学院院长邬跃［J］．中国商贸，2008（9）：91-93．

[62][法]让-弗朗索瓦·阿维斯，等．世界银行物流绩效指数报告：联结以竞争：全球经济中的贸易物流［M］．北京：中国财富出版社，2018．

[63] 范梅华，张建华，窦新红．食品安全，不只是为了奥运［J］．中国禽业导刊，2008（16）：2-5．

[64] 冯嘉雪．UPS兵贵神速［J］．中国新时代，2008（8）：46-49．

[65] 伊莉莎白·罗布森，恩里克·弗里曼．Head First HTML与CSS［M］．北京：中国电力出版社，2008．

[66] 高剑锋，张敬源．北京奥运物资总体配送计划探析［J］．市场周刊，2009（1）：96-97．

[67] 高健，吴林海，徐玲玲．基于推广视角的后奥运时代食品供应链可追溯体系框架设计研究［J］．食品科学，2010，31（21）：400-404．

[68] 让蓝天绿水青山成为北京冬奥会靓丽底色［N］．科技日报，2021-12-01．

[69] 郭明，林锦蛟，王晓梅．奥运物流对现代体育物流发展的启示［J］．物流技术，2013，32（5）：153-155．

[70] 韩杨．解构北京奥运会供应链［N］．21世纪经济报道，2007-09-05（025）．

[71] 何君．构建"奥运食品"直供网络 建"菜篮子"绿色供应链［N］．青岛日报，2006-02-11（002）．

[72] 何君．青岛编织"三绿工程"消费安全网［N］．青岛日报，2006-10-08（001）．

[73] 何明珂．青春在鸟巢放飞：2008年北京奥运会物流研究生工作纪实［M］．北京：知识产权出版社，2009．

[74] 胡军珠．北京Y公司蔬菜冷链运输流程优化研究［D］．北京：北京交通大学，2010．

[75] 黄锋权，兰洪杰，孙明燕．奥运食品冷链物流的特性分析［J］．物流技术，2007（8）：87-90．

[76] 黄晓喆．奥运物流对我国物流业的影响及我国物流业的发展趋势

［J］.漯河职业技术学院学报，2011，10（3）：59-60.

［77］黄玉华.基于资源基础理论的物流外包决策研究［D］.兰州：兰州理工大学，2024.

［78］姬伟.悉尼奥林匹克公园赛后开发与利用研究［D］.北京：北京体育大学，2010.

［79］贾星辰，王铁宁，裴帅.基于BP神经网络的物流需求量预测模型研究［J］.物流科技，2006（4）：3-5.

［80］姜旭，胡雪芹，王雅琪.社会化应急物流管理体系构建：日本经验与启示［J］.物流研究，2021（1）：14-20.

［81］孔文轩.携手北京奥运做好物流服务：UPS亚太区北京奥运会赞助与运营副总裁陈学淳先生访谈录［J］.综合运输，2008（6）：84-88.

［82］兰洪杰，黄锋权，林自葵.2008年北京奥运会食品可追溯系统设计［J］.中国储运，2008（5）：86-89.

［83］兰洪杰.食品冷链物流系统协同研究［D］.北京：北京交通大学，2009.

［84］李斌，李德欣，汪涌，等.破译"双奥之城"密码［J］.瞭望，2022（8）：30-33.

［85］李金珠.对现代奥运会的商业化发展与市场价值的探讨［C］//第七届全国体育科学大会论文摘要汇编（一），2004.

［86］李瀑.大型体育赛事食品冷链物流网络构建研究［D］.北京：北京交通大学，2020.

［87］李天莹.新时期体育赛事物流的需求及发展策略［J］.中国物流与采购，2022（5）：69-70.

［88］李玉山.奥运会的"生命线"：亚特兰大、悉尼奥运会物流的启示［J］.中国物流与采购，2004（2）：4.

［89］梁艳.基于体育赛事物流的运输合理化研究［J］.中国物流与采购，2020（20）：74.

［90］刘根.对2008年北京奥运物流规划内容的探讨及建议［J］.宁波职业技术学院学报，2004（1）：10-12.

［91］刘林萱子.供应风险下的供应商选择和物流中心选址集成优化研究［D］.北京：北京交通大学，2019.

［92］刘鹏飞，张立涛.我国食品安全监管信息化应用体系研究［J］.中国管理信息化，2014，17（6）：30-33.

［93］刘洋.我国中小旅行社供应链联盟的构建机理和实现形式［D］.西安：西北大学，2008.

［94］流光溢彩背后的定位问题：反思奥运时期的中国物流［J］.世界海运，2009，32（2）：44.

［95］卢丽瑚，王喜富.北京奥运物流运作模式研究［J］.综合运输，2006（2）：38-41.

［96］鲁晓春.物流系统着色Petri网模型研究［D］.北京：北京交通大学，2008.

［97］罗曙辉.东京2020奥运会的"零废弃"之路［J］.可持续发展经济导刊，2019（4）：39-42.

［98］罗文丽.俏江南：保障奥运餐饮［J］.中国物流与采购，2008（19）：48-50.

［99］吕加斌.索契契机：冬奥会上看营销［J］.市场瞭望，2014（3）：29-31.

［100］马宏霞.体育赛事物流服务能力评估研究［J］.物流技术，2012，31（13）：240-243.

［101］马洁.悉尼奥运会：奥运文化经济的典范［J］.中国商界，2008（8X）：102-103.

［102］爱迪思·伊查克.完美管理者［M］.北京：华夏出版社，2004.

［103］孟浑.奥运物流将受益于UPS业务整合［J］.运输经理世界，2007（5）：74-75.

［104］彭华岗.中国企业社会责任信息披露理论与实证研究［D］.长春：吉林大学，2009.

［105］钱宇宁.2008奥运物流：中国物流业的巨大商机［J］.交通世界（运输.车辆），2008（1）：70-73.

［106］乔利.北京奥运物流供应链系统分析［D］.天津：天津大学，2006.

［107］秦琛.我国电信产业的协同创新研究［D］.北京：北京邮电大学，2009.

[108] 饶文渊.东京奥运会中的转播"黑科技"[J].广电时评,2021.

[109] 人民资讯.北京冬奥"绿"在何处[N].2022-02-04.

[110] 任慧涛,易剑东.2020年东京奥运会资源可持续管理实践及对我国大型体育赛事的启示[J].上海体育学院学报,2020,44(6):9.

[111] 任亚辉,王骞,王锦,等."碳中和"目标下北京2022冬奥会低碳管理实践与经验探析[J].湖北体育科技,2023,42(9):793-796.

[112] 申金升,关伟,等.现代奥运物流技术与管理[M].北京:中国铁道出版社,2006.

[113] 沈丽娟,薛庆君.论"绿色奥运"对物流模式创新的促进作用[J].现代商业,2007(12):96-98.

[114] 施先亮,张可明.2008年北京奥运赛事物流需求预测[J].数量经济技术经济研究,2003(10):151-154.

[115] 石丹.UPS:延伸的链条[J].商学院,2008(8):32-36,13.

[116] 舒炜,谢意.伦敦奥运的收成[J].人民文摘,2012(10).

[117] 孙杰,司京成,兰洪杰.北京2008年奥运会食品冷链物流系统研究[J].食品科学,2008(7):470-478.

[118] 天下[J].中国物流与采购,2007(9):10-14.

[119] 天下[J].中国物流与采购,2008(2):6-10.

[120] 王冠雄.大规模定制物流服务模式下CODP定位及提供商选择和订单分配联合优化研究[D].合肥:合肥工业大学,2020.

[121] 王虎.中国手机电视发展若干问题研究[D].上海:华东师范大学,2008.

[122] 王静,钟诚.浅谈奥运场馆供应链敏捷化[J].全国商情(经济理论研究),2009(4):40-41.

[123] 王倩.《纽约时报》网络版平昌冬奥会体育报道的话语分析[J].2024,04.

[124] 王庆瑜,李春杰.从"奥运西瓜"到"廉价西瓜"看果蔬供应链的建立[J].北方经贸,2009(8):59-60.

[125] 王鑫鑫.新时期体育赛事物流供应链管理的优化对策[J].中国物流与采购,2022(2):65.

[126] 王戍楼.绿色奥运中绿色供应链和绿色采购的应用分析[J].中

国市场，2008（28）：134-135.

［127］王彦英，孙琴，周三元.2022年冬奥会物流规划管理创新策略［J］.北京体育大学学报，2018，41（10）：55-61.

［128］闻笛."零差错零感染"完成冬奥物流光荣使命：访北京冬奥组委物流部部长李燕凌［J］.中国物流与采购，2022（7）：14-16.

［129］吴亚伟.扎根理论研究方法文献综述［J］.市场周刊（理论研究），2015（9）：20-21，78.

［130］物流资讯［J］.物流科技，2006（7）：3，9，17，72，87.

［131］席悦.京东物流：服务冬奥会彰显五大价值［J］.中国物流与采购，2022（4）：19-20.

［132］夏瑜潞.人工神经网络的发展综述［J］.电脑知识与技术，2019，15（20）：227-229.

［133］夏佐铎，谭亮.北京奥运物流供应链的构建［J］.商业研究，2008（2）：126-129.

［134］项目管理协会.项目管理知识体系指南（PMBOK指南）［M］.4版.北京：电子工业出版社，2010.

［135］谢戎彬.雅典离举办"绿色奥运"尚有差距［J］.中国高新技术企业，2005（4）：2.

［136］新华社.七天之内"冬夏"转换 国家体育馆扬帆再起航［N］.2023-12-06.

［137］新华网.张家口赛区将投入655辆氢燃料车服务北京冬奥会［N］.2021-12-10.

［138］胥文华.基于供应链的奥运物流中心选址研究［D］.北京：北京交通大学，2008.

［139］徐翔.北京冬奥会里的物流力量［J］.中国储运，2022（3）：38-38.

［140］杨斌.基于资源基础理论的粤港澳大湾区体育产业资源要素研究［J］.当代体育科技，2021，11（26）：5.

［141］杨光勇，计国君.构建基于三重底线的绿色供应链：欧盟与美国的环境规制比较［J］.中国工业经济，2011（2）：11.

［142］杨国梁，刘文斌，郑海军.数据包络分析方法（DEA）综述

［J］.系统工程学报，2013，28（6）：840-860.

［143］杨济森.冬奥物流，中国物流业的试金石［N］.物流时代周刊，2022-02-04.

［144］杨秀芝.北京物流系统的现状与奥运物流需求的差距分析［J］.中国市场，2007（Z2）：60-61.

［145］杨亚丹，罗江，沈岩，等.长野、平昌冬奥会投资波及效益及遗产利用研究［J］.交通科技与管理，2022（16）：0164-0167.

［146］佚名.比亚迪电动物流年携手巴西邮政助力里约奥运［J］.商用汽车，2016（4）：1.

［147］佚名.审计署：北京奥运会收支结余超10亿［J］.中国经济周刊，2009（24）：1.

［148］易华，张文杰.亚特兰大、悉尼、雅典奥运会物流运作的比较研究［J］.物流技术，2005（12）：4.

［149］殷永生.抓住奥运机遇创新运营模式［J］.中国制笔，2007（3）：17-19.

［150］应忆.我国会展物流发展现状分析及对策研究［D］.上海：上海海事大学，2007.

［151］用RFID追溯管理奥运食品［J］.中国自动识别技术，2007（5）：68-69，33.

［152］喻坚.雅典奥运经济给我们的启示［J］.广州体育学院学报，2005，25（2）：46-49.

［153］袁磊.运动［J］.WTO经济导刊，2008（Z1）：22.

［154］张彩霞.奥运物流系统研究［D］.北京：中国政法大学，2008.

［155］张俭.回收物流之"战"［J］.中国物流与采购，2008（19）.

［156］张晶晶，邓雪，苏珊.大型体育赛事物流运作模式探究：以奥运会为例［J］.物流技术，2012，31（17）：129-131.

［157］张静来，王立.2008北京奥运物流仓库RFID技术规划方案［J］.信息化纵横，2009，28（8）：70-73.

［158］张璐，王岩，苏敬勤.资源基础理论：发展脉络、知识框架与展望［J］.南开管理评论，2023，26（4）：246-256.

［159］张文杰，陈学淳，鞠殿铭，等.奥运未至物流先行［J］.中国储

运，2007（12）：44-50.

[160] 张文杰，黄丽娟.IT技术在2008年北京奥运物流系统中的运用分析［J］.中国流通经济，2005（2）：9-12.

[161] 张文杰.2008：奥运物流及其蕴含商机［J］.中国储运，2004（1）：18-22.

[162] 张文杰.北京奥运物流系统规划［M］.北京：中国物资出版社，2007.

[163] 张小林，李培雄，龙佩林."绿色奥运"理念下构建我国大型体育赛事的绿色调控体系［J］.体育学刊，2006（6）：9-12.

[164] 张莹，孙聪丽，张慕千.可持续发展理念在2020年东京奥运会的实践及对北京冬奥会的启示［J］.北京体育大学学报，2020，43（5）：98-107.

[165] 张云.搜索引擎入主电子商务抢奥运经济先机［N］.中国国门时报，2007-04-26（007）.

[166] 张枝梅.北京奥运物流系统分析及对策研究［J］.广州体育学院学报，2006（4）：13-16.

[167] 长久物流［J］.中国物流与采购，2019（10）：17.

[168] 赵丹丹.基于绿色供应链的食品安全管理研究［D］.乌鲁木齐：新疆大学，2009.

[169] 赵建凯.UPS：与时间赛跑［J］.IT经理世界，2012（14）：2.

[170] 郑启龙.大型综合体育赛事物流运作策略研究［J］.物流工程与管理，2018，40（10）：10-12.

[171] 中国奥委会新闻委员会.在洛杉矶的日日夜夜：中国体育代表团参加第23届奥运会［M］.北京：中国广播电视出版社，1984.

[172] 周明.奥运主办城市的赚钱故事［J］.经济月刊，2001（8）：12-13.

[173] 周应.UPS奥运大考［J］.IT经理世界，2008（15）：80-82.

[174] 朱杰.北京奥运场馆物流的实践与认识［J］.中国流通经济，2009，23（10）：27-29.

[175] 朱煜，汝宜红，徐杰.奥运物流需求特性研究［J］.中国招标，2002（538）：15-19.

［176］庄文静.多国争着申办，世界杯被"疯抢"，奥运会为啥却被冷落？［EB/OL］.（2023-02-13）［2024-06-20］.https：//www.jiemian.com/article/8889155.html.

［177］纵览新闻.用好北京冬奥遗产国家跳台滑雪中心"雪如意"的新变化［N］.2024-02-01.

［178］邹吉宏.青岛立足奥运加强食品安全保障［N］.青岛日报，2007-04-03（001）.

［179］崔柏青.中国大型体育赛事下的体育物流体系［J］.中国市场，2015（50）：16-17.

［180］李瑾.论体育赛事物流的需求及对策［J］.江苏经贸职业技术学院学报，2019（5）：37-39.

［181］陈宇.论大型体育赛事中物流运作的策略：以2008年北京奥运会为例［J］.物流技术，2013，32（9）：71-73.

［182］杨肃非，王璐，苏波.大型体育赛事中物流运作规划研究［J］.物流技术，2013，32（3）：38-40.

［183］朱德元.对北京奥运会物流机遇与挑战浅议［J］.商场现代化，2008（4）：115.

［184］刘鹏娟.低碳经济下的多运输方式物流网络规划［J］.中国航务周刊，2023（50）：63-65.

［185］宁方华，胡春婷.考虑自建仓库时的集团企业多级物流网络规划研究［J］.经营与管理，2018（12）：91-95.